中国式农业农村现代化研究丛书

陈锡文 主编

国家出版基金项目
NATIONAL PUBLICATION FOUNDATION

农业农村现代化进程中的体制机制创新

叶兴庆 著

浙江人民出版社

图书在版编目（CIP）数据

农业农村现代化进程中的体制机制创新 / 叶兴庆著.
杭州：浙江人民出版社，2025.6.--（中国式农业农
村现代化研究丛书 / 陈锡文主编）.-- ISBN 978-7-213-
11638-4

Ⅰ．F320.1

中国国家版本馆CIP数据核字第2024WX7586号

农业农村现代化进程中的体制机制创新
NONGYE NONGCUN XIANDAIHUA JINCHENG ZHONG DE TIZHI JIZHI CHUANGXIN

叶兴庆　著

出版发行	浙江人民出版社（杭州市环城北路177号）
	市场部电话：(0571)85061682　85176516
责任编辑	赖　甜
责任校对	王欢燕
责任印务	程　琳
封面设计	王　芸
电脑制版	杭州兴邦电子印务有限公司
印　　刷	浙江新华数码印务有限公司
开　　本	710毫米×1000毫米　1/16
印　　张	18.5
字　　数	272千字
插　　页	2
版　　次	2025年6月第1版
印　　次	2025年6月第1次印刷
书　　号	ISBN 978-7-213-11638-4
定　　价	56.00元

总　序

　　党的十八大以来，在以习近平同志为核心的党中央领导下，我国如期实现了全面建成小康社会这第一个百年奋斗目标，顺利开启了迈向全面建设社会主义现代化国家的新征程，由此推动中国特色社会主义进入了新时代。在这一阶段，农村打赢了脱贫攻坚战，消除了极端贫困现象，农业生产和农民收入持续增长，乡村面貌不断更新，不仅为加快推进农业农村现代化奠定了坚实基础，同时也为党和国家带领全国各族人民迈向第二个百年奋斗目标——建成社会主义现代化强国提供了有力支撑。

　　在党的十九大报告中，习近平总书记作出了实施乡村振兴战略的重大部署。提出实施这一战略，是由我国所处的发展阶段和面临的主要任务所决定的。党的十九大报告不仅深刻阐述了"中国特色社会主义进入了新时代"这个我国发展所处的新的历史方位，而且明确了新时代我国社会的主要矛盾是"人民日益增长的美好生活需要和不平衡不充分的发展之间的矛盾"。这个矛盾，集中反映在城乡关系和农村发展上。总书记指出："我国发展最大的不平衡是城乡发展不平衡，最大的不充分是农村发展不充分。"[①]因此，他明确表示："我在党的十九大报告中提出要实施乡村振兴战略，这是党中央从党和国家事业全局出发、着眼于实现'两个一百年'奋斗目标、顺应亿万农民对美好生活的向往作出的重大决

---

① 习近平著：《论"三农"工作》，中央文献出版社2022年版，第275页。

策。"①"实施乡村振兴战略是从解决我国社会主要矛盾出发的。"②这充分说明，只有加快解决好"城乡发展不平衡，农村发展不充分"这个我国发展中最大的不平衡、不充分问题，才能切实解决好新时代我国社会的主要矛盾。总书记还多次论述：实施乡村振兴战略的总方针是坚持农业农村优先发展，总目标是农业农村现代化，总要求是产业兴旺、生态宜居、乡风文明、治理有效、生活富裕，制度保障是建立健全城乡融合发展体制机制和政策体系，并明确指出，实施乡村振兴战略，是新时代"三农"工作的总抓手，要统筹谋划、一体推进乡村的产业振兴、人才振兴、文化振兴、生态振兴、组织振兴。总书记的这些重要论述，极大地提高了人们对实施乡村振兴战略重大现实意义和深远历史意义的认识，推动乡村振兴实现了良好开局。

在党的二十大报告中，习近平总书记在对全面推进乡村振兴进行部署时，明确提出了"加快建设农业强国"的新目标、新要求。他说："党的二十大在擘画全面建成社会主义现代化强国宏伟蓝图时，对农业农村工作进行了总体部署。概括地讲：未来5年'三农'工作要全面推进乡村振兴，到2035年基本实现农业现代化，到本世纪中叶建成农业强国。这是党中央着眼全面建成社会主义现代化强国作出的战略部署。强国必先强农，农强方能国强。没有农业强国就没有整个现代化强国；没有农业农村现代化，社会主义现代化就是不全面的。我们必须深刻领会党中央这一战略部署，把加快建设农业强国摆上建设社会主义现代化强国的重要位置。"③在总书记的论述中，"加快建设农业强国"，不仅是建设社会主义现代化强国的题中应有之义，还是确保国家安全的重要基础。总书记指出："农业还是国家安全的基础。农业保的是生命安全、生存安全，是极端重要的国家安全。当今世界，百年未有之大变局加速演进，新冠

---

① 习近平著：《论"三农"工作》，中央文献出版社2022年版，第233页。

② 习近平著：《论"三农"工作》，中央文献出版社2022年版，第235页。

③ 习近平：《加快建设农业强国 推进农业农村现代化》，《求是》2023年第6期。

疫情反复延宕，来自外部的打压遏制不断升级，各种不确定难预料因素明显增多。一旦农业出问题，饭碗被人拿住，看别人脸色吃饭，还谈什么现代化建设？只有农业强起来，粮食安全有完全保障，我们稳大局、应变局、开新局才有充足底气和战略主动。"①因此，加快建设农业强国，是我国在世界百年未有之大变局加速演进背景下坚定走中国式现代化道路的必然要求。

在党的二十大报告中，总书记全面论述了"中国式现代化"丰富而深刻的内涵：是人口规模巨大的现代化，是全体人民共同富裕的现代化，是物质文明和精神文明相协调的现代化，是人与自然和谐共生的现代化，是走和平发展道路的现代化。总书记还在报告中庄严宣示："从现在起，中国共产党的中心任务就是团结带领全国各族人民全面建成社会主义现代化强国、实现第二个百年奋斗目标，以中国式现代化全面推进中华民族伟大复兴。"②不难看出，"中国式现代化"的提出，必将引起广大发展中国家的共鸣和借鉴，同时，也是对已有的美西方式的现代化从理论、道路，到制度、文化等各方面的有力挑战，这就不可能不引起美西方国家的恐惧和抵制，从而在各方面加大对我国现代化进程的打压和遏制。正是因为我国的现代化进程将面对如此错综复杂的国际形势，所以，我们必须牢牢守住国家安全的底线：切实保障好14亿多人口的粮食和重要农产品持续稳定供给这个头等大事。

总书记指出："建设农业强国，基本要求是实现农业现代化。我们要建设的农业强国、实现的农业现代化，既有国外一般现代化农业强国的共同特征，更有基于自己国情的中国特色。所谓共同特征，就是要遵循农业现代化一般规律，建设供给保障强、科技装备强、经营体系强、产

---

① 习近平：《加快建设农业强国 推进农业农村现代化》，《求是》2023年第6期。

② 习近平：《高举中国特色社会主义伟大旗帜 为全面建设社会主义现代化国家而团结奋斗——在中国共产党第二十次全国代表大会上的报告》，人民出版社2022年版，第21页。

业韧性强、竞争能力强的农业强国。所谓中国特色，就是立足我国国情，立足人多地少的资源禀赋、农耕文明的历史底蕴、人与自然和谐共生的时代要求，走自己的路，不简单照搬国外现代化农业强国模式。"①总书记还进一步阐述了"农业强国的中国特色，我看主要应该包括以下几个方面"：一是依靠自己力量端牢饭碗，二是依托双层经营体制发展农业，三是发展生态低碳农业，四是赓续农耕文明，五是扎实推进共同富裕。②毫无疑问，建设中国特色农业强国，正如总书记所说，"农业强，首要是粮食和重要农产品供给保障能力必须强"，"只有把牢粮食安全主动权，才能把稳强国复兴主动权"。③

党中央提出实施乡村振兴战略已经6年，人们对于实施这一战略重大意义的认识仍在不断深化。我认为，如果说，"产业兴旺、生态宜居、乡风文明、治理有效、生活富裕"的总要求，就是要"建设宜居宜业和美乡村"；那么，提出"加快建设农业强国"这个新目标，则是要确保在"任何时候都必须自力更生保自己的饭碗"④。前者是民之所盼，后者是国之大者，两者不可偏废，必须相辅相成、一体推进，这才是党中央提出的乡村振兴战略的完整内涵。

乡村振兴，是一个宏大的系统工程。但说到底，乡村振兴的根本目的，就是更充分地发挥好乡村所特有的功能。什么是乡村所特有的功能？就是那些城镇不具备、只有乡村才具有，却又是整个国家发展所不可或缺的功能。《中华人民共和国乡村振兴促进法》明确规定："充分发挥乡村在保障农产品供给和粮食安全、保护生态环境、传承发展中华民族优秀传统文化等方面的特有功能。"保障农产品供给和粮食安全，是只有乡村才具备的功能；国土面积的绝大部分是乡村，保护生态环境的主体必然是乡村；"乡村文明是中华民族文明史的主体，村庄是这种文明的载

---

①②③④ 习近平：《加快建设农业强国 推进农业农村现代化》，《求是》2023年第6期。

体，耕读文明是我们的软实力"①。在守护和传承中华民族优秀传统文化的过程中，乡村显然具有重大责任。在国家现代化建设的进程中，必须摒弃"重城轻乡"的偏见。乡村和城镇具有不同的功能，但它们都是国家现代化建设不可或缺的。就像人一样，人有五脏六腑、四肢五官，它们各有各的功能，缺一不可；五脏六腑完备、四肢五官完整，才是健康的人，否则就是病人、残疾人。一个国家也是如此，只有使城镇和乡村各自所特有的功能都得到充分发挥，国家的现代化进程才能是健康的、完整的，否则就是残缺的、不完整的。党中央关于乡村振兴所提出的总要求中，产业兴旺、生态宜居、乡风文明，针对的就是要发挥好乡村的特有功能；实现乡村振兴的主体是农民，而治理有效、生活富裕，则是调动广大农民主动、积极参与乡村振兴的遵循和激励。充分调动广大农民群众的主动性和积极性，围绕发挥好乡村特有功能实施乡村振兴战略，才能加快推进农业农村现代化，在这个基础上，才能把我国建成农业强国。

浙江人民出版社组织了一批在各自研究领域中都颇有建树的知名专家，从实施乡村振兴战略所涉及的各个方面，来撰写、出版的这套关于加快推进我国农业农村现代化的丛书，将在政策解读、理论创新、经验总结和途径探索等各方面，为全面推进乡村振兴、加快在农业农村现代化基础上的农业强国建设作出积极贡献。

陈锡文

2023 年 10 月

---

① 习近平著：《论"三农"工作》，中央文献出版社 2022 年版，第 64 页。

目　录

第一章

农业农村现代化的
认识发展与内涵特征

以全面建成小康社会为起点，中国迈入全面建设社会主义现代化国家的新发展阶段。在新发展阶段，必须把同步推进农业农村现代化作为重大任务。2020年12月召开的中央农村工作会议强调，"对农业农村现代化到2035年、本世纪中叶的目标任务，要科学分析、深化研究，把概念的内涵和外延搞清楚，科学提出我国农业农村现代化的目标任务"①。本章对中国共产党在农业现代化和农村建设方面的认识发展进行全面梳理，对中国学术界的相关研究进行系统钩沉，在此基础上从立足新发展阶段、贯彻新发展理念、构建新发展格局、推动高质量发展出发，对中国农业农村现代化的内涵特征进行提炼概括。

---

① 习近平：《坚持把解决好"三农"问题作为全党工作重中之重　举全党全社会之力推动乡村振兴》，《求是》2022年第7期。

第一节 中国共产党对农业现代化和 农村建设的认识发展

中国共产党历来高度重视农业农村问题，在谋划国家现代化建设时把农业现代化和农村建设摆在突出位置，注重对实践经验的总结，不断深化对国家现代化建设中农业农村发展规律的认识。

一、中国共产党对农业现代化的认识发展

新中国成立后，中国共产党领导中国人民开展社会主义现代化建设，对建设什么样的现代化农业、怎样建设现代化农业进行了积极探索。1954年6月，毛泽东在中央人民政府委员会第三十次会议上提出，"要实现社会主义工业化，要实现农业的社会主义化、机械化，要建成一个伟大的社会主义国家"[1]。1954年9月，周恩来在第一届全国人民代表大会第一次会议上所作的《政府工作报告》中明确提出实现"四个现代化"，即现代化的工业、农业、交通运输业和国防[2]。1959年4月，毛泽东在《党内通信》中作出"农业的根本出路在于机械化"的著名论断[3]。1961年3月，周恩来在中央经济工作会议上强调，"必须从各方面支援农业，有步骤地实现农业的机械化、水利化、化肥化、电气化"[4]。1962年9月，毛泽东在党的八届十中全会上指出，"我们党在农业问题上的根本路线是：第一步实现农业集体化，第二步在农业集体化的基础上实现农业

---

[1] 《毛泽东文集》第6卷，人民出版社1999年版，第329页。

[2] 《政府工作报告》，《人民日报》1954年9月24日，第1—2版。

[3] 《毛泽东文集》第8卷，人民出版社1999年版，第49页。

[4] 曹应旺著：《中国的总管家周恩来》，上海人民出版社2006年版，第102页。

的机械化和电气化"①。1966年2月，毛泽东在给王任重的信中强调，"用二十五年时间，基本上实现农业机械化"，"已经过去十年了，这十年我们抓得不大好"②。按照毛泽东指示，1966年7月召开第一次全国农业机械化会议，部署到1980年基本上实现农业机械化。直到1977年1月，中共中央转发的国务院《关于一九八〇年基本上实现农业机械化的报告》，仍要求进一步修订和落实农业机械化规划，保证在1980年基本上实现农业机械化。这个时期，中国共产党对农业集体化、机械化格外重视，对农业水利化、化肥化也倾注了很大心血。

党的十一届三中全会对农业现代化建设进行了深刻反思，作出了新的全面部署。全会原则通过的《中共中央关于加快农业发展若干问题的决定》强调，"走出一条适合我国情况的农业现代化的道路"，明确要求"精心地作好分阶段逐步实现农业现代化的规划"，要求农业部、林业部、农垦部、农机部、水利部、电力工业部和化工部"要根据农业现代化的要求，密切协同，在一九八〇年内，分别作出实现农业现代化的全面的长期规划"。邓小平反复强调，"我国农业现代化，不能照抄西方国家或苏联一类国家的办法，要走出一条在社会主义制度下合乎中国情况的道路"③，"农业现代化不单单是机械化，还包括应用和发展科学技术等"④，"将来农业问题的出路，最终要由生物工程来解决，要靠尖端技术"⑤，"科学技术的发展和作用是无穷无尽的，一个种子，一个肥料，还有多种经营，潜力是很大的"⑥。邓小平还从经营体制的维度前瞻性地提出了"两个飞跃"的著名论断。他指出，"中国社会主义农业的改革和

---

① 中共中央文献研究室编：《建国以来重要文献选编》第15册，中央文献出版社1997年版，第602页。

② 夏蒙、钟兆云著：《项南画传》，人民出版社2014年版，第121页。

③ 《邓小平文选》第2卷，人民出版社1994年版，第362页。

④ 《邓小平文选》第2卷，人民出版社1994年版，第28页。

⑤ 《邓小平文选》第3卷，人民出版社1993年版，第275页。

⑥ 邓小平著：《建设有中国特色的社会主义（增订本）》，人民出版社1987年版，第7页。

发展，从长远的观点看，要有两个飞跃。第一个飞跃，是废除人民公社，实行家庭联产承包为主的责任制……第二个飞跃，是适应科学种田和生产社会化的需要，发展适度规模经营，发展集体经济"①。这个时期，中国共产党已将农业现代化的内涵拓展到农业科技、经营管理等方面。

党的十三届四中全会以后，以江泽民为主要代表的中国共产党人逐步丰富和拓展了对农业现代化动力、目标和途径的认识。党的十三届八中全会通过的《中共中央关于进一步加强农业和农村工作的决定》指出，"推进农业现代化，必须坚持科技、教育兴农的发展战略，多渠道增加农业投入，加快农用工业的发展，切不可放松农业物质技术基础建设"，强调"把农业发展转移到依靠科技进步和提高劳动者素质的轨道上来"。党的十五大报告指出，"大力推进科教兴农，发展高产、优质、高效农业和节水农业"，"积极发展农业产业化经营，形成生产、加工、销售有机结合和互相促进的机制，推进农业向商品化、专业化、现代化转变"。党的十五届三中全会通过的《中共中央关于农业和农村工作若干重大问题的决定》指出，"在家庭承包经营基础上，积极探索实现农业现代化的具体途径，是农村改革和发展的重大课题"，"农村出现的产业化经营……能够有效解决千家万户的农民进入市场、运用现代科技和扩大经营规模等问题，提高农业经济效益和市场化程度，是我国农业逐步走向现代化的现实途径之一"，"由传统农业向现代农业转变，由粗放经营向集约经营转变，必然要求农业科技有一个大的发展，进行一次新的农业科技革命"。江泽民反复强调，"有计划、有步骤地把农业劳动力转移到新兴的小城镇和乡镇企业，是实现我国农业现代化的必由之路"②；"农业现代化的实现和大农业经济的发展，最终取决于科学技术的进步和适用技术的广泛应用"，"把农业和农村经济的发展，逐步地转移到依靠科技进步

---

① 《邓小平文选》第3卷，人民出版社1993年版，第355页。

② 中央财经领导小组办公室编：《中国经济发展五十年大事记》，人民出版社1999年版，第529页。

和提高劳动者素质的轨道上来"①，"要切实抓好农业科研攻关、先进适用技术推广和农民科技培训"②；"农业发展从长远看最重要的，一是水的问题，一是科技问题"③；"要强化科教兴农，优化内部结构，走贸工农一体化发展路子，逐步实现从粗放经营向集约经营、从低效农业向高效农业的转变"④。

党的十六大以后，以胡锦涛为主要代表的中国共产党人从科学发展观的高度丰富和拓展了对中国特色农业现代化的认识。2007年中央一号文件以"六用三化"全面阐述了农业现代化的内涵特征和实现途径，即"用现代物质条件装备农业，用现代科学技术改造农业，用现代产业体系提升农业，用现代经营形式推进农业，用现代发展理念引领农业，用培养新型农民发展农业，提高农业水利化、机械化和信息化水平"。党的十七大报告强调，"走中国特色农业现代化道路，建立以工促农、以城带乡长效机制，形成城乡经济社会发展一体化新格局"。党的十七届三中全会通过的《中共中央关于推进农村改革发展若干重大问题的决定》强调，"发展现代农业，必须按照高产、优质、高效、生态、安全的要求，加快转变农业发展方式，推进农业科技进步和创新，加强农业物质技术装备，健全农业产业体系，提高土地产出率、资源利用率、劳动生产率，增强农业抗风险能力、国际竞争能力、可持续发展能力"。胡锦涛从实现科学发展的高度，作出了"两个趋向"的重要论断，即"综观一些工业化国家发展的历程，在工业化初始阶段，农业支持工业、为工业提供积累是带有普遍性的趋向；但在工业化达到相当程度以后，工业反哺农业、城

① 中共中央文献研究室、国务院发展研究中心编：《新时期农业和农村工作重要文献选编》，中央文献出版社1992年版，第794页。

② 《江泽民文选》第2卷，人民出版社2006年版，第215—216页。

③ 中共中央文献研究室编：《十五大以来重要文献选编》上，人民出版社2000年版，第533页。

④ 中共中央文献研究室编：《江泽民论有中国特色社会主义（专题摘编）》，中央文献出版社2002年版，第130页。

市支持农村，实现工业与农业、城市与农村协调发展，也是带有普遍性的趋向"[①]。他强调，必须坚持走中国特色农业现代化道路，加快构建现代农业产业体系，"发挥农业多种功能，提高产业竞争能力和农业整体效益"；加快推进农业科技创新，"促进农业技术集成化、劳动过程机械化、生产经营信息化"；加快推进农业经营体制机制创新，"加快建设覆盖全程、综合配套、便捷高效的农业社会化服务体系，为推进农业专业化分工、规模化生产、集约化经营提供信息、技术、金融等全方位服务"[②]。他特别强调标准化是现代农业的重要标志，"没有农业标准化，就没有农业现代化，就没有食品安全保障"，"只有把农业产前、产中、产后全过程纳入标准化轨道，才能加快农业从粗放经营向集约经营转变，才能提高农业科技含量和经营水平，才能完善适应现代农业要求的管理体系和服务体系"[③]。

党的十八大以来，以习近平同志为核心的党中央引领中国特色社会主义进入新时代，把对中国特色农业现代化的认识提升到新的高度。从2014年起，连续三年的中央一号文件把农业现代化写入文件标题，强调"工业化信息化城镇化快速发展对同步推进农业现代化的要求更为紧迫"，"要以解决好地怎么种为导向加快构建新型农业经营体系，以解决好地少水缺的资源环境约束为导向深入推进农业发展方式转变，以满足吃得好吃得安全为导向大力发展优质安全农产品，努力走出一条生产技术先进、经营规模适度、市场竞争力强、生态环境可持续的中国特色新型农业现代化道路"，"积极开发农业多种功能"，"加快形成资源利用高效、生态

---

① 中共中央文献研究室编：《十六大以来重要文献选编》（中），中央文献出版社2006年版，第311页。
② 中共中央文献研究室编：《十七大以来重要文献选编》（中），中央文献出版社2011年版，第461—463页。
③ 《胡锦涛在中共中央政治局第四十一次集体学习时强调：以对人民群众高度负责的精神做好农业标准化和食品安全工作》，《人民日报》2007年4月25日，第1版。

系统稳定、产地环境良好、产品质量安全的农业发展新格局"。党的十八届五中全会通过的《中共中央关于制定国民经济和社会发展第十三个五年规划的建议》指出，"大力推进农业现代化"，"着力构建现代农业产业体系、生产体系、经营体系"，"走产出高效、产品安全、资源节约、环境友好的农业现代化道路"。党的十九大报告指出，"构建现代农业产业体系、生产体系、经营体系，完善农业支持保护制度，发展多种形式适度规模经营，培育新型农业经营主体，健全农业社会化服务体系，实现小农户和现代农业发展有机衔接"。习近平同志对中国特色农业现代化进行了系统思考，多次作出重要论述。在国家现代化建设整体布局方面，他强调"同步推进新型工业化、信息化、城镇化、农业现代化，薄弱环节是农业现代化"[1]，"没有农业农村现代化，就没有整个国家现代化"[2]；在农业现代化内涵方面，他指出"加快转变农业发展方式，加快农业技术创新步伐，走出一条集约、高效、安全、持续的现代农业发展道路"[3]，"要用现代物质装备武装农业，用现代科学技术服务农业，强化农业水利等基础设施，健全农业社会化服务体系，提高农业良种化、机械化、科技化、信息化、标准化水平"[4]，"要以构建现代农业产业体系、生产体系、经营体系为抓手，加快推进农业现代化"[5]；在现代农业产业体系方面，他强调"要加快建立现代农业产业体系，延伸农业产业链、价值链"[6]，"发展现代畜牧业、园艺业、水产业，发展高附加值、高品质农产品，发展农产品加工和流通业，优化农业区域布局，推动一二三产业融合发展，提高农业整体素质和竞争力"[7]；在现代农业生产体

① 中共中央文献研究室编：《习近平关于社会主义经济建设论述摘编》，中央文献出版社2017年版，第190页。

② 习近平著：《论"三农"工作》，中央文献出版社2022年版，第274页。

③ 中共中央党史和文献研究院编：《习近平关于"三农"工作论述摘编》，中央文献出版社2019年版，第92页。

④⑤⑦ 习近平著：《论"三农"工作》，中央文献出版社2022年版，第202页。

⑥ 习近平著：《论"三农"工作》，中央文献出版社2022年版，第158页。

系方面，他强调"按照增产增效并重、良种良法配套、农机农艺结合、生产生态协调的原则，促进农业技术集成化、劳动过程机械化、生产经营信息化、安全环保法治化，加快构建适应高产、优质、高效、生态、安全农业发展要求的技术体系"[1]；在现代农业经营体系方面，他强调"落实集体所有权、稳定农户承包权、放活土地经营权，加快构建以农户家庭经营为基础、合作与联合为纽带、社会化服务为支撑的立体式复合型现代农业经营体系"[2]，"要培育专业大户、家庭农场、农民合作社、农业企业等新型经营主体，加快形成集约化、专业化、组织化、社会化相结合的新型农业经营体系"[3]，"推动家庭经营、集体经营、合作经营、企业经营共同发展，提高农业经营集约化、规模化、组织化、社会化、产业化水平"[4]。

综观不同历史时期中国共产党对农业现代化的认识，在强调农业现代化对国家现代化的重要性、农业现代化道路必须符合我国国情等方面是一脉相承的，在农业现代化的内涵、路径、着力点等方面则与时俱进、具有鲜明的时代特色。在农业现代化内涵方面，从机械化、水利化、化肥化、电气化，到科学化、集约化、社会化、产业化，再到规模化、绿色化、信息化、多功能化，反映出中国共产党对现代农业本质特征的认识深化。在农业现代化外延方面，从突出生产工具和劳动对象变革，到重视经营管理和资源配置优化，再到强调产业体系、生产体系、经营体系系统构建，反映出我们党对现代农业关注点的不断演进。在农业现代化目标任务方面，从农业增产的单一目标，到高产、优质、高效的多元目标，再到土地产出率、资源利用率、劳动生产率、抗风险能力、市场竞争能力、可持续发展能力的复合目标，反映出中国共产党发展现代农

---

[1] 习近平著：《论"三农"工作》，中央文献出版社2022年版，第42页。
[2] 习近平著：《论坚持全面深化改革》，中央文献出版社2018年版，第71页。
[3] 习近平著：《论"三农"工作》，中央文献出版社2022年版，第202—203页。
[4] 习近平著：《论"三农"工作》，中央文献出版社2022年版，第201页。

业理念的不断升华①。

二、中国共产党对农村建设的认识发展

新中国成立后，中国共产党把农村建设摆在社会主义建设的重要位置。在实行土地改革、促进农业合作化的同时，中国共产党领导农民进行整修水利、防治病虫害、发展供销和信用合作等事业。毛泽东为其主持选编、1956年1月出版的《中国农村的社会主义高潮》写了2篇序言和104篇按语，其中既有怎样办好合作社的经验总结，也有对农村经济工作、文化教育工作、妇女青年工作等的意见。中共中央1956年1月提出、后经多次修改的《一九五六年到一九六七年全国农业发展纲要》，是完成社会主义改造后中国共产党关于农业农村发展的第一个纲领性文件，也是中国历史上第一个农业农村中长期发展规划。该纲要用大量篇幅部署农村建设，对改善住房、移风易俗、医疗卫生、文化教育、广播邮电、交通运输、商业金融和社会福利等农村各项事业发展提出了明确要求。"楼上楼下、电灯电话"的形象描述，成为从"一穷二白"中走出来的新中国农民对农村现代化的朴素认识。在社会主义建设高潮的推动下，1958年全国广泛建立起农村人民公社。农村人民公社作为政社合一的基层单位，既有作为集体经济组织的生产经营管理职能，又有作为农村基层政权的公共服务与社会治理职能。尽管在发展中经历曲折，但农村人民公社在广大农村地区提供教育、医疗等基本公共服务，创办"五保"等农村福利事业，根据自身条件开办社队企业、发展乡村工业，迈出了农村现代化建设的第一步。

党的十一届三中全会深刻总结前29年的经验教训，将农村改革作为突破口，翻开了农村建设的新篇章。全会原则通过的《中共中央关于加快农业发展若干问题的决定》强调，为调动农民积极性，"在经济上充分

---

① 叶兴庆、殷浩栋：《中国共产党对农业现代化的认识发展和实践探索》，《中国经济时报》2021年9月20日，第4版。

关心他们的物质利益，在政治上切实保障他们的民主权利"；为活跃农村经济，"应当鼓励和扶持农民经营家庭副业""社队企业要有一个大发展……凡是符合经济合理的原则，宜于农村加工的农副产品，要逐步由社队企业加工"；为缩小工农城乡差别，"我们一定要十分注意加强小城镇的建设，逐步用现代工业交通业、现代商业服务业、现代教育科学文化卫生事业把它们武装起来，作为改变全国农村面貌的前进基地"。从1982年起，中共中央连续五年出台指导农村工作的一号文件，不仅关注农业发展，也关注农村建设，要求广辟资金来源加快农村建设，鼓励农民投资建设农村基础设施和兴办社会事业；加强对小城镇建设的指导，将集镇建设成为农村区域性的经济文化中心；切实帮助贫困地区逐步改变落后面貌；建设具有高度精神文明和高度物质文明的新农村。特别是1982年《宪法》明确规定村民委员会是农村基层群众性自治组织，1988年试行《村民委员会组织法》，1983年中共中央、国务院发出《关于实行政社分开建立乡政府的通知》，由此"乡政村治"的乡村治理框架逐步形成。

党的十三届四中全会以后，以江泽民为主要代表的中国共产党人，根据建设小康社会的要求不断深化对农村建设的理解、丰富农村建设的内容。党的十三届八中全会通过的《中共中央关于进一步加强农业和农村工作的决定》指出，20世纪90年代农业农村工作总的目标是：在全面发展农村经济的基础上，使广大农民的生活从温饱达到小康水平，逐步实现物质生活比较丰裕，精神生活比较充实，居住环境改善，健康水平提高，公益事业发展，社会治安良好。党的十五届三中全会通过的《中共中央关于农业和农村工作若干重大问题的决定》，不仅作出了经过20年农村改革我们成功"开创了一条有中国特色的农村现代化道路"的重大论断，而且从经济、政治、文化三大方面擘画了到2010年建设有中国特色社会主义新农村的目标，涉及农村建设的主要包括：农村产业结构进一步优化，城镇化水平有较大提高；农民收入不断增加，农村全面实现小康，并逐步向更高的水平前进；以党支部为核心的村级组织健全，干群关系密切；加强法治，保持农村良好的社会秩序和治安环境；发展农村教育、卫生、体育、文化事业。

党的十六大以后，以胡锦涛为主要代表的中国共产党人从全面贯彻落实科学发展观、全面建设小康社会出发，进一步深化对农村建设的规律性认识。党的十六届五中全会通过的《中共中央关于制定国民经济和社会发展第十一个五年规划的建议》指出，按照生产发展、生活宽裕、乡风文明、村容整洁、管理民主的要求建设社会主义新农村，是我国现代化进程中的重大历史任务。党的十七届三中全会通过的《中共中央关于推进农村改革发展若干重大问题的决定》，从六个方面擘画了到2020年农村改革发展的基本目标任务，涉及农村建设的主要包括：城乡经济社会发展一体化体制机制基本建立；农民人均纯收入比2008年翻一番，消费水平大幅提升，绝对贫困现象基本消除；农村基层组织建设进一步加强，村民自治制度更加完善，农民民主权利得到切实保障；城乡基本公共服务均等化明显推进，农村文化进一步繁荣，农民基本文化权益得到更好落实，农村人人享有接受良好教育的机会，农村基本生活保障、基本医疗卫生制度更加健全，农村社会管理体系进一步完善；农村人居和生态环境明显改善。2004—2012年的九次中央农村工作会议和九个指导"三农"工作的中央一号文件，出台了一系列加强农村建设的新理念新举措，主要包括：重塑工农城乡关系，实行工业反哺农业、城市支持农村和多予少取放活方针；公共财政逐步介入农村公共产品供给，取消农业税和村提留、乡统筹，建立村级公益事业建设一事一议财政奖补制度，财政为村干部报酬和村级管理提供经费支持；加强农村道路、供水、电力等基础设施建设；实行农村义务教育"两免一补"政策，建立新型农村合作医疗、新型农村社会养老保险、农村最低生活保障制度；加强村庄规划和人居环境治理。

党的十八大以来，以习近平同志为核心的党中央从补齐全面建成小康社会短板、开启全面建设社会主义现代化国家新征程出发，对农村建设作出新的部署。党的十八届五中全会要求贯彻新发展理念，推动城乡协调发展，健全农村基础设施投入长效机制，把社会事业发展重点放在农村，推动城镇公共服务向农村延伸；提高社会主义新农村建设水平，开展农村人居环境整治行动，加大传统村落民居和历史文化名村名镇保护力度，建设美丽宜居乡村；实施脱贫攻坚工程。党的十九大提出实施乡村振兴战略，按照产业兴旺、生态宜居、乡风文明、治理有效、生活富裕的总要求，加快推进农业农村现代化。党的十九届五中全会要求实施乡村建设行动，把乡村建设摆在社会主义现代化建设的重要位置。2013—2021年的九次中央农村工作会议和九个指导"三农"工作的中央一号文件，对农村建设作出了一系列新部署，主要包括：开展村庄人居环境整治，推进垃圾、污水治理和农村改厕；推进城乡基本公共服务均等化；完善乡村治理机制，加强农村基层组织建设；实施精准扶贫。习近平指出，农村现代化既包括"物"的现代化，也包括"人"的现代化，还包括乡村治理体系和治理能力的现代化①；到二〇三五年基本实现社会主义现代化，大头重头在"三农"，必须向农村全面发展进步聚焦发力，推动农业农村农民与国家同步基本实现现代化②；要坚持农业现代化和农村现代化一体设计、一并推进③。

综观不同历史时期中国共产党对农村建设的认识发展，可以看出党始终把改变农村面貌、增进农民福祉放在重要位置，不断总结，不断提高。在对农村建设内涵的认识上，从新中国成立后的农村社会主义改造，到改革开放后的社会主义新农村建设，再到新时代的乡村建设行动，充分表明中国共产党对农村建设内在规定性的把握是与时俱进的。在对农村建设外延的认识上，从"楼上楼下、电灯电话"的物质建设到物质文明和精神文明两手抓的拓展，从基础设施和公共服务建设到乡村物、人、治理体系和治理能力现代化全面推进的升华，充分表明中国共产党对农

---

① ③ 习近平：《把乡村振兴战略作为新时代"三农"工作总抓手》，《求是》2019年第11期。

② 中共中央党史和文献研究院编：《习近平关于"三农"工作论述摘编》，中央文献出版社2019年版，第11页。

村建设具体内容的部署是不断丰富的。在对农村建设和农业建设关联性的认识上，从单纯重视农业建设、保障农产品供给到强调"农业农村农民问题是一个不可分割的整体""要坚持农业现代化和农村现代化一体设计、一并推进"，充分表明中国共产党对农业农村现代化建设的整体把握明显增强①。

第二节　中国学术界对农业现代化和农村建设的认识发展

中国是一个农耕历史悠久、农村腹地广阔、农村人口众多的国家，中国学术界在对国家现代化的探索中对农业现代化和农村建设倾注了大量精力，形成了不少对在新发展阶段接续推进农业农村现代化具有启发意义的认识成果。

一、中国学术界对农业现代化的认识发展

中国学术界对农业现代化的研究探索与中国共产党对农业现代化的认识发展和推进历程密切相关。在党的十九大提出实施乡村振兴战略、加快推进农业农村现代化之后，学术界对农业现代化的研究明显增多，研究内容更加深入。多年来，学术界从内涵特征、目标任务、推进路径等维度，对农业现代化进行了大量研究。

在农业现代化的内涵特征方面，主要有三种概括：一是认为农业现代化就是传统农业转变为现代农业的过程。一些学者提出，农业现代化是发展到一个较高级阶段农业的过程，要用现代工业技术装备和生物科学技术改造农业，用现代市场经济观念和组织方式管理农业，不断调整

---

① 叶兴庆、宁夏：《中国共产党领导农村建设的百年探索与实践》，《中国经济时报》2021年11月29日，第4版。

农业结构和农业的专业化、社会化分工，同时创造良好的生态环境，实现农业全要素生产率水平的不断提高和农业可持续发展，以实现由传统的生产部门转变为现代的产业部门。二是认为农业现代化是农业生产力和生产关系的现代化，包括农业技术的全面升级、农业结构的现代转型、农业制度的现代变迁、农业经营体制的改革创新等。持这种观点的学者提出，农业现代化是现代化的农业生产力与现代化的农业生产关系的总和。这不仅是一个现代生产要素引入或技术进步的过程，同时也是一个要素优化配置的过程或制度创新的过程。农业生产力的现代化是农业劳动对象、劳动资料、劳动力的现代化，包括科学技术的渗透、工业部门的介入、现代要素的投入等。农业生产关系的现代化包括农业经营的市场化和农业生产组织制度的现代化等。三是从目标导向概括农业现代化内涵特征。有的学者认为，农业现代化是科技革命推动产业革命所形成的高产、优质、高效、生态、安全农业，需要调整优化农业内部结构，促进农业结构的多元化转变，从以增量为主的品种结构转向以优质、高效为主的品种结构。他们认为，中国特色农业现代化的目标模式是高效生态农业，其科学内涵要求确保实现提高农产品有效供给能力和农民务农增收致富的双重目标，顺应农业绿色化、生态化的时代潮流。

在农业现代化的目标任务方面，主要有两个侧重点。一是侧重政策目标。在实行以粮为纲的农业生产方针时期，对农业现代化目标任务的研究聚焦于农业增产。在注重农民增收问题的时期，学者把农业增产和农民增收列为农业现代化的重要目标。在资源环境问题得到越来越多重视的时期，粮食安全、农民增收和农业可持续发展成为农业现代化目标研究的重要议题。二是侧重本质目标。强调农业现代化的核心任务是提高劳动生产率和农业竞争力，包括提升农业全要素生产率，提高产业链、品质、功能等方面的竞争力。有学者提出农业现代化就是提升农业的经济效率和效益，即提高农业生产力的综合水平和农业生产的社会经济效益。也有学者强调将提高农业综合生产能力、市场竞争力和可持续发展能力"三力并重"作为农业现代化的核心目标。

在农业现代化推进路径方面，主要有两种分析角度。一是从农业发展方式的角度，侧重于分析技术层面的现代化路径。强调用现代技术改造农业部门，加强农业现代物质技术装备建设，改善农业投入结构、生产结构和产品品质，加快生产体系现代化；延伸产业链，贯通供应链，提升价值链，推进一二三产业融合发展，加快产业体系现代化；用现代市场经济观念和组织方式经营农业，强化农村市场和农业社会化服务体系建设，培育壮大新型经营主体，加快经营体系现代化等。二是从农业现代化功能特征的角度，强调农业现代化要实现生产要素、生产方式、经营效益和产业功能多元化，以满足保供给、促增收、可持续的要求。推进农业现代化，需要长期保持多样化、混合型的农业现代化发展模式和经营形态；不断提高农业劳动生产率和土地产出率，提升农业的综合生产力水平；通过调整和改革经营管理方式，深入挖掘农业多功能性，使之更加适应现代社会的市场环境和生活实际需要，全面拓展农业生产经营结构、经济产出功能以及增产增收效应，形成多元化、多样化、复合型的现代产业、生产和经营体系。

二、中国学术界对农村建设的认识发展

如何认识、改造和建设中国农村，是近现代中国知识分子高度关注的话题，部分知识分子甚至积极投身农村建设实践。不少近现代知识分子认为，中国是以农立国，中国人口绝大多数都是农民，中国的现代化必先从农村现代化起始。这些学者发出"到农村去""到民间去"的口号，深入农村开展乡村建设试验，形成了知识分子探索中国农村现代化道路热潮，即著名的"乡村建设运动"。从清末民初到20世纪20年代，就有张謇在江苏南通兴办实业、发展教育、建设乡村公益事业，米迪刚在河北定县翟城村开展"村治"试验。进入20世纪30年代，以晏阳初、梁漱溟、卢作孚为代表的一批学者提出各自的乡村建设主张，并在部分地方开展乡村建设试验。晏阳初认为，乡村建设不仅是救济复兴乡村，更要通过教育改造农村、改造农民，使国家民族得到"再造"。为此，他

领导平民教育运动并在河北定县开展"定县试验"，针对农民的"愚、穷、弱、私"四大问题，开展文艺、生计、卫生、公民四大教育，以期达成改造乡村、再造国家民族的目的。梁漱溟认为，农村衰败在于文化被破坏，主张以新文化改造旧乡村，并在山东邹平开展乡村建设试验。卢作孚最早从"现代化"视角思考乡村建设，明确指出乡村建设的目的是"赶快将乡村现代化起来"。为此，他在重庆北碚开展以发展实业助推乡村现代化、城市化的乡村建设试验。20世纪20—30年代的乡村建设运动，将农村现代化置于国家现代化基础的高度，将农村经济、社会、生活、文化、政治纳入乡村建设内容，将从教育入手改造农村文化、实现"人"的现代化作为重点，开展了丰富的理论研究和试验探索。尽管这些探索后来由于战争等原因而中断，但所形成的认识成果与积累的实践经验，对今天我们认识和推进农村现代化依然有重要的启示意义。

新中国成立后，农村很快被集体化和纳入人民公社体制，农村基础设施和公益事业等建设主要由农村集体组织自行开展。与国家对农业现代化的高度关注和积极推进形成强烈反差的是，国家对农村建设重视不够。这也反映在研究领域，学术界对农村建设的探索不活跃。改革开放后，随着人民公社制度的废除和农村经济活跃程度的提高，以及国家在农业农村领域工作重心的转移，学术界开始关注农村建设问题，形成了三次研究高潮。

第一次研究高潮，重点关注乡镇企业、小城镇和农民负担等问题。不少学者观察到改革后农村发生的巨大变化，期望从这些变化中发现农村现代化的有效途径。长三角、珠三角地区异军突起的乡镇企业，以及依托乡镇企业发展起来的小城镇，成为这一时期学者关注的重点。在20世纪80—90年代，乡村工业化、城镇化成为农村现代化的代名词，乡镇企业、小城镇成为农村现代化路径研究的关键词。一些学者在苏南地区考察后认为，当地在发展乡镇企业、实现乡村工业化基础上成长起来的小城镇，它的发展建设是促进农村劳动力就地转移、推动农村生活方式变迁和为农业现代化创造条件的有效方式，是农村现代化的重要途径。

部分学者提出，继"包产到户"后农村第二轮改革的关键，就是要大力发展乡镇企业，为农业现代化和农村社会福利事业发展、小城镇建设提供经济积累。进入90年代，农民负担日益加重，成为影响农村社会稳定的突出矛盾，并为学术界所关注。许多学者分别从经济学、社会学、政治学等不同视角对农民负担问题展开研究，这些研究对后来农村税费改革起到了推动作用。

第二次高潮，重点关注新农村建设中的村容村貌、农民增收等问题。进入21世纪，特别是中央提出建设社会主义新农村重大历史任务后，学术界对农村现代化的研究讨论形成了新的高潮。这一时期的学术研究首先认识到农村在国家现代化中不可或缺的重要地位，必须改变只有城市现代化而农村凋敝衰落的状态，改变过去认为依靠城镇化自然解决农村问题的观点，建设现代化的新农村。其次是认识到不仅要有农业现代化，农村的政治、经济、社会、文化，农民的生活方式与思想观念等都需要进行现代化建设。再次是拓展了对农村现代化实现途径的认识，从单纯依靠工业化、城镇化来转移农村人口、改变农村面貌，到产业融合带动、乡村建设推动、公共服务提升、社会治理保障多管齐下，农村经济、社会、制度、文化建设多元并举。在新农村建设任务提出后，学术界对通过乡村建设改变乡村风貌、注入内生动力、带动农民增收做了大量研究与实践探索工作。

第三次高潮，重点关注乡村振兴中的基础设施、公共服务和治理效能等问题。党的十八大以来，特别是中央提出并实施乡村振兴战略以来，学术界对全面实现小康和全面建设现代化新阶段乡村如何振兴展开了新一轮研究与讨论。许多学者认识到农村现代化是农业农村现代化中的短板，也是乡村振兴的难点，需要通过大力推进农村建设来补短板、克难点。农村建设的重点，一是农村基础设施等硬件建设，以改善农村人居环境，建设生态宜居的美丽乡村；二是农村公共服务、农村党建与乡村治理体系、农村文化等软环境的建设，以提升农村治理效能，建设乡风文明、治理有效的乡村；三是农村人才建设，以乡村人才振兴培育乡村振

兴的主体能力。此外，对于刚刚完成脱贫攻坚任务的欠发达地区，还需
要强化构建农村社会保障救助体系，以巩固脱贫攻坚成果并与乡村振兴
有效衔接。

第三节　新发展阶段农业农村现代化的内涵特征

农业农村现代化是一个动态的过程，不同发展阶段农业农村现代化
的内涵特征不尽相同。在新发展阶段，新发展理念将得到全面贯彻，新
科技革命将广泛渗透，新型工农城乡关系将逐步形成，这些都将对农业
农村现代化的内涵特征产生明显影响。

准确认识和深刻把握新发展阶段农业农村现代化的内涵特征，应当
遵循以下原则：一是保持连续性。农业农村现代化是一个连续的过程，
新发展阶段的农业农村现代化不可能另起炉灶，认识其内涵特征应从历
史上不同时期的认识积累中汲取智慧，尤其是要以党的十八大以来中国
共产党对农业现代化和农村建设的认识为根本遵循。二是增强协调性。
农业农村现代化是国家现代化的重要组成部分，对其内涵特征的把握应
与国家现代化的特质相契合。中国式现代化具有鲜明的中国特色，是人
口规模巨大的现代化，是全体人民共同富裕的现代化，是物质文明和精
神文明相协调的现代化，是人与自然和谐共生的现代化。这些特质应当
映照在农业农村现代化的内涵特征之中。三是体现前瞻性。对农业农村
现代化内涵特征的把握，既要立足既有的认知水平，也要充分考虑到时
代潮流、发展理念、科技进步等方面在可预见的未来将会发生的演进。
四是具有可比性。温饱、小康、全面小康是中国现代化进程中的重要节
点目标，对于凝聚共识、汇聚力量、鼓舞人心发挥了重要作用，但这些
发展目标都是中国特色的概念，其所指代的发展程度需要根据国情自主
赋值。1979年12月6日，邓小平回答大平正芳关于"四个现代化"目标
实现情况之问时，将中国20世纪末所要达到的目标概括为"小康"，充分

体现了他的政治智慧。①现代化则是一个世界概念，在生产力、科技教育、物质生活水平等基本维度应当具有横向可比性。

根据以上原则，可以把新发展阶段农业农村现代化的内涵特征概括为"六化"②：

——农业产业体系现代化。新发展阶段所要建设的现代化农业，应当是在稳定粮食生产、确保国家粮食安全基础上，现代种植业、畜牧业、园艺业、水产业充分发展的农业，品质优良、附加值高、产业链条长的农业，比较优势突出、主导产业鲜明、集聚效益明显的农业。彰显这种内涵特征，需要优化农业产业门类结构，在种植业充分发展的基础上，大力发展畜牧养殖业、提高畜牧业在农业生产总值中的比重，尤其是要在一定地域范围内和经营主体层面推进农牧结合、种养循环；需要优化农业产品品质结构和价值链结构，着力发展高品质、高附加值农产品生产，着力延长农业产业链条，以农业生产为基础、合作社或龙头企业为牵引、农民分享更大比例增值收益为目的促进一二三产业融合发展；需要优化农业区域结构，按比较优势原则科学划定粮食生产功能区、重要农产品生产保护区、特色农产品优势区，打造区域公用品牌，构建特色产业集群，释放农业集聚效应。

——农业生产体系现代化。新发展阶段所要建设的现代化农业，应当是在严格保护耕地的基础上，设施和装备化水平高、旱涝保收的农业，科技成果集成化应用、主要依靠科技进步实现增长的农业，投入品和生产过程绿色低碳、可持续性强的农业，信息技术得到广泛应用、生产经营智能化水平高的农业。彰显这种内涵特征，需要以土地平整、土壤改良、农田水利、机耕道路、农田输配电设备等为重点加强农业基础设施建设，以粮食生产薄弱环节、设施农业、丘陵山区特色农业等为重点提

---

① 钟文、文夫编著：《邓小平外交风采实录》，人民出版社2004年版，第333—334页。

② 国务院发展研究中心农村经济研究部课题组：《新发展阶段农业农村现代化的内涵特征和评价体系》，《改革》2021年第9期。

高农业全程全面机械化水平；需要以种业为核心加强农业科技创新，建立健全产学研用多方协作的技术集成创新推广体系，集成组装推广区域性、标准化高质高效技术模式；需要提高农田灌溉水、化肥和农药有效利用率，减少农业温室气体排放；需要建立贯通全产业链的信息收集和处理体系，在生产管理、经营决策中广泛应用物联网、大数据、云计算等现代信息技术。

——农业经营体系现代化。新发展阶段所要建设的现代化农业，应当是在着力促进小农户和现代农业有机衔接的基础上，土地逐步流转集中、经营规模逐步扩大的规模化农业，各类农户进行多形式、多层次联合的合作化农业，各类农户乃至合作社将独自开展难以实现规模经济的生产经营活动交由专业化、社会化组织完成的服务社会化农业。彰显这种内涵特征，需要完善承包地"三权分置"办法，发挥集体所有权在土地连片整治和宜机化改造、闲置和撂荒土地利用等方面的组织协调功能，对承包权的权能进行适度调整、逐步淡化其财产权属性和社会保障属性，对经营权给予更加充分的保障、稳定租地经营主体预期；需要引导生产同类产品的农户开展产前产中产后专业合作，引导比邻农户自愿将毗邻土地入股开展土地股份合作，探索开展生产、供销、信用"三位一体"综合合作；需要以农机专业户或农机合作社、基层供销社、农资综合服务商、返乡入乡创业新农人等为主体，以提高联合收割机、农用飞机和无人机、烘干机等专用资产利用率为支撑，为各类农户乃至合作社开展托管服务，实现托管服务的规模经济。

——农村基础设施和公共服务现代化。新发展阶段所要建设的现代化农村，应当是在遵循村庄演变规律的基础上，水电路网通村入户、雨天脚不沾泥、夜晚人不迷路的基础设施便利化农村，上学方便、看病不愁、老有所养的基本公共服务均等化农村，屋外鸟语花香、屋内干净整洁的人居环境美丽化农村。彰显这种内涵特征，需要促进道路、供水、电力、网络等基础设施向自然村覆盖、向农户延伸，加强村庄路灯、公共活动空间建设；需要加强农村托幼和养老设施建设，提高村卫生室和村医服务能力，提高农村义务教育质量；需要加强人居环境整治，实现垃圾得到收集、污水得到治理、厕所干净卫生、房前屋后整洁美丽。

——农村居民思想观念和生活质量现代化。新发展阶段所要建设的现代化农村，应当是在实现人的全面发展的基础上，农业从业者以农业为主业、劳动生产率和收入水平接近全社会平均水平的农民职业化农村，世居人口与外来人口和谐共处、各得其所的村民多元化农村，公序良俗养成、传统文化得到传承的乡风文明化农村。彰显这种内涵特征，需要结合农业经营体制创新，注重从留守农业的农户中培养一批家庭农场主，从返乡入乡创业人员中培育一批新型经营主体，提高新型职业农民的技术和管理水平；需要打通城乡之间、村村之间人口流动的堵点，在继续提高城市对进城农民开放性、提高全社会城镇化水平的同时注重提高农村社区对入乡市民的开放性，以人为核心发挥村庄的多种功能和多元价值；需要推进以移风易俗为核心的农村社会改造，提高农村居民的科学素养、责任意识、公德意识、民主意识。

——农村治理体系和治理能力现代化。新发展阶段所要建设的现代化农村，应当是在发挥基层党组织领导作用的基础上，村民踊跃参与、议事效率高的自治规范化农村，学法守法用法的法治主导化农村，崇德向善、见贤思齐的德治效力化农村。彰显这种内涵特征，需要根据村庄人口构成和自治事项的变化确定合适的自治半径，逐步把该由政府承担的公共产品和公共服务移交给政府、该由集体经济组织承担的集体资产所有者职责移交给集体经济组织，积极探索积分制等传统治理手段和"云上村庄"等数字化治理工具；需要加强普法力度，引导农民用法律手段维护自身权益；需要增强农村居民的社区共同体意识，培养共同的价值观和行为规范，让失范者受处罚，让崇德者受尊重。

第二章

农业农村现代化的
远景目标与现实挑战

在全面建设社会主义现代化国家新征程的30年间①，确保乡村跟得上国家现代化进程任务艰巨。在这30年间，城乡关系将发生更加深刻的转型，乡村的功能作用、产业形态、人口结构、村庄布局等将发生更加深刻的调整。保障这种转型和调整顺利进行，需要对未来的乡村愿景进行展望，以增强农业农村现代化建设的方向感；需要对乡村发展的重大结构性趋势性变化进行预判，以提高农业农村现代化建设的前瞻性；需要对影响农业农村发展的主要两难关系进行识别，以找准促进农业农村现代化建设的突破口；需要对乡村振兴路径进行勾勒，以提高农业农村现代化建设的效率。

---

① 党的十九大报告指出，从2020年到本世纪中叶可以分两个阶段来安排：第一个阶段，从2020年到2035年，在全面建成小康社会的基础上，再奋斗15年，基本实现社会主义现代化；第二个阶段，从2035年到本世纪中叶，在基本实现现代化的基础上，再奋斗15年，把我国建成富强民主文明和谐美丽的社会主义现代化强国。

第一节　建设"四高"未来乡村

乡村是城市建成区以外具有自然、社会、经济特征和生产、生活、生态、文化等多重功能的地域综合体①，其结构性特征和主体性功能会随着国家现代化的推进而演变。对乡村发展愿景的展望，应当以国家现代化愿景为基本参照。党的十九大报告首次提出，到2035年中国的发展目标是基本实现社会主义现代化，并从经济和科技实力、国家治理体系和治理能力、社会文明程度和文化软实力、人民生活和共同富裕、社会治理格局、生态环境六个维度展望了届时要达到的国家现代化情景；到本世纪中叶，把中国建成富强民主文明和谐美丽的社会主义现代化强国，到那时中国物质文明、政治文明、精神文明、社会文明、生态文明将全面提升，实现国家治理体系和治理能力现代化，成为综合国力和国际影响力领先的国家，全体人民共同富裕基本实现，中国人民将享有更加幸福安康的生活。党的十九届五中全会通过的《中共中央关于制定国民经济和社会发展第十四个五年规划和二〇三五年远景目标的建议》，从经济和科技实力、现代化经济体系、国家治理体系和治理能力、社会文明程度和文化软实力、绿色生产生活、对外开放、人均国内生产总值和城乡区域发展差距、国防和军队、人的全面发展和共同富裕九个维度，描绘了到2035年基本实现社会主义现代化的远景目标。党的二十大报告，从经济实力、科技和创新、现代化经济体系、国家治理和民主法治、文化软实力、人民生活和人的全面发展、绿色发展、国家安全八个维度，进一步擘画了2035年基本实现社会主义现代化所要达到的目标；重申到本

---

① 本书所称"乡村"，沿用了《中华人民共和国乡村振兴促进法》的定义，其涵盖范围比国务院批复的《统计上划分城乡的规定》（国函〔2008〕60号）所定义的"乡村"要宽。

世纪中叶，把中国建设成为综合国力和国际影响力领先的社会主义现代化强国。锚定国家现代化愿景，现代化乡村愿景可以概括为"四高"①。

一、高品质农产品生产空间

在全面建成小康社会阶段，除口粮外，中国城乡居民人均主要食品消费量稳步提高，量的需求已基本得到满足。中国居民热量、蛋白质和脂肪的摄入水平，已接近饮食结构与中国类似但现代化程度远超中国的日本和韩国。在现代化新征程中，中国农业发展面临的主要任务，是全面提高农产品品质。一方面，中国城乡居民对食品的消费需求将全面转向以质的需求为主。这种质的需求，既体现在食物消费结构的转型升级和对动物性食品的需求增长上，也体现在对食品质量安全的追求上，还体现在对色、香、味等风味特征物质的追求上。另一方面，中国农业竞争力的提高将更多地仰仗农产品品质的改善。面对国内外农产品生产成本和市场价格倒挂幅度的扩大，在有限的国内支持和边境保护政策空间下，中国农业发展必须更加注重提高产品品质，让消费者愿意为国产农产品支付更高价格，走"以高价格覆盖高成本、以高品质支撑高价格"的发展道路。因此，未来中国农业发展势必从增产导向转向提质导向，未来乡村的首要功能是以经济和生态可持续的方式生产出更多的高品质农产品。

---

① 有些专家认为，"不是要建设一个比城市更好的乡村，而是要建设一个过得去的、能保持农村基本生产生活秩序的、可以为绝大多数农民提供退路和保底的乡村""在乡村巨变、城乡重组的背景下，国家向农村投入资源主要应当是保底性的，应当是在农村资源净流出背景下应对维持基本生产生活秩序难题的"。参见贺雪峰：《未来十五年乡村振兴的时空维度、社会条件及预判》，《党政研究》2020年第5期。这种观点强调了乡村建设应当具有前瞻性、渐进性，但对当下乡村振兴的迫切性和未来现代化转型的潜力认识不足，对现代化进程中乡村功能作用的认识过于狭隘、消极。与之相比，也有专家对现代化进程中乡村多功能演化趋势进行了深入分析，更加准确地认识到了乡村的新功能和建设乡村的必要性。参见刘奇：《九园之乡：中国乡村的未来》，《中国发展观察》2021年第1期；周国华、戴柳燕、贺艳华等：《论乡村多功能演化与乡村聚落转型》，《农业工程学报》2020年第19期。

二、高活力创新创业空间

改革开放前期，家庭联产承包责任制的实行激活了农业经营活力，乡镇企业的发展激活了农民创业活力。随着改革重心转向城市，中国进入快速工业化城镇化阶段，大量农村储蓄资源流向城市地区，大量优质农业劳动力转向城市就业，大多数有实力的乡镇企业也向城市工业园区集聚。农村的资金、企业家、优质劳动力等创新创业要素向城市转移，是市场配置资源的必然结果，在工业化城镇化的特定历史阶段有其客观必然性。但在未来的现代化进程中，乡村地区对创新创业要素的吸引力会逐步增强。随着发展农业规模经营的条件逐步成熟，部分外出农民工、城市工商资本返乡入乡发展现代农业的情形在增多。随着互联网技术的渗透和数字化转型，乡村新产业、新业态、新商业模式在快速发展。特别是随着城市综合营商成本的上涨和城市群发展格局的形成，乡村低营商成本、低生活成本的比较优势凸显，那些对大型基础设施依赖度低、空间集聚效应不明显、适合线上交流和分布式办公的行业开始向都市周边的乡村布局①。未来的乡村，将为创新创业提供重要的空间载体。

三、高品质居住生活空间

在全面建成小康社会阶段，农村人居环境和公共服务逐步改善，农民生活质量有了很大提高。但城乡二元结构依然明显，相对于城镇，农村的生活品质不高。现代化建设的重要出发点，就是要实现人民高品质生活②。在未来的现代化进程中，乡村的生活品质会大幅跃升。从需求

---

① 曹璐、谭静、魏来等：《我国村镇未来发展的若干趋势判断》，《中国工程科学》2019年第2期；卓贤：《重新理解集聚与城市密度》，财新网，2020年7月10日。

② "高品质生活"已成为中国发展目标。《中共中央关于制定国民经济和社会发展第十四个五年规划和二〇三五年远景目标的建议》明确要求"破除制约高质量发展、高品质生活的体制机制障碍"，用专门部分对"改善人民生活品质，提高社会建设水平"作出系统部署。

看，随着农民收入水平的提高，他们渴望改善人居环境、丰富精神文化生活、享受现代文明成果；随着城市老龄化程度的加深，部分城市老龄人口渴望乡村田园式康养生活；随着城市群的发展，部分原先在城市居住生活的人渴望"白天在市区上班、夜晚回乡下居住"的生活模式；随着城市生活节奏的加快，部分城市居民渴望在节假日到乡村休闲度假。从供给看，农村厕所和供水等基础设施条件的改善、医疗和教育等公共服务水平的提高，特别是城乡交通和通信联通性、便捷性的提高，将为提高乡村生活品质创造支撑条件。未来的乡村，不仅将成为世居农民的幸福家园，也将为部分城市居民实现田园生活梦想提供依托。

四、高颜值生态空间

在过去相当长时期的工业化城镇化进程中，乡村的主要功能集中在提供食品和工业原料农产品、工业品销售市场、工业化资金积累、低成本劳动力、出口创汇。工业化城镇化对乡村的过度攫取，不仅导致农民生活水平提高缓慢，而且导致乡村生态系统遭遇破坏、环境污染加剧。随着发展阶段的变化和发展理念的转变，在向全面建成小康社会目标迈进的后期，国家采取了一系列措施推动转变农业发展方式、加强乡村生态建设和环境保护。在未来现代化进程中，乡村提供生态产品和生态服务的功能将进一步彰显。一方面，城乡居民为乡村洁净的水源、清新的空气、碧绿的原野、恬静的风光付费的边际倾向会逐步提高，为良好生态环境中生产出来的农产品支付更高价格的意愿也会越来越强。另一方面，纵向转移支付和横向补偿力度的加大，将为乡村地区的生态建设提供利益激励；对生态环境监管的加强、对破坏行为处罚力度的加大，将为乡村地区的生态环境保护提供制度约束。通过市场和政府"两只手"的作用，推动绿水青山向金山银山转变，未来乡村的生态和环境会越来越好。

第二节　未来乡村发展的重大结构性、趋势性变化

随着工业化城镇化逐步推进，中国农业农村已发生了一系列深刻的结构性、趋势性变化。这些结构性、趋势性变化在未来30年间将会持续进行。同时，受国家整体现代化水平逐步提高、新一轮科技革命和产业变革广泛渗透、国际局势深刻演变等力量推动，农业农村领域的结构性、趋势性变化在未来30年将面临新的变数和呈现新的特征。

一、农业小部门化的推动因素将更加多元

改革开放以来，中国农业发展取得了巨大成就。2020年与1978年相比，第一产业增加值累计增长491%，粮食总产量累计增长119.7%，农民人均可支配收入累计增长20.4倍。尽管如此，农业仍出现"两个比重下降"，即第一产业增加值在国内生产总值中所占比重和第一产业就业在就业总人数中所占比重持续下降。1978—2020年，全国第一产业增加值占国内生产总值的比重从27.7%下降到7.7%，第一产业就业人数占总就业人数的比重从70.5%下降到23.6%。同时，农业增加值的增长速度也表现出明显的下降趋势。全国第一产业增加值年均增长速度，1979—2012年为4.5%，2013—2020年为3.6%。这是工业化和产业结构演变的必然趋势。

2021—2050年的30年间，居民消费恩格尔系数下降必然导致全社会对农产品消费需求的增速相对下降，投入边际报酬递减和边际产能退出必然导致农业产能提高速度趋于下降，进口依存度上升必然导致国产农产品市场空间趋于收窄。

第一，中国人均国内生产总值在逐步向中等发达国家水平靠拢后将进一步提高，全国居民消费恩格尔系数将随收入水平提高而继续下降，这决定了对农产品的需求增长将慢于整体需求的增长。2020年中

国居民消费恩格尔系数为30.2%，与发达国家水平相比还有较大下降空间。

第二，中国农业生产的物质消耗强度已经很高，未来在没有重大技术突破的情况下，农业生产投入的边际报酬将进一步下降。化肥和农药减量力度加大，重金属污染耕地和地下水超采地区治理推进，耕地轮作休耕制度化常态化，畜牧和水产养殖环保标准提高，地块细碎、耕作不便地区季节性和常年化撂荒面积增加，将促进边际产能逐步退出。

第三，随着中国老龄化程度加深和劳动用工保障制度不断完善，农民工工资仍将持续上涨，从而推动农业劳动力成本持续攀升，加之土地成本上升，农业比较优势将会进一步下降。国内外大宗农产品生产成本和市场价格倒挂幅度将持续扩大，价差驱动型农产品进口规模将持续扩大，进而挤占国产农产品的市场空间。土地密集型大宗农产品面临的进口压力尤为显著。

在这三种力量的作用下，未来中国农业增长速度将进一步下降，农业小部门化的特征将更加突出。预计"十四五"时期第一产业增加值年均增长3%左右，期末第一产业增加值占国内生产总值的比重下降至6.3%左右、第一产业就业人数占总就业人数的比重下降至20%左右；2026—2030年和2031—2035年第一产业增加值分别年均增长2%和1%左右，2030年和2035年第一产业增加值占国内生产总值的比重分别为5.8%和5.2%、第一产业就业人数占总就业人数的比重分别为15%和10%[1]。2035年之后，随着现代化水平进一步提高，这种变化趋势将持续进行下去。

二、农业增长区域分化程度将更加显著

受产业结构演进阶段、农业资源禀赋、国家农业支持政策等方面差异的影响，中国不同地区间农业增长速度出现明显分化（见图2-1）。从

---

[1] 以2019年为基期，按2020—2025年、2026—2030年、2031—2035年国内生产总值年均增长率分别为5%、4%、3%推算。

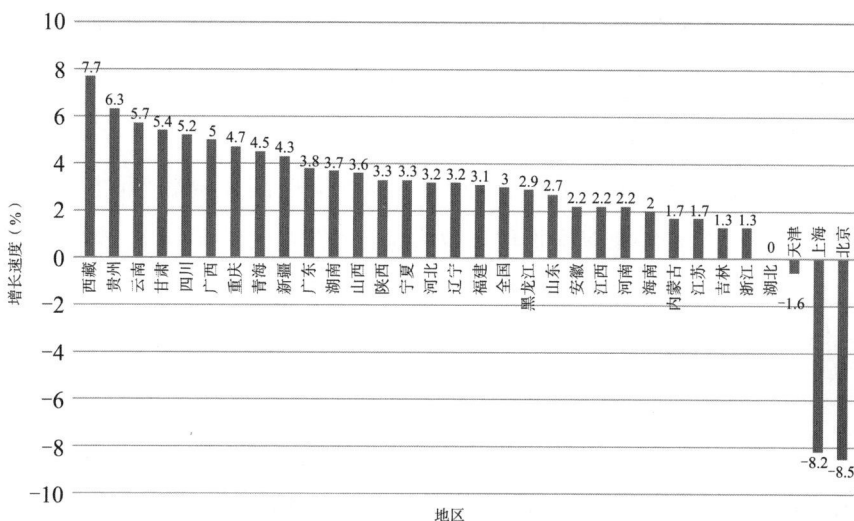

图2-1 2020年各省区市第一产业增加值增长速度比较

资料来源：根据《中国统计年鉴（2021）》数据绘制。

产业结构演进阶段看，农业增长速度与工业化城镇化水平呈高度负相关关系。2020年前的15年间，上海、北京、天津和江苏、浙江等地农业增长速度明显低于全国平均水平。上海已于2009年出现农业负增长，此后除个别年份出现过小幅度正增长外，大部分年份均为负增长，而且下降幅度明显。北京2015—2020年间农业连续大幅度负增长。上海、北京的农业已出现明显的系统性萎缩。天津也于2020年出现农业负增长。从农业资源禀赋看，具有较高人均耕地面积、较长光照时间、较高有效积温的地区，农业增长速度明显高于全国平均水平。2006—2020年，甘肃、宁夏、新疆农业增长连续15年高于全国平均水平。云南、贵州、广西也表现出农业增长明显高于全国平均水平的势头。从国家农业支持政策看，农产品价格形成机制和收储制度改革导致部分原先具有较高农业增长速度的地区出现明显下降。黑龙江、吉林、辽宁和内蒙古的农业增长速度曾明显高于全国平均水平，但近年来与全国平均水平的差距逐步缩小甚至跌到全国平均水平以下。内蒙古2014—2020年间、辽宁2014—2018年间、吉林2017—2020年间农业增长速度均低于全国平均水平，黑龙江也已于2019

年结束连续13年高于全国平均水平的历史、跌到全国平均水平以下。

未来30年，中国农业增长的区域分化程度将进一步扩大，逐步形成四种类型农业区：

一是萎缩型地区。受农业生产空间被生态空间、城市空间挤占的影响，上海、北京的农业增加值不仅占地区生产总值的比重会继续下降，而且其总量也会继续萎缩。天津即将步上海和北京后尘进入农业负增长阶段。

二是停滞型地区。有些地区农业发展水平已经较高、农业结构已有较大调整，继续提升的空间逐步收窄，今后农业增长速度将长期低于全国平均水平，甚至趋于停滞。江苏、浙江、福建、山东等地是这类地区的代表。

三是低增长型地区。有些地区的农业比较优势集中在低成长行业和进口增长压力较大的行业，如粮食、棉花、油料、糖料等土地密集型大宗农产品主产区，在现有基础上难以实现持续、较快增长，今后农业增长速度也将长期低于全国平均水平。黑龙江、吉林、内蒙古、湖南、湖北、河南、安徽、江西等地是这类地区的代表。

四是高成长型地区。有些地区由于工业化城镇化程度滞后于全国平均水平，其农业仍处于较快增长阶段。有些地区则由于其农业比较优势集中在特色果蔬、花卉茶叶、畜禽养殖等具有较高成长性的行业，其高效特色农业发展潜力将长期释放，从而其农业增长速度也将长期高于全国平均水平。云南、贵州、甘肃等地是这类地区的代表。需要注意的是广东，尽管其工业化城镇化程度较高，但由于其农业比较优势集中在具有较高成长性的行业，其农业增长速度不仅明显高于工业化城镇化程度相似的江苏、浙江、山东，近年来也明显高于全国平均水平。

三、以粮食为代表的大宗农产品"总量不足、品种分化"格局将更加明显

改革开放以来，中国主要农产品的生产和消费普遍大幅度增长。但

受农业综合生产能力提高与农产品需求增长不同步的影响，中国粮食和其他主要农产品长期处于供求失衡局面。这种失衡局面可以概括为四种状态：第一种状态是"全面短缺"。改革开放初期，尽管实行家庭联产承包责任制后农民生产积极性得到调动、农业连年丰收，但由于基数低，农产品依然普遍短缺。直到1984年获得丰收后，情况才有所改善。第二种状态是"总量大体平衡、丰年有余"。1985—1986年、1991—1992年、1999—2002年，中国粮食、棉花等主要农产品在连年丰收后一度出现"卖难"，由此对中国农产品供求状况得出比较乐观的判断。第三种状态是"总量基本平衡、结构性矛盾突出"。2011—2016年，粮食等主要农产品总量基本平衡，但出现库存与进口同步增加的新现象，品种结构、品质结构失衡问题突出。第四种状态是"总量不足、品种分化"。受供需两端变化影响，中国粮食供需格局正在向这种状态转变。一方面，全国粮食、棉花、食用植物油、食糖等主要农产品存在产不足消问题，特别是大豆和玉米产消缺口较大。另一方面，稻谷和小麦产量不仅大于食用消费量，而且大于包括饲用和工业用在内的总消费量，出现库存增长现象。

未来30年，"总量不足、品种分化"的格局将进一步凸显：

第一，粮食总量缺口将逐步扩大。据测算，中国粮食总需求将在2029年达到8.54亿吨的峰值，比2020年的国内产量高出1.85亿吨，考虑到2020年中国粮食净进口量已达到1.39亿吨、净进口畜产品折粮食约0.2亿吨，未来仍有0.26亿吨的缺口需要通过增加国内粮食生产或增加进口粮食、畜产品填补。

第二，口粮过剩与饲料粮不足并存。中国人均稻谷食用消费峰值已过，人均消费量下降叠加人口总量下降，稻谷食用消费总量下降趋势更加明显。以2018年为例，城镇居民和农村居民人均稻谷消费量分别下降3.6%和9.6%，稻谷需求总量下降3.8%。小麦消费增量下降，2018年全国小麦消费仅增加40多亿斤，即将迈过消费峰值。玉米经历了连续多年的产大于消后，于2017年起出现产不足消，未来随着饲用消费的增长，缺口将会逐步扩大。大豆的消费量和净进口量将维持在高水平状态。对产大于消的稻谷和小麦，为确保口粮绝对安全，短期内难以在"减量提质"上达成共识；对产不足消的玉米和大豆，未来会加大增产导向型政策实施力度，但产量增长难以赶上消费增长，需要增加进口。这将是未来中国粮食供求格局的新常态。

第三，畜产品产消缺口趋于扩大。在饲料成本高、转化效率低的格局下，中国主要畜产品国内价格高于国外价格的幅度将逐步提高，进口增长的压力将越来越大。以奶类为例，中国奶类产量于2008年超过3200万吨后长期处于徘徊状态，奶类消费增长基本被进口增长占领。中国乳制品折原料奶的净进口量，已从2008年的60万吨，增加到2020年的1500万吨。随着中国-新西兰、中国-澳大利亚自贸协定相关条款的落实，未来乳制品净进口规模还会继续扩大。

四、农户兼业化、农民老龄化、村庄空心化将更加突出

随着工业化城镇化深入推进，迄今中国农村就业、收入、人口领域的结构性、趋势性变化已较为明显。从农户就业和收入看，非农化程度已达到较高水平。2020年，全国从事二三产业的农民工人数达到28446万人，约占全国从事二三产业农民工人数和全国第一产业就业人数之和的60%。这意味着全国已有约六成农村户籍劳动力转向非农产业就业。1998年，全国农民人均可支配收入中，工资性、家庭经营、财产性和转移性纯收入所占比重分别为26.3%、67.8%、1.4%和4.5%。2020年，全国农民人均可支配收入中，工资性、经营、财产和转移收入所占比重分别为40.7%、35.5%、2.4%和21.4%。2020年与1998年相比，工资性收入所占比重提高了14.4个百分点。如果考虑到农民人均可支配转移收入中包括外出务工人员寄回或带回的收入，工资性收入所占比重提高的幅度更大。从乡村常住人口构成看，老龄化程度已超过城市和镇水平。全国城市、镇、乡村60岁及以上人口所占比重，分别从2010年的11.47%、12.01%和14.98%，提高到2018年的15.8%、16.61%和20.46%；同期65岁及以上人口所占比重，分别从7.68%、7.98%和10.06%上升到10.36%、

11.07%和13.84%（见表2-1）。从农村户籍人口居住地看，常住地与户籍地分离导致的村庄空心化已较为普遍。据对第三次全国农业普查数据的分析，2016年底，全国79%的行政村呈现人口净流出，其中净流出人口占户籍人口比重不低于5%的空心村比例为57.5%，其空心化率为24%[①]。2019年底，全国按户籍地统计的农村人口为77870万人[②]，而按常住地统计的乡村人口为55162万人，这意味着全国约有22708万人离开农村户籍所在地，占农村户籍人口的29.2%。不同地区、不同年龄段人口外出比例差异明显（见表2-2）。总体而言，欠发达地区村庄空心化程度已达到更高水平。以宁夏回族自治区盐池县皖记沟行政村为例，已有约2/3的农户不在村里常住（见表2-3）。

2050年前，中国农村就业、收入、人口领域的结构性、趋势性变化将会发生更加剧烈的演进。

第一，农户分化程度将会继续提高[③]。从家庭主要劳动力从业和家庭收入结构看，纯农户占比趋于下降。据全国农村经营管理系统统计，2018年全国27325.3万户汇总农户中，纯农户、农业兼业户、非农业兼业户和非农户所占比重分别为63.7%、18.1%、8.7%和9.6%[④]。从经营耕地

---

① 李玉红、王皓：《中国人口空心村与实心村空间分布——来自第三次农业普查行政村抽样的证据》，《中国农村经济》2020年第4期。

② 根据国家统计局发布的《2019年国民经济和社会发展统计公报》中全国人口总数、户籍人口城镇化率推算。

③ 国务院发展研究中心农村经济研究部著：《迈向2035年的中国乡村》，中国发展出版社2021年版，第152—181页。

④ 纯农户指家庭中劳动力以从事第一产业劳动为主，第一产业收入占家庭纯收入80%及以上的农户；农业兼业户指家庭中劳动力既有从事第一产业劳动也有从事非农产业劳动，但以第一产业为主，第一产业收入占家庭纯收入50%—80%的农户（含50%）；非农业兼业户指家庭中劳动力既有从事第一产业劳动也有从事非农产业劳动，但以非农产业为主，第一产业收入占家庭纯收入20%—50%的农户（含20%）；非农户指家庭中劳动力以从事非农行业劳动为主，第一产业收入占家庭纯收入20%以下的农户。参见农业农村部农村合作经济指导司、农业农村部政策与改革司编：《中国农村经营管理统计年报（2018年）》，中国农业出版社2019年版。

表2-1 全国城市、镇和乡村人口老龄化程度比较

单位：%

时间	60岁及以上人口比重			65岁及以上人口比重		
	城市	镇	乡村	城市	镇	乡村
2010年	11.47	12.01	14.98	7.68	7.98	10.06
2011年	11.92	12.23	15.53	8.00	7.96	10.36
2012年	12.38	13.19	16.15	8.14	8.61	10.60
2013年	12.83	13.32	17.08	8.36	8.54	11.15
2014年	13.80	13.99	17.61	8.91	8.88	11.52
2015年	14.20	14.53	18.47	9.16	9.35	12.03
2016年	14.87	14.88	19.15	9.59	9.61	12.53
2017年	15.36	15.68	19.92	9.95	10.29	13.22
2018年	15.80	16.61	20.46	10.36	11.07	13.84

资料来源：相关年份《中国人口和就业统计年鉴》。

表2-2 三个典型村不同年龄段本村出生人口目前居住本村比例

单位：%

本村出生人口	浙江永嘉县珠岙村		安徽凤台县店集村		宁夏原州区河东村	
	男	女	男	女	男	女
新中国成立前出生	97.3	98.0	86.8	88.0	77.3	76.3
50后	97.8	100.0	80.8	94.7	96.2	96.8
60后	89.7	86.2	57.1	81.0	82.1	71.0
70后	69.8	64.3	54.5	55.0	48.6	61.1
80后	67.5	78.9	35.0	44.2	12.1	29.4
90后	66.7	75.0	22.9	40.0	25.0	13.9
00后	73.7	82.4	76.6	83.8	45.8	35.7
10后	70.6	75.0	70.6	82.1	38.1	28.6

注：调查时点为2016年，本表不含外嫁女。

资料来源：卢晖临：《村庄的未来——来自田野的观察和思考》，《学海》2019年第1期。

表2-3　宁夏回族自治区盐池县皖记沟行政村空心化情况

	总户籍数（人）	常住户（人）	非常住户（人）	空心化率（%）
南王圈自然村	110	39	71	64.5
北王圈自然村	63	22	41	65.1
杨寨子自然村	141	59	82	58.2
皖记沟自然村	63	24	39	61.9
李寨子自然村	66	18	48	72.7
合计	443	162	281	63.4

注：空心化率＝非常住户数/总户籍数×100%。
资料来源：2020年10月下旬笔者在皖记沟村的调查。

表2-4　2020年全国不同耕地经营规模农户变化情况

农户经营耕地规模	户数（万户）	占全部农户比重（%）	比上年增长（%）
10亩以下	23210.3	85.1	−1.9
其中：未经营耕地	3209.6	11.8	—
10—30亩	2922.9	10.7	−1.5
30—50亩	700.8	2.6	−0.8
50—100亩	291.7	1.1	2.9
100—200亩	109.4	0.4	4.3
200亩以上	50.6	0.2	7.1

资料来源：农业农村部政策与改革司编：《2020年中国农村政策与改革统计年报》，中国农业出版社2021年版。

面积看，小规模农户数趋于下降。2020年全国纳入汇总的27285.7万户农户中，经营耕地50亩以下农户数在减少（见表2-4）。2050年前将有两种力量影响农户分化走势：一方面，随着农业劳动力向非农产业转移、农村人口向城市迁移，农村土地流转比率提升，有利于部分小农户发展成为专业农户和家庭农场主；另一方面，农业生产性服务业的发展将提高小农户经营农业特别是发展粮食生产的便利程度，退出城市就业市场、返乡务农的高龄劳动力会增多，将使小规模兼业农户长期存在下去①。在这些力量的作用下，未来中国农户将分化为以经营租赁土地为主的家庭农场主、以经营自家承包地为辅助收入来源的兼业型小农、以经营自家承包地丰富老年生活为主要目的的休闲型小农、以提供农业社会化服务为主的服务型专业农户。

第二，农村集体经济组织成员的代际分化问题将更加明显。在全国大部分农村，如果以第一轮农村土地承包为界，此前出生和此后出生的农村集体经济组织成员，是在人生经历、价值取向、行为特征等诸多方面存在明显差异的两代人。第一轮农村土地承包后新增的集体经济组织成员大多直接进入非农就业，没有务农经历，在对土地的依赖和对乡村的眷恋程度、对城市的适应能力等方面与其父辈截然不同。还要看到，第一轮农村土地承包前出生的存量集体经济组织成员目前最年轻的也在40岁左右、大多数超过60岁，他们中的部分人已退出农业生产和非农就业市场，其他大部分人在未来几十年也将陆续退出，包括新生代农民和新生代农民工在内的新生代集体经济组织成员所占比重将急剧上升。两代人的行为分化、占比消长，将对农村土地制度、集体经济组织制度和城市户籍制度、公共服务制度等带来越来越直接的挑战。

---

① 对河南省一个村庄的田野调查表明，种地对老年农民而言除了具有精神依托及社会保障功能外，还具有使老人保持与市场良性互动、支持子代家庭城市化的功能。参见刘向东：《梯度养老：渐进城市化中的农民养老模式及农地角色分析——一项基于嵌入理论视角的田野研究》，《农业经济问题》2021年第1期。一项研究发现，中国农村剩余劳动力中回流劳动力所占比例在不断提高，意味着产值比重越来越小的传统农业依然需要吸纳较高比重的劳动力，这不利于农业劳动生产率的提高，从而制约农业现代化的发展。参见王亚楠、向晶、钟甫宁：《劳动力回流、老龄化与"刘易斯转折点"》，《农业经济问题》2020年第12期。日本每年新增农业劳动力中，退出非农就业市场、由城返乡的高龄劳动力占大多数。以2015年为例，日本全国新务农者人数为65030人，其中60岁及以上、经营自家土地的为30340人。参见叶兴庆、翁凝：《拖延了半个世纪的农地集中——日本小农生产向规模经营转变的艰难历程及启示》，《中国农村经济》2018年第1期。

第三，乡村人口占比继续下降、老龄化水平快速上升。2050年前中国城镇化率将继续提高，多数人认为2035年将达到70%左右，2050年将达到80%左右，乡村人口占比在2020年基础上还将下降10—20个百分点。由于从乡村到城镇的人口迁移以年轻一代及其子女为主，未来乡村人口的老龄化速度会继续快于城市和镇。据预测，农村60岁及以上老年人口比例在2033年左右将突破30%，2050年将达到38%左右；农村60岁及以上老年人口规模将在2034年左右达到1.54亿人的峰值，2038年左右下降到1.5亿以下，2043年下降到1.4亿以下，2050年下降到1.28亿左右。在乡村人口继续向城市迁移的同时，未来城市创新创业人群、向往田园生活人群、高龄农民工、医疗和教育等公共服务从业者也将向乡村迁移，呈现人口城乡双向流动新格局。

第四，村庄空心化问题将长期存在。拥有农村集体经济组织成员权的乡村人口持续向城市迁移，将导致大量农村户籍人口居住地和户籍地分离，相应产生大量空心屋、空心村。通过"合村并居"解决空心村问题，易招致行政强制和部分村民的反对。通过空心屋退出和复垦复绿、改善留守户人居环境等途径以解决空心村问题，需要较大资金投入。受此掣肘，未来大部分地区的村庄空心化问题将始终存在。

第三节　未来促进乡村发展需要处理好的重大关系

经过改革开放以来40多年的努力，特别是经过党的十八届三中全会以来的全面深化改革，阻碍农业农村发展的体制性、机制性障碍有了明显削减。但受城乡二元体制惯性、改革边际成本上升、发展阶段变化等因素影响，未来促进农业农村发展仍需要付出艰苦努力处理好一系列重大关系。

一、处理好发挥农业比较优势、提高农业资源配置效率与稳产保供的关系

在中国农业现代化建设新征程中，提高质量效益和竞争力将是贯穿始终的一条主线。为此，需要从两个维度发挥农业比较优势，有所为有所不为：第一，从国际竞争的维度，需要发挥中国小规模农业的比较优势。随着国内外成本倒挂和价格倒挂幅度的逐步扩大，未来中国农业面临的国际竞争压力会越来越大。为应对这种压力，一方面应创新中国农业经营方式、提高农业劳动生产率，在拼成本、拼价格、拼全产业链方面竭尽全力；另一方面应实施差异化竞争策略，发挥中国劳动密集型农业比较优势和特色品种、特殊气候等资源优势，在拼品质、拼特色、拼品牌方面持续发力。第二，从区域差异的维度，需要发挥各地农业的比较优势。受资源禀赋、发展阶段、市场半径等因素影响，未来中国各地农业的成长性将会出现较大差异，农业发展的方向和着力点也会不同，大宗农产品大集中、小分散与小宗农产品小集中、大分散将成为中国农业区域布局的必然趋势，粮食生产功能区、重要农产品生产保护区、特色农产品优势区建设等农业区域布局政策应当顺应这种变化趋势。

然而，中国重要农产品稳产保供的压力也在增加。从国际看，中国人口众多、市场体量大，主要农产品对外依存度过高带来的风险在上升。为了统筹发展和安全，需要立足国内保障主要农产品供给。从国内看，越来越多的地区退出粮食、生猪等重要农产品生产，净调出地区越来越少、净调入地区越来越多。为分担稳产保供责任，需要销区保持一定的产能和自给率。从这些角度看问题的人越多、话语权越大，在政策形成过程中对重要农产品总体自给率和地区自给率的重视程度就会越高。

如何处理好国家层面和地区层面发挥比较优势与保持重要农产品自给率的关系，将是未来中国农业政策的核心议题之一。发挥市场在资源

配置中的决定性作用，应该适用于农业领域。为此，需要为统筹利用国内外两个市场两种资源保障国内供给、挖掘利用各地农业特色资源留出足够空间。更好发挥政府作用，同样应该适用于农业。为此，需要通过加大对粮食生产功能区、重要农产品生产保护区、特色农产品优势区的正向激励，引导农业区域布局符合国家政策导向和比较优势原则。

二、处理好扩大农业经营规模、优化村落布局与促进农民工市民化的关系

随着农业劳动力逐步向非农产业转移和乡村人口逐步向城市迁徙，农业经营方式和村落布局结构需要随之发生调整。从农业经营方式看，扩大经营规模的可能性逐步提高、必要性逐步增强。农业劳动力的减少，意味着留守农业的劳动力人均耕地等农业资源占有量提高。国内产业结构演进将加剧部门间的资源争夺，国内外农产品生产成本倒挂和市场价格倒挂幅度的扩大将凸显提高中国农业竞争力的迫切性，中国农业生产具有扩大规模摊薄成本、融合发展提高价值创造力的内在需要。从村落布局结构看，调整优化是大方向。对人口净流出较多、留守人口生计对小规模农业依存度较高的村庄，需要对村落内部布局进行调整优化，将长期闲置的宅基地复垦复绿、对凌乱的坑塘和沟渠等进行整治，改善村容村貌，提升村庄生活品质。对人口空心化程度较高、留守人口生计对小规模农业依存度较低的村庄，以及就地改善生活品质所需投资大大超过集中居住所需投资的村庄，需要以一定地理空间为单元进行全域国土空间结构优化、对区域内的村落体系进行调整，逐步实现相对集中居住。

在以上这些调整中，人口流出是决定性变量。人口流出的多少、返乡概率的高低，均将深刻影响到农业经营规模扩大、村落布局优化的未来进程。受城市户籍制度和公共服务供给制度的阻滞、农村集体产权制度改革不到位的拖拽，在中国城市化进程中出现了独特的农民工现象，

大量转移进城农业劳动力及其随迁人口未能真正实现市民化而在城乡之间漂移。这种人口城镇化模式有利于应对城市经济的波动，当城市经济体系遭遇冲击、就业暂时性减少时，部分进城农民工可以返乡、降低生活成本。这是中国经济具有较强韧性的重要原因。但也需要注意的是，农村转移人口市民化长期滞后将对农业经营规模扩大、村落布局优化构成明显制约。

第一，对承包地的流转集中形成阻滞效应。中国人多地少的资源禀赋本来就是扩大农业经营规模的先天不足，叠加农民工市民化滞后，使问题更加复杂。部分已长期在城市就业和生活的农村集体经济组织成员，尽管其收入和生计对老家承包地的依存度很低，由于未能被所在城市完全吸纳、对未来缺乏稳定预期和安全感，仍不愿退出承包土地。这些人的承包土地即便通过多种方式流转他人经营，也普遍存在流转期限过短、土地租金过高等问题，不利于实际经营者对农业生产进行长期投资。第一代农民工中部分人达到一定年龄、退出城市就业市场后，由于生活不习惯、生活成本高等原因，倾向于返乡务农，但这种务农已不再是其生计的主要保障途径，而是一种补充收入式、休闲生活式务农。尤其需要注意的是，为把小农户纳入现代农业，一种解决方案是发展作业外包服务，既获取外包作业环节的规模效益，也降低小农户务农的劳动强度、提高其务农的便利性和舒适度。这是一把双刃剑，从长周期看，其造成小规模农业错失现代化转型窗口期的负面作用终将暴露无遗。日本的情况就是前车之鉴。

第二，对宅基地的流转腾退形成阻滞效应。农村土地集体所有制和宅基地免费分配制度，造成各村农民只能获取本村土地修建住宅，使农民住宅选址陷入画地为牢的局面、农村居民点布局呈现高度分散状态。在人口不流动的农耕文明时代，这种布局使农民生活空间最大可能地接近农业生产空间，有其有利的一面。随着工业化城镇化深入发展，越来越多的农村集体经济组织成员离村进城、越来越多的村庄出现空心化，无论是基于提高农村存量建设用地的使用效率、降低农村居民点的公共服务成本，还是基于提高农村留守人口的生活品质，都需要改进农村空间治理，对农耕文明时代已奠定脉络、集体所有制时代进一步固化的村落布局进行调整优化。但进城集体经济组织成员大部分只完成"半城市化"，还没有完全实现市民化，即使在城市有稳定的住所，也不愿退出农村住宅和宅基地。还需要清醒地看到，允许城镇居民继承农村住宅及该住宅所占用宅基地使用权的政策①，有可能使村庄空心化问题尾大不掉。

对于处理好扩大农业经营规模、优化村落布局与促进农民工市民化的关系而言，未来十几年是重要窗口期，人的流动是关键变量。既要保持历史耐心、避免操之过急，又要因势利导、防止"温水煮青蛙"。应抓住农民工市民化这个矛盾的主要方面，促进农民稳定有序地离农进城，在此基础上扩大农业经营规模、优化村落布局。应根据流动半径，分类制定农民工发展战略，把市民化的重点放在流动半径较大的那部分农民工上（见表2-5）。

三、处理好发展乡村"三新"经济②、优化乡村人口结构与扩大农村土地集体产权结构开放性的关系

促进乡村振兴，需要注入产业和人口新动能。从产业看，在提高农业质量效益和竞争力的同时，需要发展新产业新业态新商业模式。在农村人口和劳动力占全社会人口和劳动力的比重远远大于第一产业在国内生产总值中所占比重的情况下，要想缩小城乡居民收入差距、把农民收入增长建立在劳动生产率提高的基础上，就必须促进农村一二三产业融

---

① 2020年9月9日，自然资源部发布经商住房城乡建设部、民政部、国家保密局、最高人民法院、农业农村部、国家税务总局共同研究，对"十三届全国人大三次会议第3226号建议"作出的答复，其中明确，农民的宅基地使用权可以依法由城镇户籍的子女继承并办理不动产登记。

② "三新"经济是以新产业、新业态、新商业模式为核心内容的经济活动的集合。

表2-5 不同流动半径农民工面临的突出问题与长远出路

	乡内	乡外县内	县外省内	省外
2020年人数（万人）	11601	3996	5911	7052
就业机会	低	较低	较高	高
工资水平	低	较低	较高	高
居住条件	好	较好	较差	差
随迁子女就学（义务教育）	易	较易	较难	难
随迁子女就学（中考）	无障碍	无障碍	有一定障碍	有较大障碍
随迁子女就学（高考）	无障碍	无障碍	无障碍	有较大障碍（京津沪和西部录取分数线较低地区）
参加居民医保	无障碍	无障碍	有一定障碍（跨统筹区）	有较大障碍
参加居民养老保险	无障碍	无障碍	有一定障碍（跨统筹区）	有较大障碍
享受低保和特困救助	无障碍	有一定障碍（跨城乡）	有一定障碍（跨统筹区、跨城乡）	有较大障碍
子女和老人留守问题	无	较轻	较重	重
兼顾家庭农业经营	易	较易	较难	难
社会融入（生活习俗、语言等）	易	较易	较难	难
长远出路	兼业化	兼业化	市民化	市民化

资料来源：作者整理。

合发展，把农产品初加工放在乡镇、深加工放在县城，延长农业产业链，提升农业价值链，让农民尽可能多地分享增值收益。从人口看，在争取留住年轻人口、培养本土人才的同时，需要引进外来人口。只有引进外来的创新创业人才，才能把乡村建设成为高活力创新创业空间。只有引进外来人口居住生活，才能使乡村高品质生活空间的功能得到发挥。然而，无论是创新创业要素的进入，还是普通居民的进入，都会遇到农村社区封闭性特别是土地集体产权结构封闭性的制约。

第一，农用地和集体建设用地产权结构的封闭性不利于创新创业要素的进入。资本、技术、管理等外来创新创业要素进入乡村，需要实现与土地资源紧密结合才能落地生根。进入农业，需要获得作为最主要生产要素的农用地。在"三权分置"的制度框架下，获得农用地经营权已无大的障碍，但通过流转获得的农用地经营权的产权强度依然较弱。进入非农产业，需要获得集体建设用地使用权。在2019年《土地管理法》修正以前，农民集体所有的土地的使用权不得出让、转让或者出租用于非农业建设，外来资本只能获得农村集体经济组织以入股、联营等方式提供的土地使用权，这种土地使用权得不到用益物权保护，不能用于抵押、担保。2019年《土地管理法》修正后，外来资本获得农村集体建设用地使用权的途径大大拓宽，不仅可以通过农村集体经济组织以入股、联营等方式获得土地使用权，还可以通过出让、出租等方式获得集体经营性建设用地使用权；所获得的土地使用权，产权强度也大大提高。2019年修正后的《土地管理法》第六十三条规定，"土地利用总体规划、城乡规划确定为工业、商业等经营性用途，并经依法登记的集体经营性建设用地，土地所有权人可以通过出让、出租等方式交由单位或者个人使用"，"通过出让等方式取得的集体经营性建设用地使用权可以转让、互换、出资、赠与或者抵押"。尽管如此，土地利用总体规划和城乡建设规划与乡村产业散点式布局不相适应、土地用途管制制度与乡村产业融合式发展不相协调等问题依然存在。

第二，农村宅基地产权结构的封闭性不利于外来居民的进入。无论是随资本、技术、管理等创新创业要素进入乡村的人才，还是为追求田园生活进入乡村的普通城市居民，都需要解决长期居住问题。目前唯一的合法途径是租赁农民现有住房，合同期限不得超过20年。这种期限下无法对房屋进行重建，显然不能适应外来者对居住品质的需求。在近年来的政策性文件和地方实践中，逐步出现了一些边际突破，如外来人出资金与本村居民出宅基地合作建房、按约定比例占有和使用所建住房，农村集体经济组织以宅基地或闲置农房入股、联营等方式与外来资本共同发展休闲观光养老产业。这些边际突破能走多远还有较大不确定性。在"三权分置"制度框架下，新的宅基地使用权①可以通过哪些方式流转、流转期限有多长、受让人范围如何确定、此使用权具有哪些权能，也需要在未来的改革进程中逐步明确。

总之，农民离农退村进城、市民进村休闲生活、资本下乡兴业将越来越普遍，人口和资本流动性与农村集体产权结构封闭性的矛盾将越来越突出。特别是农村建设用地管理制度与乡村产业发展规律之间的矛盾、农村宅基地制度与城乡人口双向流动之间的矛盾、全域土地整治与农村土地按组（村）集体所有形成的画地为牢格局之间的矛盾，需要面对和化解。

四、处理好增加乡村振兴资源要素投入、改善乡村基础设施和公共服务与提高资源配置效率的关系

促进乡村振兴，需要增加大量投入。发展现代农业，需要加强农业科技创新，支持重大农业科技专项，建设重点实验室和实验基地，提升重大科研装备水平；需要建设高标准农田，做到"田地平整肥沃、水利

---

① 在"三权分置"之前，农村宅基地实际上是"两权分离"，即集体拥有宅基地所有权，农户拥有宅基地使用权，此使用权仅具有占有、使用的权能。在"三权分置"制度框架下，集体拥有宅基地所有权，农户拥有宅基地资格权和使用权（未流转情况下）、第三方拥有宅基地使用权（流转情况下），此使用权的权能应该强于"两权分离"情形下的使用权权能。

设施配套、田间道路畅通、林网建设适宜"；需要加强农业面源污染治理，推进化肥和农药减量，促进畜禽粪污资源化利用，加强重金属污染和地下水超采区治理；需要建设农产品产地预处理设施和以冷链为核心的农产品物流体系。实施乡村建设行动，需要改善农村供水、电力、道路、燃气、网络、物流等基础设施；需要持续改善农村人居环境，因地制宜建设卫生厕所，处理好垃圾和污水，推进村容村貌整治；需要加强农村养老、学校、医院、文体设施建设。加强农村生态建设，需要加强水系治理，推进重大生态建设工程，管护好生态建设成果。加强乡村国土空间治理，需要顺应村庄兴衰演变规律和生产、生活、生态功能分区大趋势，编制好乡村国土空间规划，开展全域土地综合整治。

然而，增加对乡村振兴的资源要素投入面临多重制约。在产业发展等竞争性领域和具有一定回报能力的基础设施、公共服务、生态建设领域，在市场配置资源的情景下，人地钱等资源要素趋向于流向效率更高的城镇地区。在非竞争性领域，由于农村居住分散、人口密度低，要想做到城乡基础设施要件大体相当、基本公共服务均等化，就必须以远高于城市的人均水平向农村投入公共资源，从而强化与城市在公共资源分配上的竞争。为应对无论是竞争性还是非竞争性领域乡村在资源要素分配上面临的不利处境，都需要在财政、金融、土地增值收益分配等方面做出有利于乡村的调整。但做出这种调整本身也面临着制约。

第一，从公共财政资源的分配看，要想使乡村地区、欠发达地区的人均公共财政支出高于城市地区、发达地区，将面临现行财政体制的制约。尽管现行财政转移支付制度在相当程度上缩小了城乡间、地区间的人均财力差距，但离乡村和欠发达地区人均财力反超城市和发达地区还有很长的路要走。

第二，从金融资源的分配看，以政府有形之手校正市场无形之手将面临现行银行制度的制约。在现行的《商业银行法》等制度框架下，市场在信贷、保险、基础金融服务等金融资源分配上发挥着决定性作用，政府通过差异化监管、财政贴息等手段促进金融资源向乡村倾斜的效果有限。

第三，从土地增值收益分配看，乡村从中分一杯羹的窗口期正在消失。脱贫攻坚期间，作为超常规举措之一，国家级贫困县和深度贫困县先后获得了省内跨县域、跨省交易城乡建设用地增减挂钩节余指标的照顾。为推进高标准农田建设，也允许粮食主产区将因开展高标准农田建设而新增的耕地指标，作为耕地占补平衡指标在一定范围内出售给既要占用现有耕地又难以在当地完成补充耕地任务的地区。这两类指标交易，本质上是难以城市化的地区分享高度城市化地区的土地增值收益[1]。然而，高度城市化地区的大规模、外延式城市扩张过程已近尾声，越来越多的城市化地区将进入以城市更新为主的内涵式发展阶段，上海、北京甚至已进入收缩存量建设用地总规模的减量化发展阶段，通过分享城市化地区土地增值收益为乡村振兴筹集资金的空间越来越小。

处理好增加乡村振兴投入与提高资源配置效率的关系，需要强化大历史观和大系统观。从大历史观看，对中国这种具有悠久农耕文化传统和强大乡村文化基因的国家而言，民族要复兴，乡村必振兴。从大系统观看，城市和乡村是命运共同体，乡村建设具有很强的外溢效应，把乡村建设好不仅是生活在乡村的人的需要，也是生活在城市的人的需要。只有牢固树立大历史观和大系统观，才能辩证地看待乡村振兴投入的必要性和全部价值所在。

第四节　促进未来农业农村现代化建设的基本思路

持续、快速、高质量地促进农业农村现代化建设，需要顺应农业农

---

[1] 中央农办专题调研组：《城镇化进程中村庄的命运与守望——对四川省成都、雅安、眉山三市村庄建设问题的调研报告》，中国农经信息网，2014年5月2日。

村发展的结构性、趋势性变化，充分发挥工业化城镇化深入发展产生的辐射作用，充分利用社会主要矛盾变化为彰显农业多种功能和乡村多元价值带来的历史机遇，充分遵循城镇化和乡村发展规律，以瞄准城乡市场需求为基础，以促进农业提档升级、发展乡村"三新"经济和提升乡村生活品质为抓手，实现农业高质高效、乡村宜居宜业、农民富裕富足。

一、围绕城乡居民对高品质农产品的新需求，促进农业品种培优、品质提升、品牌打造和标准化生产，提升农业价值创造和市场竞争能力

瞄准城乡居民在对农产品的数量需求得到满足后对品种、品质、品牌的新需求，深化农业供给侧结构性改革，推动农业提档升级，着力提升农产品质量安全、食味值、风味物质等新评价指标水平。

促进农业新"三品一标"。在从产品角度发展绿色食品、有机农产品、地理标志农产品生产和推行食用农产品承诺达标合格证制度的基础上，应更加注重从生产方式角度促进农业品种培优、品质提升、品牌打造和标准化生产，培育农产品的品种、品质和品牌优势，提升农业的品种、品质和品牌溢价。应充分发挥中国农业气候类型多样、地理环境多元、物种资源丰富的优势，选育具有特定地域适应性的优良品种，增强各地农业的唯一性、差异性和辨识度、美誉度。调整农业科技进步路线，从过度追求产量指标转向注重营养、风味物质指标。通过提高标准、强化制度、严格监管，倒逼农产品质量安全水平提升。提升农产品认证的权威性，加强对区域公用品牌和地理标识的法律保护，发挥品牌和认证的增信作用，鼓励各类经营主体注册自有品牌和申请产品认证。培育品质消费文化，通过多种途径促进国内消费者提高对"国产农产品质优价高"的接受程度和形成"国产口味依赖"的消费习惯。

提高农业设施化水平。以新的机制推进农业基础设施和高标准农田建设，提高建设标准，健全维护机制。既要加大国家投入力度，也要调动受益者投入积极性。注重耕地质量的保护和提升，加强耕地整理和土

壤改良，在相对集中连片区域内实现耕地质量均等化。加强产地仓储、电商配送、冷链物流、大数据中心等新型农业基础设施建设。

创新农业经营体系。通过"一户一块田""按户连片耕种"等方式解决家庭承包土地的细碎化问题，促进耕地、园地宜机化改造，提高田间管理的便利性，为提高机械化水平创造条件。支持发展托管服务、联耕联种、土地股份合作等规模经营形式，有效内化地租成本。顺应承包户人口转移进城的大趋势，促进承包地长期流转，稳定家庭农场、涉农企业等租赁经营主体的投资预期。注重发挥范围经济在提高生产率、降低平均成本方面的作用，支持粮食生产功能区、重要农产品生产保护区、特色农产品优势区建设区域性创新中心、交易中心、展示中心。

重塑农业支持保护政策体系。2014年以来，中国已对2004年后逐步形成的重要农产品支持保护政策进行了较大力度的调整（见表2-6）。应在此基础上，进一步按"量能分治、功能分设、产补分离"的思路调整完善国家农业支持政策体系。"量能分治"，就是将对产量和产能的调控分开，发挥市场对产量的调节作用、政府对产能的培育作用。"功能分设"，就是把同一个政策承担的互相排斥的多个功能分开，交由不同的政策承担。"产补分离"，就是补贴尽量与当期生产脱钩，降低各种支持措施对市场价格的影响，理顺农产品价格形成机制。应以"黄箱"政策转向"蓝箱"政策为重点①，在吃透世界贸易组织（WTO）规则、借鉴欧盟经验的基础上，调整完善稻谷和小麦最低收购价、棉花目标价格补贴、玉米和大豆生产者补贴的操作办法。

---

① 世界贸易组织《农业协定》按照农业支持政策工具对市场的扭曲程度将各成员农业支持和补贴措施分为"绿箱"政策、"黄箱"政策和"蓝箱"政策。"绿箱"政策没有或者仅有微小的扭曲作用、对农业生产影响最小，"黄箱"政策和"蓝箱"政策分别次之。

表2-6　2014年以来重要农产品支持保护政策演进情况

	2014年	2015年	2016年	2017年	2018年	2019年	2020年	2021年	2022年
稻谷	最低收购价（黄箱）								
					生产者补贴（黄箱）		生产者补贴（蓝箱）		
小麦		最低收购价（黄箱）							
	临时收储（黄箱）								
玉米	临时收储（黄箱）								
			生产者补贴（蓝箱）						
大豆	目标价格补贴（黄箱）			生产者补贴（黄箱）			生产者补贴（蓝箱）		
	临时收储（黄箱）								
棉花	第一轮目标价格补贴（黄箱）			第二轮目标价格补贴（蓝箱）			第三轮目标价格补贴（蓝箱）		

注：各项补贴归箱情况，2020年及以前年度为中国向世界贸易组织通报，2021年和2022年为作者根据以前年度归箱情况所作推论。

资料来源：作者根据国家发展和改革委员会的通知、中国向世界贸易组织的通报整理而成。

二、围绕城乡居民对乡村功能的新需求，着力发展乡村新产业新业态新商业模式，充分释放农业多种功能和乡村多元价值

瞄准城乡居民对休闲观光、乡土文化、生态环境等的新需求，促进乡村经济多元化，以新产业新业态新商业模式挖掘农业的多种功能、释放乡村的多元价值。

促进乡村一二三产业融合发展。这是人多地少国家延长农业产业链、促进农业就业增收的重要出路，也是满足城乡居民新需求、拓展农业新功能的重要途径。一方面，应注重促进农业与农产品加工业的融合发展，提高农产品加工转化率。农产品加工业应尽量布局在农产品产区，把加

工增值留在当地。直接服务种植养殖业的农产品加工、电子商务、仓储保鲜冷链、产地低温直销配送等产业，应布局在农产品生产基地周边。具有较大规模要求的农产品加工业，应布局在县城或有条件的乡镇。另一方面，应注重促进农业与第三产业的融合发展，提高农业价值创造和就业吸纳能力。积极发展观光采摘、农耕文化体验、垂钓、市民菜园等建立在农业生产基础上的新型服务业，促进产区变景区、产品变礼品、农房变客房，使农民的剩余劳动时间得到充分利用。无论是与第二产业融合，还是与第三产业融合，抑或三次产业融合，出发点是使农民有机会获得农业生产之外的全产业链增值收益，立足点是以农业生产为基础拓展其价值链，保障农民获益是融合发展的根本，建立契约型或产权型利益联结机制是融合发展的关键[1]。

促进乡村休闲、居住和创业功能的释放。从促进休闲功能的释放来看，应鼓励有条件的地区利用良好生态、传统习俗、民族风情等特色资源，发展农家乐、民宿美食、户外探险等新产业。从促进居住功能的释放来看，应鼓励城市周边乡村利用集体土地建设面向在城市就业的年轻人的租赁住房，鼓励生态环境良好、交通便利的乡村利用闲置农房或宅基地发展面向城市老龄人口的健康养老产业。从促进创业功能的释放来看，应依托乡村低密度、低成本优势有选择地承接城市无污染生产环节的转移，借助乡村田园生态、恬静宜人的环境吸引城市创新、创意、创业等人才进驻发展科技、文化等服务业。释放休闲、居住、创业等新功能，对经营理念、市场渠道、资金投入等有较高要求，有必要引入外来资本和经营团队，但要处理好与当地农民的利益关系。应通过资源变股权、资金变股金、农民变股东等方式，保障当地农民对乡村土地、生态、文化等资源的占有权和收益权。

促进乡村生态价值的充分实现。应利用市场和政府"两只手"，打通

---

① 中央农办调研组：《破解农民增收难题的"金钥匙"——山东农村新产业新业态发展的调研与思考》，《农民日报》2016年8月30日，第1版。

乡村绿水青山向金山银山转化的通道。一方面，应充分利用生态资源发展乡村经济。扶持发展兼有观赏价值与产品产出的油菜、向日葵、莲藕等产品生产，以花为媒举办旅游节事、促进农旅融合。支持有条件的地区发展森林康养、郊野公园等生态旅游产业。加大对生态良好地区农产品的宣传力度，提高这些地区农产品的生态溢价。另一方面，应加大对乡村地区生态效应的补偿力度。自上而下加大对各地生态保护和建设的纵向补偿，巩固和拓展退耕还林、退牧还草、退耕还湿、退养还滩成果，逐步提高森林生态效应补偿标准。鼓励经济发达地区对水田实行湿地生态效应补偿，遏制水田面积下滑势头。探索建立受益地区对保护地区的横向补偿机制，促进生态共同体建设。

三、围绕提升乡村生活品质，实施乡村建设行动，合理划分县域内城、镇、村的节点功能，着力提升乡村基础设施和公共服务质量

坚持以人为中心促进乡村振兴，在振兴产业、增加就业的同时，还应以建设宜居乡村为目标，实施乡村建设行动，在物质和文化层面改善乡村人居环境，着力提升乡村基础设施和公共服务质量。

合理划分县域内城、镇、村的节点功能。以县域为空间单元，顺应人口和产业集聚大趋势，制定前瞻性的县域村镇体系规划和村庄建设规划，发挥规划的引领和约束作用。把县域作为城乡融合发展的重要切入点和大部分农民工的最终归宿，推进以县城为重要载体的城镇化建设，强化县城综合服务能力、对乡村的辐射作用、对农民工的吸附效应。根据经济发展水平、人口集聚规模、交通便捷程度等因素，合理确定镇区的功能。有些镇区集聚的人口在增加，在承担社会治理功能的同时，可以发挥服务周边农民生产生活的功能；有些镇区集聚的人口在减少，在继续承担社会治理功能的同时，其承担的服务周边农民生产生活的功能被转移至县城甚至更高层级的区域性中心城市。分类推进村庄建设，对常住人口增加的村庄应加强规划引领和建设管控，对城郊型村庄应

纳入城市基础设施和公共服务建设规划统筹推进，对搬迁撤并类村庄应恢复田园或自然景观和生态功能，对有历史文化价值的古村古建应全面修缮保护，对人口外流、空心化严重的村庄应加强村内布局优化和环境美化。

循序渐进实施乡村建设行动。加强农村公用基础设施建设，以自然村和农户家庭为重点，进一步提升村内道路、供水、供电等基础设施覆盖率和质量档次，大幅提升农村互联网基础设施水平。加强农村基本公共服务建设，建立农村基本公共服务项目和服务标准清单，通过配置达标、人员交流、待遇倾斜等途径提升农村教育、医疗等基本公共服务质量。促进城乡社会保障体系并轨，允许返乡入乡人员继续参加或享受其原有的城镇职工社保，探索建立同土地经营权流转或承包权有偿退出挂钩的老年农民离农补偿金制度。持续改善乡村人居环境，分类推进"厕所革命"、逐步实现卫生厕所全覆盖，积极推进农村生活垃圾分类、提高资源化利用和无害化处理水平，因地制宜推进农村污水无害化处理，逐步实现建设生态宜居美丽乡村的目标。

四、围绕提升乡村治理效能，合理界定自治、法治、德治的边界，探索自治、法治、德治的有效实现形式，促进传统治理资源和方式与现代治理理念对接

农村现代化既包括"物"的现代化，也包括"人"的现代化，还包括乡村治理体系和治理能力的现代化。随着时代的发展，乡村治理体制会面临很多新情况。应顺应乡村治理主体和客体的深刻变化，以改革创新的思路，进一步健全乡村治理体制机制。

在自治方面，应与时俱进地调整完善村级自治组织的基本功能和实现形式。一方面，应合理设置自治半径。随着农民与国家关系的深刻调整，村级自治组织作为国家代理人承担的职责在发生变化，将更多地在分发各类农业补贴、协助开展社会救助等方面发挥作用。随着农民与村落共同体关系的深刻调整，村级自治组织将更多地在管理集体资金资产

资源、开展村庄建设等方面发挥作用。顺应这些变化趋势，应根据"组间差最大化、组内差最小化"的聚类原则，合理设置自治半径，推动乡村治理重心下沉。特别是在那些以前为了减少村干部人数、减轻农民负担而扩大行政村规模的地方，探索以村民小组或自然村为单元开展自治，有利于寻找最大公约数、降低协调成本。另一方面，应充分利用新的自治资源。在村落自治体系里，除了村民委员会这一法定组织以外，还有大量新型的社会组织，包括各种理事会，应充分发挥其作用。对新的治理主体，包括告老还乡的干部、教师、工商人士等新乡贤，也应注重发挥其在乡村自治中的积极作用。另外，随着人口净流出村越来越多的集体经济组织成员不在本村常住，人口净流入村越来越多的常住人口不是本村集体经济组织成员，集体经济组织成员与村民自治组织成员重叠度下降，通过深化农村集体产权制度改革以提高自治效能的迫切性逐步提高。从长远看，集体经济组织承担的很多公共产品供给职能，应该剥离出来交给政府；集体经济组织承担的很多村民自治功能，也应该剥离出来交给村民自治组织。通过这样"两个剥离"以后，集体经济组织本身就变为一个纯粹的市场主体。

在法治方面，应树立依法治村的理念。重视法治作用的一个重要前提，是要有良法可依。现行《村民委员会组织法》《农业法》《农村土地承包法》《农民专业合作社法》《土地管理法》等一系列涉农法律都需要根据时代发展不断修订完善。应加大农村普法宣传力度，引导农民遵法、守法、用法，逐步养成用法律手段维护自身权益、处理矛盾纠纷的习惯。

在德治方面，应强化道德教化作用。引导农民向上向善、孝老爱亲、重义守信、勤俭持家。应建立道德激励约束机制，引导农民自我管理、自我教育、自我服务、自我提高，实现家庭和睦、邻里和谐、干群融洽。德治与法治、自治最大的区别，是约束力不强，但有利于降低自治和法治的成本。

自治、法治、德治各有其适用范围，必须把握好各自的边界。从长远看，按照依法治国的理念，适用自治的事情会逐步减少，乡村的村落共同体与城市的社区共同体在基本职能和运行机制上应逐步趋同。

五、围绕为农业农村发展注入新动能，构建"人、地、钱"政策保障体系

促进乡村振兴，关键在于针对工业化城镇化进程中导致乡村衰退的主要因素，注入对冲和反制力量。为此，需要彻底打破城乡二元体制壁垒、疏通城乡大循环的堵点，促进以"人、地、钱"为核心的资源要素在城乡之间自由流动、平等交换和均衡配置。

建立优化乡村人力资本、鼓励各类人才入乡留乡的政策体系。应加强乡村发展"带头人"队伍培养，从各领域遴选乡村发展需要的人才，在乡村实际工作中挖掘本地人才。完善农民职业技能培训制度，逐步建立起职业农民认证体系。吸引外出农民工、大学生等返乡入乡创业，支持各地因地制宜建设农民创业园、农业创客空间、农村电商孵化园等各类创新创业平台，为创业者提供综合配套服务。鼓励专业人才为农服务，完善专业人才职称评定制度，将农村基层工作成绩作为城市科技工作者、教师、医生职称评定的加分项，让到农村基层工作的专业人才获得更多的职称晋升机会。

建立与人口和资本流动相适应的土地资源配置政策体系。在坚持农村土地集体所有制的基础上有效盘活土地资源是推动乡村振兴的关键。应顺应人口和资本在城乡之间的流动趋势，深化农村土地产权制度改革，以扩大土地产权结构对非本集体成员的开放性为核心，以空间功能布局优化和土地整合效率提升为方向，为乡村振兴提供土地资源保障。在承包地方面，应完善"三权分置"办法，按照"促进利用、防止撂荒"的原则，引导农村土地承包权和经营权有序流转，鼓励集体内部成员之间为消除土地细碎化而开展土地承包权互换或经营权流转，鼓励离农成员将剩余承包期内的土地经营权一次性流转给其他经营主体，注重对

经营权的保护、调动新型经营主体长期投资的积极性①。在宅基地方面，应针对外迁的集体成员缺乏顺畅的退出通道、外来的非本集体成员缺乏顺畅的进入通道等突出矛盾，按照"'三权分置'、差别赋权，立足存量、先房后地，保障居住、拒绝投机"的思路深化改革，在落实集体所有权、保障成员使用权的基础上着力放活宅基地的流转使用权，着力提高存量农房和宅基地的利用率、优先扩大现有农民住房财产权对外流转的空间，在满足非本集体成员居住需求的同时防止资本圈地和游资炒作。在农村集体建设用地方面，应拓展入市范围，在做好村庄建设规划的基础上，把村庄废弃土地、闲置农村学校等公益性建设用地调整为经营性建设用地后允许其入市②。在土地利用规划和管理制度方面，应以乡镇或村为单位开展全域土地综合整治，优化生产、生活、生态空间布局③，将农村建设用地存量整理和增减挂钩节约出来的建设用地指标优先用于支持农村建设项目，根据休闲、观光、养老等产业分散布局的实际需要探索点状供地、混合用地等新机制。

　　建立体现农业农村优先发展原则的资金保障政策体系。合理划分政府和市场在乡村产业发展、基础设施和生态建设等领域的边界，该由政

①　祝国平、郭连强、李新光：《农村土地经营权规模化流转溢价：客观事实、结构特征与政策取向》，《改革》2021年第1期。

②　2021年1月，自然资源部、国家发展改革委和农业农村部联合发布《关于保障和规范农村一二三产业融合发展用地的通知》（自然资发〔2021〕16号），在将符合规划的存量集体建设用地按照农村集体经营性建设用地入市、鼓励对依法登记的宅基地等农村建设用地进行复合利用、发展乡村民宿等农村产业方面，出台了具有边际突破性的举措。

③　2019年12月，自然资源部发布《关于开展全域土地综合整治试点工作的通知》（自然资发〔2019〕194号），提出以乡镇为基本实施单元（整治区域可以是乡镇全部或部分村庄），整体推进农用地整理、建设用地整理和乡村生态保护修复，优化生产、生活、生态空间格局，到2020年全国试点不少于300个，各省区市试点原则上不超过20个。浙江在全域土地整治方面起步较早，已取得明显效果。参见李风、胡盛东、张莉等：《坚守生态底色　描绘发展图景——空间重构，山河重整，乡村重生，浙江省国土生态整治之路越走越宽》，《中国自然资源报》2020年6月30日，第1版。

府承担的应通过调整公共资源分配结构加大对农业农村的投入力度，该由市场承担的应调动农民和其他市场主体对农业农村的投入积极性。应强化财政资金投入的先导作用，严格落实《农业法》对农业投入的要求和《农业技术推广法》对提高农业技术推广投入的规定，将城乡基本公共服务投入水平的均衡化、城乡基本社会保障标准一体化作为对各级政府的考核指标，落实提高土地出让收入用于支持农业农村发展比例的规定，将新增耕地指标和建设用地增减挂钩节余指标交易收益全部划入农业农村支出预算专项，支持省级政府发行乡村振兴专项债。强化金融资源回流农村的激励约束机制，落实涉农贷款业务差异化监管制度，适度下调农户和农村经营主体贷款、农村资产抵押贷款的风险权重，建立涉农信贷保险制度，拓展对农村金融机构涉农信贷的税收优惠，促进县域金融机构对农信贷投放。

第三章

创新重要农产品供给
保障体制机制

中国在推进现代化的进程中，历来重视发展粮食和其他重要农产品生产，立足国内较好地保障了全社会对农产品不断增长的需求。但也应看到，随着工业化城镇化发展到一定阶段，农业生产继续发展面临资源环境约束趋紧，农业副业化、农户兼业化、农民老龄化程度加深等挑战。尤其是随着国内需求增长、市场开放程度提高和国内外价格倒挂幅度扩大，中国部分重要农产品缺口驱动型和价差驱动型进口不断增长、对外依存度不断攀升①。这既给缓解国内农业资源环境压力、更好满足国内需求提供了重要支撑，也给中国保障粮食安全和其他重要农产品有效供给带来多重风险隐患②。中国已进入新发展阶段，内外环境发生深刻变化，应从统筹国内和国际两个大局、发展和安全两件大事出发，谋划好现代化新征程的农产品供给保障，一手抓提高国内农业综合生产能力，一手抓提高海外农产品供应链稳定性可靠性③。

---

① 参见韩俊：《以习近平总书记"三农"思想为根本遵循实施好乡村振兴战略》，《管理世界》2018年第8期；倪洪兴：《开放视角下的我国农业供给侧结构性改革》，《农业经济问题》2019年第2期。

② 参见朱晶、李天祥、臧星月：《高水平开放下我国粮食安全的非传统挑战及政策转型》，《农业经济问题》2021年第1期；杜志雄、高鸣、韩磊：《供给侧进口端变化对中国粮食安全的影响研究》，《中国农村经济》2021年第1期；中国国际经济交流中心课题组：《新时期我国农业对外开放与高质量发展问题研究》，《全球化》2022年第1期；倪国华、王赛男、金燕红：《提高"自给率"还是提升"主导权"？——基于政策模拟的粮食贸易体系研究》，《管理世界》2022年第4期。

③ 参见陈锡文：《切实保障国家食物供给安全》，《农业经济问题》2021年第6期；程国强、朱满德：《新发展阶段我国重要农产品保供稳价的调控思路与机制设计》，《农业经济问题》2022年第11期。

第一节　重要农产品国内供需现状和发展趋势

经济社会发展对农产品的需求越来越宽泛，既包括粮、油、糖、菜、果、肉、蛋、奶、鱼等食用农产品，也包括棉、麻、丝、毛等纤维产品，还包括天然橡胶、生漆、桐油等工业物资。为使研究更加聚焦，本章所关注的重要农产品需要符合对国计民生影响大、对外依存度较高、土地密集型、国家有明确自给率目标等特征。据此，选择口粮、饲料粮、油脂油料、动物性食品四类农产品作为研究对象。

一、四类农产品国内生产、消费和流通状况

新中国成立以来，特别是改革开放以来，党中央、国务院坚持巩固农业基础地位，不断提高农业综合生产能力、逐步完善农产品市场体系、持续强化农产品储备调控能力，有力保障农产品数量供给充足、质量结构提升、市场价格稳定[①]。我国在有限资源条件下，不断提高农业生产效率和挖掘农业增长潜力，主要农产品产量增长跑赢了人口增长。

（一）国内生产稳步发展

中国在有限资源条件下，不断提高农业生产效率和挖掘农业增长潜力，主要农产品的产量增长跑赢了人口增长。以1978年为100，2021年中国人口指数为147，而小麦、稻谷、玉米和大豆产量指数分别为254、155、487和217，油料作物产量指数为692，肉类产量指数为837（见图3-1）。顺应食物消费结构的变化趋势，中国肉类和牛奶等高收入弹性产品的生产增长非常快，相应带动玉米生产较快增长。受资源条件约束，

---

① 仇焕广、雷馨圆、冷淦潇等：《新时期中国粮食安全的理论辨析》，《中国农村经济》2022年第7期。

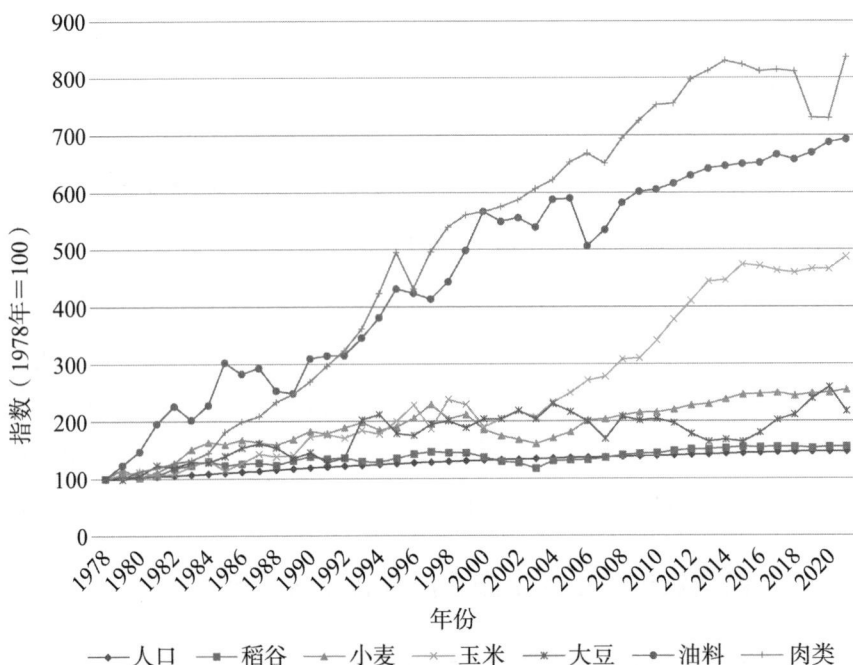

图3-1　中国人口和主要农产品产量指数变化趋势

中国农产品产量的增长主要靠技术进步、体制创新带来的生产效率提升[①]。尽管小麦和稻谷的播种面积2021年较1978年分别下降19.2%和13.1%，但其单产分别提高214.9%和78.8%，因而总产量分别增长154.4%和54.4%。玉米、大豆和油料的播种面积和单产均显著提升，播种面积2021年较1978年分别增长117%、17.6%和110.6%，同期单产分别增长124.5%、84.4%和228.9%。由于对外开放后缺乏比较优势，大豆和油料作物的播种面积2021年较2001年分别下降11.4%和10.5%，而在单产分别增长20.2%和40.8%的支撑下，产量仍分别实现了6.5%和26.1%的增长。

（二）国内消费快速提升

2001年加入世界贸易组织以后的20年间，中国正处于人口总量增

———————

①黄季焜、解伟、盛誉等：《全球农业发展趋势及2050年中国农业发展展望》，《中国工程科学》2022年第1期。

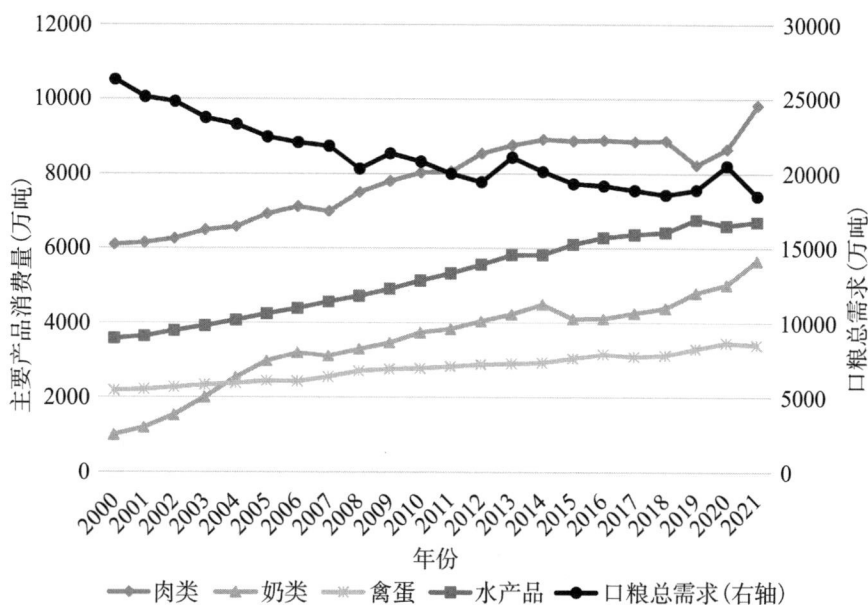

图3-2 中国主要农产品消费总量变化趋势

长、城镇化水平提升和膳食结构转型升级的叠加期①，食用植物油和动物性食品消费量持续快速增长，在食物热量替代效应下口粮消费量趋于下降（见图3-2）。奶类消费量增长最快，2021年奶类表观消费量（折原奶）达到5662万吨，较2000年增长469.7%。2021年肉类、蛋类和水产品的表观消费量分别达到9825万吨、3402万吨和6700万吨，较2000年分别增长61.3%、55.9%和86.8%。口粮消费总量则从2000年的2.6亿吨下降至2021年的1.8亿吨。需要指出的是，肉类消费量2019年和2020年一度出现下滑，主要是受非洲猪瘟影响猪肉供应量大幅下降造成的，进而导致口粮消费需求短暂回升。随着2021年以后生猪生产恢复、猪肉供应量回升，肉类消费重新回到增长轨道，口粮消费也相应回归下降轨道。

---

① 叶兴庆：《加入WTO以来中国农业的发展态势与战略性调整》，《改革》2020年第5期。

（三）农产品市场体系不断完善

农产品市场体系中主体众多，呈多元化发展态势，主要包括现货市场交易体系、期货市场交易体系和仓储物流体系。中国农产品市场体系不断创新完善，在促进农产品供需对接方面发挥了重要作用。

1. 农产品现货市场流通体系逐步成熟

自20世纪80年代中期农产品流通体制改革全面推进以来，特别是自2011年国务院办公厅出台《关于加强鲜活农产品流通体系建设的意见》以来，中国农产品批发市场和农贸市场等零售市场逐步建立健全、基础设施日益完善、流通网络布局趋向合理、市场主体多元发展。2020年，中国亿元以上农产品综合市场和专业市场共有1404个，摊位共计82.6万个；专业市场中蔬菜类摊位最多，达16.5万个，其他依次是干鲜果品类6.5万个、水产品类6.1万个、肉禽蛋类3.9万个、粮油类1.9万个、棉麻土畜和烟叶类1.7万个。2020年，全国亿元以上农产品批发市场成交额2.93万亿元，比2015年增长24.0%。与此同时，线上农产品市场快速发展。2021年，全国农产品网络零售额为4221亿元，较2016年增长165.6%；农村网商、网店达1632.5万家，成为农产品出村进城的重要渠道。

2. 农产品期货市场品种日渐丰富、功能逐步完善

20世纪90年代，郑州商品交易所（简称"郑商所"）和大连商品交易所（简称"大商所"）相继成立。经过多年的发展和整顿，农产品期货市场的期货、期权种类不断增加（见表3-1）。截至2022年9月底，郑商所已上市23个期货品种和8个期权工具，其中农产品期货品种14个、期权工具5个，分别占60.9%和62.5%；大商所已上市21个期货品种和11个期权工具，其中农产品期货品种12个、期权工具6个，分别占57.1%和54.5%。大商所从2020年12月开始引入境外交易者参与棕榈油期货交易，从2021年6月起引入境外交易者参与棕榈油期权交易；从2022年12月起，合格境外机构投资者和人民币合格境外机构投资者可参与黄大豆1

表3-1　中国农产品期货期权交易主要品种

	郑州商品交易所	大连商品交易所	上海期货交易所
期货	强麦、普麦、棉花、白糖、菜籽油、早籼稻、油菜籽、菜籽粕、粳稻、晚籼稻、棉纱、苹果、红枣、花生	玉米、玉米淀粉、黄大豆1号、黄大豆2号、豆粕、豆油、棕榈油、纤维板、胶合板、鸡蛋、粳米、生猪	天然橡胶
期权	棉花、白糖、菜籽粕、菜籽油、花生	豆粕、玉米、棕榈油、黄大豆1号、黄大豆2号、豆油	天然橡胶

资料来源：作者根据相关交易所网站资料整理，截至2022年9月底。

号、黄大豆2号、豆粕、豆油期货和期权合约交易。此外，上海期货交易所（简称"上期所"）开展了天然橡胶的期货和期权交易。我国农产品期货市场日益活跃，在全球农产品期货市场中占有重要地位。根据国际期货业协会（Futures Industry Association, FIA）统计的全年成交量数据，2021年在全球农产品成交量排名中，中国品种包揽前11名，在前20名中占有15席，包括豆粕、菜籽粕、豆油、棕榈油、玉米、天然橡胶、纸浆、白糖、棉花、菜籽油、苹果、鸡蛋、玉米淀粉、黄大豆1号、豆粕期权。期货服务"三农"模式不断创新，平抑市场风险功能越来越强。2016—2022年连续7年中央一号文件部署推进"保险＋期货"模式。截至2021年底，大商所和郑商所分别开展了600个和127个"保险＋期货"项目，涉及玉米、大豆、生猪、棉花、白糖、苹果、红枣、花生等14个品种。上期所也在自2017年起的5年内连续开展天然橡胶"保险＋期货"试点工作，累计理赔17.19亿元，在帮助农业生产者规避市场风险方面发挥了重要作用。

3. 农产品仓储物流设施日益完备

2013—2020年，中国累计安排投资320多亿元，规划1900多亿斤粮食仓储设施建设任务，完善跨省物流通道，建设多功能物流园区。随着优质粮食工程的深入实施，绿色储粮技术逐步推广，保质保鲜能力显著提高，中国粮食完好仓容超过1.3万亿斤。农产品产地初加工能力持续提升，截至2020年底，已建成17万座贮藏、保鲜及烘干等初加工设施，初加工能力达到1700万吨。通过初加工设施的使用，果蔬等农产品产后损失率从15%降至6%以下，实现农产品错峰销售，促进农业保供增效①。

4. 农产品储备调控能力不断增强

粮食储备基础不断夯实。中国自1990年建立国家专项粮食储备制度以来，逐步形成了中央、省区市、地县三级政府储备体系，形成了中央储备和地方储备、政府储备与企业社会责任储备、原粮和成品粮储备功能互补、协同支撑的储备结构。中央储备粮主要用于全国范围守底线、应大灾、稳预期，地方储备粮主要用于区域市场保应急、稳粮价、保供应。粮食、油脂、食糖、猪肉等重要农产品国家储备能力不断增强。

应急保障能力显著增强。全国31个省区市均制定了省级粮食应急预案，333个地级市和2455个县级行政区分别制定了区域粮食应急预案。粮食应急加工企业达到5507家，供应网点45939个，应急配送中心2838个，应急储运企业3788家，涵盖加工、供应、配送、储运的粮食应急保障体系基本建立。②36个大中城市及市场易波动地区成品粮油储备保障能力都在15天以上。

二、四类农产品2035年前生产和消费变化趋势

前瞻性谋划重要农产品供给保障思路，需要把握好未来重要农产品生产和消费变化趋势。本章对未来重要农产品生产和消费变化的预测，采用由中国农业科学院农业经济与发展研究所、国际食物政策研究所联合开发的中国农业产业模型（China Agriculture Sector Model, CASM）计算确定。

---

① 农业农村部发展规划司：《农业现代化辉煌五年系列宣传之十六："四链"结合 农产品加工业高质量发展》，中华人民共和国农业农村部网站，2021年6月4日。

② 王宏：《高质量推进粮食应急保障体系建设》，《经济日报》2021年10月18日，第6版。

CASM模型为包括多个农业产业的多市场局部均衡模型，通过联立方程组描述中国主要农业产业的生产、消费、贸易和价格及其影响因素，模型中包括30种农产品：5种粮食（稻谷、小麦、玉米、大豆、其他粮食）、棉花、2种油料（油菜籽、花生）、2种糖料（甘蔗、甜菜）、蔬菜、水果、10种畜产品（母猪、商品猪、猪肉、母牛、商品肉牛、牛肉、鸡肉、羊肉、牛奶、禽蛋）、水产品，以及7种农产品加工品（豆粕、豆油、菜籽粕、菜籽油、花生粕、花生油、食糖）。模型基础数据库为上述产品的历史供需平衡表，基准年更新至2021年。模型参数包括各种农产品的供给价格弹性、需求价格弹性、交叉价格弹性、需求收入弹性等，主要来自参考文献和研究团队的估计值。

（一）2035年前农产品生产将呈现"总量平稳发展、结构逐步优化"发展格局

对未来主要农产品生产发展的预测，统筹考虑了耕地等资源环境约束、技术进步、国内外比较优势变化、需求增长拉动以及《"十四五"全国畜牧兽医行业发展规划》和《"十四五"全国种植业发展规划》确定的目标等多方面因素。作物产量由单产和种植面积决定，种植面积的预测考虑了各类作物的生产者价格和种植面积价格弹性，作物单产的预测考虑了该作物的生产者价格和技术进步等。在技术进步因素方面，主要基于现行渐进式增产情况，按照历史趋势设定主要农作物单产增速。考虑到对大豆生产的重视、生物育种产业化步伐加快带来的增产潜力较大，大豆单产增长最快，由2021年的130公斤/亩提高至2035年的184公斤/亩。稻谷、小麦和玉米的单产将分别由2021年的474公斤/亩、387公斤/亩和419公斤/亩，提高至2035年的490公斤/亩、416公斤/亩和440公斤/亩。

CASM模型预测结果为：

2035年猪肉、牛肉、羊肉、禽肉、禽蛋、奶类和水产品产量分别为5903万吨、798万吨、532万吨、2836万吨、3387万吨、4150万吨和

表3-2 2021—2035年动物性食品产量预测

单位：万吨

年份	猪肉	牛肉	羊肉	禽肉	禽蛋	奶类	水产品
2021年	5296	698	514	2380	3409	3683	6464
2025年	5764	774	515	2595	3489	4115	6529
2030年	5807	786	519	2863	3440	4128	6516
2035年	5903	798	532	2836	3387	4150	6498

资料来源：CASM模型计算结果。

表3-3 2021—2035年粮食产量预测

单位：万吨

年份	粮食合计	稻谷	小麦	玉米	大豆	其他粮食
2021年	68285	21284	13695	27255	1640	4411
2025年	70493	21658	14195	27905	2310	4425
2030年	72291	21331	14504	28326	3685	4445
2035年	72492	21027	14602	28717	3686	4460

资料来源：CASM模型计算结果。

6498万吨（见表3-2）。

2035年粮食总产量将达到72492万吨，比2021年增加4207万吨；其中，稻谷产量为21027万吨、比2021年减少257万吨，小麦产量为14602万吨、比2021年增加907万吨，玉米产量为28717万吨、比2021年增加1462万吨，大豆产量为3686万吨、比2021年增加2046万吨（见表3-3）。

（二）2035年前大部分农产品将迎来消费峰值，其他农产品的消费需求将持续增长

农产品消费需求的变化由人口总量和人均消费水平的变化趋势决定。

关于人口总量的变化，本章将人口峰值年份定为2022年，以2021年

14.126亿人为基期值，按照联合国《世界人口展望2022》中对中国人口预测的减速水平推算未来人口规模。

关于人均消费水平的变化，主要受膳食结构转型升级的影响，其表现是动物性食品消费需求增加，并在替代效应下口粮消费下降。从发达国家的经验看，随着国内生产总值增长、居民收入增加和城镇化水平提升，城乡居民的人均动物性食品消费快速增长，但达到一定水平后将趋于稳定甚至略有下降。参考世界银行对中国经济增长的预测，2022年、2023年和2024年分别为4.2%、5.2%和5.1%，此后假设每年增速下降0.1个百分点。根据《国家新型城镇化规划（2021—2035年）》确定的全国常住人口城镇化率2025年达到67%的目标，推算2021—2025年城镇化率年均增加0.57个百分点；根据城镇化水平接近70%后速度将放缓的一般规律，设定2026—2030年城镇化率年均增加0.46个百分点，2031—2035年城镇化率年均增加0.36个百分点，2035年城镇化率达到71.11%。参考与中国饮食习惯相近的东亚发达国家和地区的人均消费峰值水平，并结合中国历史消费变化趋势和《中国食物与营养发展纲要（2021—2035年）》的预测，将中国肉类、蛋类、奶类和水产品的人均消费峰值分别确定为80公斤、25公斤、59公斤和71公斤[①]。以历史人均消费增速推算出中国肉类、蛋类和奶类城乡人均消费达峰时间分别在2035年、2025年和2047年，水产品人均消费在2060年前仍未能达到峰值，还将继续增长。

由此预测中国猪肉、禽肉和禽蛋的消费总量将分别在2028年、2029年和2026年达峰，届时峰值消费量将分别达到6200万吨、2872万吨和3499万吨，随后处于平台期并缓慢下降；牛肉、羊肉、奶类和水产品消费总量在2035年前仍将持续增长，其峰值将在2037年、2037年、2043年和2043年，分别达到1207万吨、620万吨、7864万吨和8543万吨。到

---

① 食用水产品的人均需求峰值确定为35公斤，但水产品中实际食用部分的比例大约为49%，按此比例折算总人均消费需求峰值。

表3-4 2021—2035年动物性食品表观消费量预测

单位：万吨

年份	猪肉	牛肉	羊肉	禽肉	禽蛋	奶类	水产品
2021年	5665	931	555	2528	3409	5939	6676
2025年	6111	1064	586	2730	3489	7079	7238
2030年	6140	1152	612	2863	3440	7491	7918
2035年	5944	1181	616	2836	3387	7631	8313

资料来源：CASM模型计算结果。

表3-5 2021—2035年粮食表观消费量预测

单位：万吨

年份	粮食合计	稻谷	小麦	玉米	大豆	其他粮食
2021年	82548	21647	14657	28090	11287	6867
2025年	85142	20837	12941	32799	11485	7080
2030年	85311	20583	12682	33247	11681	7118
2035年	84686	20221	12494	33080	11798	7093

资料来源：CASM模型计算结果。

2035年，中国这7类动物性食品消费总量将达到29908万吨，其中猪肉、牛肉、羊肉、禽肉、禽蛋、奶类和水产品的消费量将分别达到5944万吨、1181万吨、616万吨、2836万吨、3387万吨、7631万吨和8313万吨（见表3-4）。

模型根据农业农村部畜牧兽医局测算的不同产品耗粮系数，建立动物性产品产量与主要粮食的联立关系，并基于食物之间的热量替代关系，得到各类粮食产品的需求值。预测结果表明，2028年中国粮食表观消费量将达到85386万吨的峰值，之后逐步下降，2035年为84686万吨。其中，稻谷和小麦的表观消费量将持续下降，分别从2021年的21647万吨和14657万吨下降为2035年的20221万吨和12494万吨；大豆和玉米的表观消费量将分别在2033年和2031年达到11814万吨和33303万吨的峰值，到2035年将分别下降到11798万吨和33080万吨（见表3-5）。

三、四类农产品进口依存度变化趋势

（一）加入WTO以来部分农产品对外依存度持续攀升

加入WTO后，随着关税的降低，部分农产品国内外价差倒挂拉动了进口增加，尤其是取消进口配额的农产品对外依存度持续攀升（见表3-6）。大豆和食用植物油对外依存度的提升幅度最大，是中国对外依存度最高的农产品，分别由2000年的39.8%和32.9%提高到2021年的85.5%和72.4%。牛肉和奶类的对外依存度也大幅提升，牛肉2000年还是净出口，奶类2000年的进口依存度也仅有7.5%，2021年已分别提高至26.2%和33.2%，均已跌破国家确定的85%和70%的自给率防守目标。由于非洲猪瘟对国内生猪产能造成巨大冲击，为保障国内猪肉供应，2020年中国积极扩大猪肉进口，猪肉对外依存度攀升至9.3%，自给率下降至90.7%，跌破了国家确定的95%的自给率目标；随着国内生猪产能的恢复，2021年猪肉进口减少，对外依存度下降至6.3%，自给率回升至93.7%。中国确立了"谷物基本自给、口粮绝对安全"的粮食安全目标。迄今稻谷自给率一直保持在95%以上，小麦和玉米自给率长期在95%以上。但随着2020年玉米临储库存清零、生猪生产逐步恢复，国内玉米价格出现快速上涨，一方面导致小麦、稻谷替代玉米进入饲用消费，另一方面导致玉米及其替代品、用作饲料的低品质小麦和碎米进口增加，从而导致2020年和2021年玉米、小麦、大米进口快速增长，对外依存度相应攀升。2020年和2021年小麦自给率跌破95%，2021年玉米自给率也跌破95%。

（二）2035年前部分农产品对外依存度仍有继续攀升的压力

在中国动物食品和粮食消费峰值到来之前，中国牛肉、羊肉、奶类和玉米的对外依存度还将继续攀升，直到消费峰值过后才会趋于下降

表3-6 加入WTO以来中国部分农产品对外依存度上升趋势

单位：%

年份	稻谷	小麦	玉米	大豆	食用植物油	猪肉	牛肉	奶类
2000年	−2.06	0.73	−10.97	39.84	32.92	0.20	−0.20	7.54
2001年	−1.27	0.03	−5.51	47.03	32.24	0.06	−0.26	5.39
2002年	−1.43	−0.38	−10.64	40.01	35.50	0.17	−0.08	7.84
2003年	−2.10	−2.45	−16.48	57.05	49.82	0.13	−0.17	7.48
2004年	−0.11	6.29	−1.81	53.33	50.60	−0.12	−0.34	6.41
2005年	−0.13	2.92	−6.61	61.56	51.80	−0.23	−0.60	3.61
2006年	−0.41	−0.83	−2.04	64.89	55.94	−0.27	−0.55	4.47
2007年	−0.66	−2.79	−3.25	70.35	59.90	−0.11	−0.42	1.74
2008年	−0.48	−0.24	−0.13	70.17	60.17	0.60	−0.24	1.81
2009年	−0.31	0.57	−0.03	73.49	64.25	0.09	0.00	9.06
2010年	−0.17	0.82	0.75	78.00	65.22	0.19	0.16	14.15
2011年	0.05	0.78	0.76	77.89	63.12	0.70	0.05	14.93
2012年	1.45	2.71	2.11	81.20	66.77	0.74	0.69	18.26
2013年	1.24	4.08	1.27	83.58	67.38	0.83	4.34	26.24
2014年	1.47	2.15	1.02	84.87	67.76	0.75	4.39	27.08
2015年	2.08	2.13	1.75	86.83	69.86	1.18	6.97	19.70
2016年	2.14	2.42	1.19	86.03	69.21	2.73	8.43	22.78
2017年	1.90	3.06	1.05	86.19	70.83	1.99	9.73	26.06
2018年	0.66	2.10	1.35	84.62	69.99	1.96	13.75	27.61
2019年	−0.14	2.32	1.80	83.01	71.98	4.31	19.81	31.30
2020年	0.43	5.75	4.15	83.65	73.32	9.34	23.88	29.61
2021年	1.69	6.66	9.42	85.47	72.38	6.32	26.16	33.18

注：①对外依存度＝（进口量−出口量）/（国内产量＋进口量−出口量）×100%，负值表示净出口。

②国产食用植物油籽折油方法为：花生压榨率50%、出油率42%，油菜籽压榨率90%、出油率38%，芝麻压榨率50%、出油率50%，葵花籽压榨率50%、出油率39%，胡麻籽压榨率90%、出油率36.5%，棉籽压榨率90%、出油率13%，油茶籽压榨率100%、出油率22%。出口油籽和进口油籽假设100%用于榨油，出油率同国产油籽。因缺乏连续数据，未包括玉米胚芽油、米糠油等兼用型油源和核桃、油橄榄等木本油料。以2020年为例，如按全口径计算，食用植物油进口依存度约为66.6%。

资料来源：作者根据历年《中国统计年鉴》《中国农产品贸易发展报告》计算。

表3-7 2022—2035年主要农产品对外依存度预测

单位：%

年份	稻谷	小麦	玉米	大豆	猪肉	牛肉	羊肉	奶类
2022年	1.04	-1.26	9.70	82.71	4.55	24.53	8.58	39.42
2025年	-3.94	-9.69	14.92	79.89	5.67	27.27	12.19	41.87
2030年	-3.63	-14.37	14.80	68.45	5.44	31.72	15.20	44.90
2035年	-3.98	-16.88	13.19	68.76	0.68	32.47	13.71	45.62

注：对外依存度＝（消费量−产量）/消费量×100%，负值表示自给有余。
资料来源：CASM模型计算结果。

（见表3-7）。未来中国将会继续高度重视农产品的供给保障问题，稻谷和小麦的生产不会削弱，而随其消费总量的持续下降，其将长期呈现自给有余。中国将持续实施大豆和油料产能提升工程，大豆以及油菜籽、花生等油料作物产量将显著提升，大豆和食用植物油的对外依存度将会趋于下降。为应对"猪周期"的大起大落，中国已建立了生猪产能调控机制，未来生猪产能有望适应需求增长逐步提升，猪肉的对外依存度有望控制在防守目标内；同时，猪肉消费总量在2028年达峰后将逐步下降，其对外依存度也会相应逐步下降。未来牛肉、羊肉、奶类的消费还将持续快速增长，而中国资源环境承载力难以支撑相应产能扩张，其对外依存度将持续攀升较长时期。国内动物性食品的产能增长会导致对玉米等饲料粮的需求增加，国内玉米产量增长恐难以跟上需求增长速度，玉米的对外依存度有继续提高的压力，因而需要在平衡好进口动物性食品与进口饲料粮、进口大豆与进口玉米的基础上重新审视玉米的自给率目标。

第二节 重要农产品全球供需情况和布局

在经济全球化深入发展的大背景下，谋划中国重要农产品供给保障的总体框架和政策思路，应把合理利用全球农产品市场和农业资源放在适当位置。为此，需要对这些重要农产品的全球生产、消费、贸易以及中国所占份额进行整体把握，对这些重要农产品生产和贸易增长潜力的区域分布进行深入分析。

一、重要农产品全球生产、消费和贸易格局

（一）重要农产品全球生产格局①

自20世纪60年代以来，受技术进步、面积扩大等因素推动，全球主要农产品生产增长跑赢了人口增长。如图3-3所示，以1961年为100，2020年全球人口指数为251，而全球小麦、稻谷、玉米、大豆产量指数分别为342、351、567和1315，食用植物油中的葵花籽油产量指数为1031，肉类中的猪肉和鸡肉产量指数分别为444和1582。从这些农产品的增长幅度看，需求收入弹性较大的肉类、饲料粮、油脂油料增长相对较快，需求收入弹性较低甚至对高收入人群为负的小麦、稻谷产量增长较为平缓。

经过长期发展演变，全球主要农产品生产集中度较高。2020年，全球小麦、稻谷、玉米、大豆、食用植物油②和肉类③产量分别为76092.6万吨、50474.8万吨、116235.3万吨、35346.4万吨、20750.2万吨和31325.1万吨。其中，前十位国家所占份额，小麦、稻谷、玉米、大豆、食用植物油和肉类分别达到70.3%、84.9%、79.3%、96.6%、74.9%和61.5%（见本章附表1）。

（二）重要农产品全球消费格局

随着人口增加和消费水平提高，全球主要农产品消费总量不断增长。

———————————————

① 资料来源：联合国粮食及农业组织（FAO）数据库。

② 食用植物油为2019年数据，包括椰子油、棉籽油、橄榄油、棕榈油、棕榈仁油、花生油、菜籽油、大豆油和葵花籽油。

③ 肉类包括猪肉、牛肉、羊肉和鸡肉。

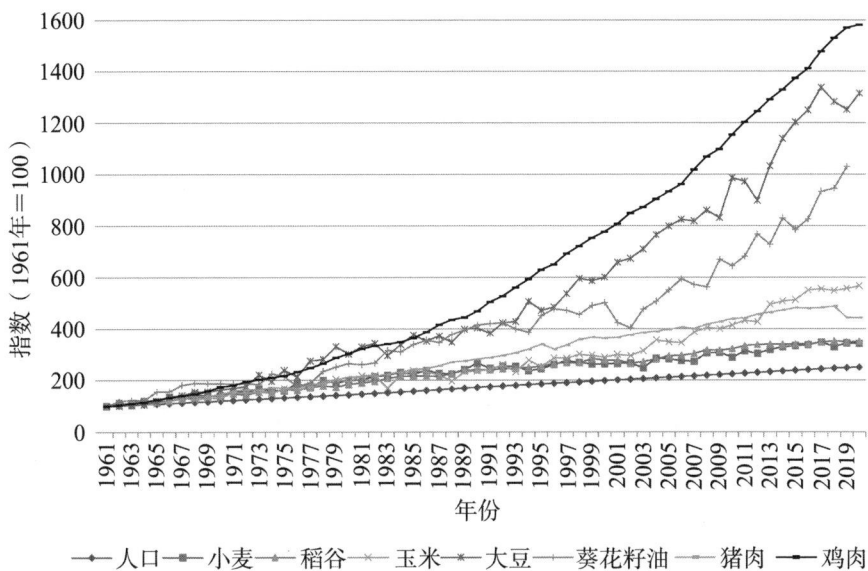

图3-3 全球人口和主要农产品生产指数变化趋势

全球小麦、大米和玉米的总消费量，2020—2021年度分别为78730万吨、50250万吨和114010万吨，21世纪以来分别增长34%、27%和97.2%。全球大豆、葵花籽油和棕榈油总消费量，2020—2021年度分别为36238万吨、6780万吨和7320万吨，较2008—2009年度分别增长62.9%、55.7%和73.7%。全球猪肉、鸡肉、牛肉和牛奶总消费量，2021年分别为10719.3万吨、9809.3万吨、5660.1万吨和19071.5万吨，除猪肉消费量因中国受非洲猪瘟影响较2008年下降3.5%外，其他三种产品的消费量较2018年分别增长8.7%、2.1%和4.1%。

（三）重要农产品全球贸易格局①

随着全球化深入发展，世界农产品贸易量快速增长。以1961年为100，2020年全球小麦、稻谷、玉米和大豆出口指数分别为502、726、

---

① 资料来源：美国农业部（USDA）数据库。受数据限制，不同品种的起始年份不同。

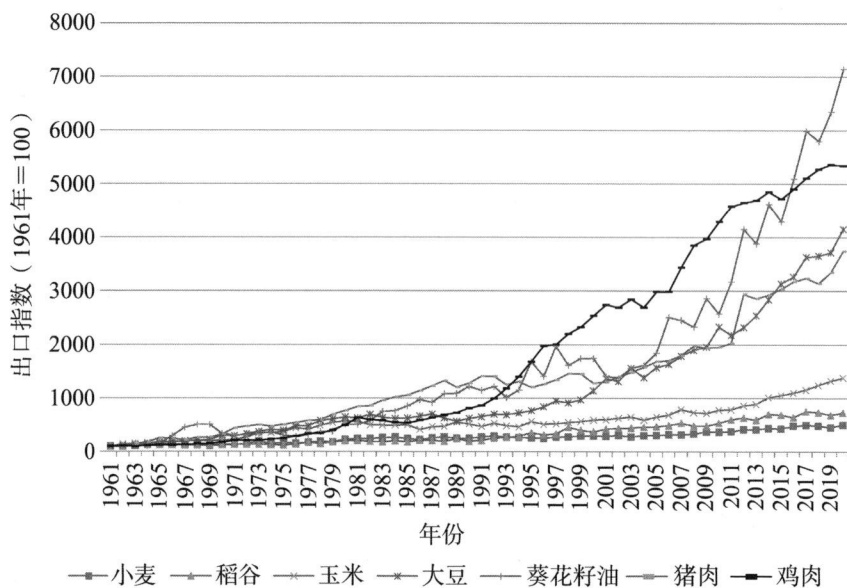

图3-4　全球主要农产品出口指数变化趋势

1378和4154，食用植物油中的葵花籽油出口指数为7150，肉类中的猪肉和鸡肉出口指数分别为3741和5343（见图3-4）。从这些农产品出口量的增长幅度看，同样是肉类、饲料粮、油脂油料增长相对较快，小麦、稻谷出口量增长较为平缓。同时，各类主要农产品出口量的增长幅度要远大于产量的增长幅度。

全球主要农产品出口集中度较高。2020年，全球小麦、大米、玉米、大豆、食用植物油和肉类出口量分别为19852.7万吨、4559.5万吨、19289.1万吨、17336.7万吨、10069万吨和3015.8万吨。其中，出口前十位国家所占份额，小麦、稻谷、玉米、大豆、食用植物油和肉类分别达到84.3%、87.4%、90.3%、98.9%、77.2%和71.5%（见本章附表2）。进口前十位国家所占份额，小麦、稻谷、玉米、大豆、食用植物油和肉类分别达到40.4%、33.5%、57%、82.6%、55.7%和57.9%（见本章附表3）。

二、基于潜在耕地资源的全球主要农产品增长潜力

全球主要农产品生产和出口增长潜力取决于各国单产的提高和面积

的扩大。各国单产水平差异较大，一些国家通过农业技术进步、基础设施建设和农业政策改进等途径可以进一步释放现有耕地资源的增产潜力。但对单产潜力，无论是估算还是真正释放出来，都有较大难度。这里侧重分析通过开发利用潜在耕地，全球重点区域主要农产品生产和出口增长潜力。

（一）全球潜在耕地资源分布

潜在耕地是指从气候、土壤、地形等自然生态维度看适合耕种但尚未耕种的土地[1]。根据联合国粮食及农业组织（FAO）和国际应用系统分析研究所（IIASA）合作开发的"全球农业生态区数据库"（GAEZ数据库）的分类，全球土地分为非常适合耕种、适合耕种、中等适合耕种、勉强适合耕种、不适合耕种和建筑用地六种类型，前四种中尚未耕种的土地即为潜在耕地。但受各国环境保护法案和国家治理能力制约，这些潜在耕地中相当部分并不能被开发利用。

从环境保护法案看，各国普遍对开发利用森林区、非森林保护区中的潜在耕地实行严格限制。相当部分潜在耕地分布在森林区，而世界各国对森林的保护力度越来越大，严格限制对森林的采伐和开垦。例如，巴西《森林法》禁止开发原始雨林，《外资企业限购土地令》限制外国人或外资企业在巴西购买土地；俄罗斯通过《俄罗斯联邦林业局森林可持续经营标准和指标条例》，规定占其全国森林面积21.7%的水源涵养林、防护林等林区禁止采伐，对其他林地限制采伐；乌克兰《森林法》规定森林采伐要保证增长量大于采伐量，意味着基本不允许森林变成耕地的情况发生；美国的保护制度则更加严格，不仅禁止开发所有的森林和荒地，还严格执行休耕制度。此外，澳大利亚、加拿大、巴拉圭、法国、南非、泰国和越南等国家也都有对森林禁止或者限制采伐的规定。在非森林区，一些国家也设置了各类保护区，限制土地耕种。因此，剔除分

---

[1] 周曙东、赵明正、陈康等：《世界主要粮食出口国的粮食生产潜力分析》，《农业经济问题》2015年第6期。

表3-8 2019年全球可开发利用潜在耕地分布情况

单位：万公顷

地区和国家	可开发耕地面积	地区和国家	可开发耕地面积
一、非洲	59389.4	四、亚洲	9651
刚果（金）	6068.8	土耳其	1165.2
苏丹	5860.2	泰国	794.9
安哥拉	5306.3	哈萨克斯坦	617.8
南非	935	缅甸	507.7
二、北美洲	16629.6	越南	238.9
加拿大	1411.7	五、欧洲	17564
墨西哥	1285.2	俄罗斯	7661.8
美国	732.7	乌克兰	1332
三、南美洲	35156.2	法国	1131
巴西	16965.8	六、大洋洲	7747.7
阿根廷	5379.8	澳大利亚	6960.3
玻利维亚	2559.2	新西兰	538
巴拉圭	1341.9	巴布亚新几内亚	251.6

注：美国可开发耕地面积为休耕面积。
资料来源：GAEZ数据库和美国农业部（USDA）。

布在森林区、非森林保护区的潜在耕地后，才是可开发利用的潜在耕地。根据GAEZ数据库，2019年全球可开发利用的潜在耕地面积为146137.9万公顷，为2019年全球实际耕种面积的105.6%，各大洲及主要国家可开发利用潜在耕地面积如表3-8所示。

从国家治理能力看，一些欠发达国家难以开发利用部分潜在耕地。非洲可开发利用的潜在耕地面积为数巨大，相当于北美洲、南美洲和大洋洲可开发利用耕地面积的总和。但非洲大部分国家基础设施条件不足，加之农业生产技术落后、农业政策激励效果差、国家政局动荡、自然灾害频发，现有耕地尚且利用效率低下，遑论开发利用潜在耕地。虽然非洲大部分国家迄今仍是世界上缺粮最严重的地区，近中期内大幅度扩大粮食等农产品生产、形成批量出口能力的可能性较低，但长远看部分国家有可能成为全球重要的农产品生产和出口国。例如，刚果（金）、苏丹、安哥拉和南非等潜在耕地面积较大、气候条件相对较好的国家，如果有足够的资金投入，未来有望成为全球粮食等农产品生产和出口新增长点。

（二）利用可开发潜在耕地生产主要农产品的潜力

测算可开发利用的潜在耕地投入农业生产后所能增加的主要农产品产量，需要考虑各国新增耕地与现有耕地的单产差异、比价关系变化导致的种植结构变化等。限于数据可获得性，这里按各国单产水平和种植结构推算可开发利用潜在耕地的增产潜力。由于肉类产量与耕地资源高度相关，这里按可开发利用潜在耕地投入农业生产后耕地总面积增长幅度，推算各国肉类潜在增长量。综合考虑农产品生产、出口格局和可开发利用潜在耕地面积情况，未来全球主要农产品生产和出口的增长点集中在黑海地区、南美洲、北美洲、东南亚、非洲和大洋洲（见表3-9）。

第三节　重要农产品供给保障面临的
主要挑战与风险点

基于前面预测分析可以判断，在口粮上中国供给安全能够绝对有保障，但未来动物食品和饲料粮的产需缺口会扩大、对外依存度将攀升，供应保障上面临较大压力和挑战。尤其是中国已进入新发展阶段，世界正处于大变局之中。国内外环境的深刻变化，将对稳定和提高国内农业综合生产能力带来新挑战，也会对适度利用全球农业资源和农产品市场带来新风险。

一、重要农产品供给保障目标

对重要农产品供给保障的目标要求，体现在自给率、储备规模和进

表3-9　全球重点区域主要农产品生产潜力

单位：万吨

地区和国家	小麦	大米	玉米	大豆	植物油	肉类
黑海地区						
俄罗斯	4689.2	69.2	899.5	274.6	426.1	654.1
乌克兰	1147.8	2.2	1451.6	149.6	256.5	97.6
土耳其	1130.7	59.5	357.1	8.9	114.1	198.8
哈萨克斯坦	237	11.6	18.5	5.8	9.7	20.1
南美洲						
巴西	1701	3154.7	30768.1	34781.3	3794.7	8512.3
阿根廷	3208.1	196.2	9374	9110.7	1597.0	994.1
巴拉圭	384.9	303.1	1580.8	2415.2	218.5	174.9
北美洲						
美国	112.9	18	742.9	207.6	31.2	96.9
加拿大	1193.3	—	489.6	224.5	169.6	179.5
墨西哥	214.9	16.2	1803.8	15.4	120.5	477.6
东南亚						
泰国	0.1	1353.3	214.5	1.2	180.5	131.5
缅甸	5.1	1213.5	91.7	6.6	20.9	144
越南	—	1531.7	166.6	2.7	15.1	165.4
非洲						
刚果（金）	—	8.9	154.5	—	337.7	175.9
苏丹	21.5	6.3	7.4	—	71.6	250.8
安哥拉	3.2	7.3	3052.4	40.4	104.8	347.2
南非	12	0.2	878.5	91.2	45.4	257.9
大洋洲						
澳大利亚	4006.3	15.2	74.5	3.4	101.1	1083.4

注：①美国的数据为其放弃休耕制度后增加的产量。

②哈萨克斯坦虽然地处中亚，但其和俄罗斯同属于欧亚经济联盟成员国，在粮食贸易方面和俄罗斯具有高度的一致性，因此将其归入黑海地区。

③农产品生产潜力是按2019年各国单产水平和种植结构测算，其中东南亚地区按一年两熟、其他地区按一年一熟计算。

资料来源：潜在耕地数据来自GAEZ数据库，耕地和产量数据来自FAO数据库，美国休耕面积来自美国农业部（USDA）网站。

表3-10　国家确定的部分农产品差异化自给率目标

产品	政策要求	政策出处
重要农产品	要以保障国家粮食安全为底线，坚持数量质量并重，实施分品种保障，增加供给总量，优化供给结构，拓展供给来源，提高供给质量，加强农产品储备和加工业发展调控，健全农业支持保护制度，努力构建科学合理、安全高效的重要农产品供给保障体系	《习近平主持召开中央全面深化改革委员会第十次会议强调：加强改革系统集成协同高效　推动各方面制度更加成熟更加定型》（《人民日报》2019年9月10日第1版）
谷物大豆油料	确保谷物基本自给、口粮绝对安全	2013年中央经济工作会议
	结合未来一段时间中国农产品供需形势和资源条件，对主要品种进行战略平衡，合理确定目标定位和主要农产品发展的优先序，确保水稻、小麦、玉米三大主粮自给率保持在95%以上，其中水稻、小麦两大口粮保持100%自给	《农业部长：确保水稻小麦两大口粮保持100%自给》（新华网2013年12月25日）
	2015年和2020年小麦稻谷自给率（国内生产能力满足需求的程度）100%，为约束性指标	《全国农业现代化规划（2016—2020年）》
	确保谷物基本自给、口粮绝对安全；全面实施国家粮食安全战略，依靠自己保口粮，集中国内资源保重点	《中国的粮食安全》白皮书（2019年10月）
	确保口粮绝对安全、谷物基本自给，提高油料、大豆产能和自给率	习近平《正确认识和把握我国发展重大理论和实践问题》（《求是》2022年第10期）
畜产品	猪肉自给率保持在95%左右，牛羊肉自给率保持在85%左右，奶源自给率保持在70%以上，禽肉和禽蛋实现基本自给	《国务院办公厅关于促进畜牧业高质量发展的意见》（国办发〔2020〕31号）

资料来源：作者根据公开文件整理。

口可靠性三个维度。

从自给率维度看，国家对不同农产品有不同的目标要求（见表3-10）。2019年9月召开的中央全面深化改革委员会第十次会议审议通过的

《关于实施重要农产品保障战略的指导意见》，对粮食和其他重要农产品如何拓展供给来源、增加供给总量、优化供给结构进行了总体设计。国家明确要求口粮绝对安全、谷物基本自给，但对"绝对安全"和"基本自给"并没有给出明确的数量标准。国家对自给率较高、未来面临下降压力的动物性食品提出了明确的自给率目标，即：猪肉自给率保持在95%左右、牛羊肉自给率保持在85%左右、奶源自给率保持在70%以上、禽肉和禽蛋实现基本自给。国家对对外依存度超过安全界限的大豆和食用植物油，提出了自给率逐步提高的目标。国家之所以对不同农产品有不同的自给率要求，与各该产品的消费不可替代性、国内资源禀赋有关。

从储备规模看，国家对不同农产品也有不同目标要求。在粮油储备方面，根据调节全国粮食供求总量、稳定粮食市场以及应对重大自然灾害或者其他突发事件等情况的需要，确定中央储备规模；按照"产区保持3个月销量、销区保持6个月销量、产销平衡区保持4个半月销量"的标准，建立地方储备。在肉类产品方面，根据应对重大自然灾害、公共卫生事件、动物疫情或者其他突发事件引发市场异常波动和市场调控需要，确定活畜（含活猪、活牛、活羊）和冻肉（含冻猪肉、冻牛肉、冻羊肉）储备规模。

从进口可靠性看，国家主要从推进进口多元化和提高关键物流节点掌控力的角度提出要求（见表3-11和表3-12）。2013年底召开的中央农村工作会议和2014年初发布的中央一号文件提出，要抓紧制定重要农产品国际贸易战略，加强进口农产品规划指导，优化进口来源地布局，建立稳定可靠的贸易关系，特别是要借鉴国际大粮商的做法，到全球各地粮仓去建仓储物流设施。面对世纪疫情造成的供应链受阻、全球粮价上涨，2020年底召开的中央农村工作会议进一步强调，实施农产品进口多元化战略，支持企业走出去，提高关键物流节点掌控能力，增强供应链韧性。

二、重要农产品国内生产发展面临的主要挑战

在农业生产已经站在较高起点的情况下，未来继续促进重要农产品

表3-11　对农产品进口来源多元化的部署

文件	要求
2014年中央一号文件	抓紧制定重要农产品国际贸易战略，加强进口农产品规划指导，优化进口来源地布局，建立稳定可靠的贸易关系
2016年中央一号文件	优化重要农产品进口的全球布局，推进进口来源多元化，加快形成互利共赢的稳定经贸关系
2019年中央一号文件	主动扩大国内紧缺农产品进口，拓展多元化进口渠道
2021年中央一号文件	优化农产品贸易布局，实施农产品进口多元化战略
2023年中央一号文件	发挥农产品国际贸易作用，深入实施农产品进口多元化战略
《中华人民共和国国民经济和社会发展第十三个五年规划纲要》	优化进口来源地布局，在确保供给安全条件下，扩大优势农产品出口，适度增加国内紧缺农产品进口
《中华人民共和国国民经济和社会发展第十四个五年规划和2035年远景目标纲要》	积极开展重要农产品国际合作，健全农产品进口管理机制，推动进口来源多元化
《"十四五"推进农业农村现代化规划》	实施农产品进口多元化战略，健全农产品进口管理机制，稳定大豆、食糖、棉花、天然橡胶、油料油脂、肉类、乳制品等农产品国际供应链

资料来源：作者整理。

表3-12　对提高农产品海外供应链掌控力的部署

文件	要求
2016年中央一号文件	支持我国企业开展多种形式的跨国经营，加强农产品加工、储运、贸易等环节合作，培育具有国际竞争力的粮商和农业企业集团
2017年中央一号文件	以"一带一路"沿线及周边国家和地区为重点，支持农业企业开展跨国经营，建立境外生产基地和加工、仓储物流设施，培育具有国际竞争力的大企业大集团
2018年中央一号文件	积极支持农业走出去，培育具有国际竞争力的大粮商和农业企业集团
2019年中央一号文件	加快推进并支持农业走出去，培育一批跨国农业企业集团
2021年中央一号文件	支持企业融入全球农产品供应链
《中华人民共和国国民经济和社会发展第十四个五年规划和2035年远景目标纲要》	培育国际大粮商和农业企业集团

资料来源：作者整理。

国内生产发展，既需要克服传统增长动能衰退带来的压力，又需要应对结构性趋势性变化带来的挑战。

（一）农业副业化、农户兼业化和农民老龄化对农业供给弹性的抑制作用将越来越明显

家庭联产承包责任制之所以极大地促进了农业生产发展，既在于劳动者与生产资料实现了直接结合、农户劳动与收入直接挂钩，也取决于当时农户就业和收入主要靠农业，对国家提高农产品收购价格能够有效作出扩大生产的反应。工业化城镇化的快速发展，使农户家庭劳动力资源和农民劳动时间越来越多地配置到非农产业，使家庭经营收入特别是家庭农业经营收入所占比重越来越低。全国农村居民人均可支配收入中，家庭经营净收入所占比重从1985年的74.4%下降到2021年的34.7%；同期，家庭经营第一产业净收入所占比重从66.4%下降到22.7%，家庭经营种植业净收入所占比重从48.2%下降到17.0%[①]。农户就业和收入来源非农化程度逐步提高，加之刚性支出占家庭全部支出的比重逐步降低，会抑制农户从农业经营中获得收入的边际努力，从而抑制其农业供给弹性。留守农业的农民平均年龄越来越高，退出城市就业市场的高龄农民工返乡务农，一方面会降低土地流转率、使小规模农业稳固化，另一方面也会导致农业休闲化、非生计化。与作为从业者主要收入来源和一种职业的农业相比，作为补充收入来源和打发时间的一种生活方式的农业，其从业者接受新技术、增加生产投入、提高产出效率的内在动力明显要低。

---

① 1985年数据分别为农民人均纯收入中的家庭经营纯收入、家庭经营第一产业纯收入、家庭经营农业（种植业）纯收入，参见《中国统计年鉴（1999）》。2021年数据分别为农村居民人均可支配收入中的经营净收入、第一产业经营净收入、农业（种植业）经营净收入，来自魏后凯、黄秉信主编：《中国农村经济形势分析与预测（2021~2022）》，社会科学文献出版社2022年版。

（二）资源环境因素对农业发展的约束作用将越来越明显

长期以来，为满足经济社会发展对农产品不断增长的需求，中国农业以增产为导向，高强度利用农业资源，甚至不惜透支资源和环境。未来中国农业发展将面临存量资源环境修复任务艰巨和增量资源环境开发利用空间狭小的双重挑战。在水资源方面，地下水超采区大多是中国重要粮食产区，推进超采治理势必要影响到这些地区的粮食产量；推进黄河流域生态保护和高质量发展，要求既要稳定粮食播种面积，又要推进农业深度节水控水；受到2030年全国用水总量控制在7000亿立方米以内的水资源开发利用控制红线的制约，农业用水总量不可能再增加，这给扩大耕地灌溉面积带来"天花板"式约束。在耕地资源方面，现有耕地质量不高，在19.18亿亩耕地中旱地高达9.65亿亩，位于年降水量400毫米以下地区的耕地达3.03亿亩，还有0.63亿亩耕地坡度在25度以上、难以长期稳定利用[①]；守住现有耕地面积压力较大，从2009年底到2019年底的10年间全国耕地面积减少1.13亿亩[②]，今后无论是管控非农建设用地、遏制耕地"非农化"，还是引导农业结构调整、治理耕地"非粮化"，都将面临严重的利益冲突；开发利用宜农荒地，不仅投入大，而且受水资源缺乏的制约。在环境问题方面，治理重金属污染耕地不仅成本高昂，而且对种植结构的安排与农产品供给保障的优先序存在错位，需要优先保障的口粮乃至谷物的生产能力会受到一定影响；在推进化肥和农药减量的同时做到不影响单位面积产能，需要改进施肥施药技术和方式；提高畜禽粪污、农膜、秸秆资源化利用率需要增加相关设施设备投资和运行费用，这将抬升农业生产成本。

---

①②《第三次全国国土调查主要数据公报》，《人民日报》2021年8月27日，第17版。

（三）比较优势下降对农业发展的牵制作用将越来越明显

未来中国农业发展特别是土地密集型农产品生产的发展，既要继续承受国内非农产业发展带来的资源争夺压力，又要继续承受国外农产品进口带来的市场竞争压力。从国内资源争夺看，农业相对于非农产业的比较效益较低，工业化城镇化深入发展将继续挤占优质耕地和优质农业劳动力资源。从国内外农产品市场竞争看，中国人多地少的农业资源禀赋决定了工业化城镇化发展到一定阶段后会出现农产品生产成本倒挂，即国内农产品生产成本会超过国外水平；当生产成本倒挂幅度超过运费、关税、人民币升值等进口贸易成本后，就会出现农产品价格倒挂，即进口农产品价格低于国内农产品价格。中国已先后迎来这两个倒挂的拐点，农产品进口压力不断加大。未来随着工业化城镇化程度的提高，中国农业的比较优势还将继续下降，这两个倒挂的幅度也将随之继续扩大。为对冲农业承受的国内资源争夺压力和低价农产品进口压力，从2004年前后开始，中国即已实行系统的农业补贴政策，包括种粮农民直接补贴、良种补贴、农机具购置补贴、农资综合补贴、农业保险保费补贴等财政支付型补贴，以及最低收购价、临时收储等市场支持型补贴。这些补贴发挥了重要作用，但其弊端也逐步显现。从2014年前后开始，先后引入目标价格补贴、生产者补贴、耕地地力补贴、轮作休耕补贴等新型补贴政策工具。但2019年世界贸易组织争端案专家组先后就我国粮食补贴和农产品关税配额管理办法所作的裁决结果警示我们，中国农业部分补贴政策面临较大的合规性压力[1]。这意味着通过加大农业补贴力度以稳定和促进缺乏比较优势农产品生产的空间明显收窄。

---

[1] 王学君、晋乐、朱晶：《中美农业国内支持争端：争议点分析及对今后的启示》，《农业经济问题》2020年第5期；朱晶、张瑞华、谢超平：《全球农业贸易治理与中国粮食安全》，《农业经济问题》2022年第11期。

（四）气候变化将加大农业发展面临的不确定性

中国北方地区正在经历以暖湿化为主要特征的气候变化。在西北地区，气温呈快速升高趋势，1961—2018年，年平均气温增温速率为0.30℃/10年，而全球年平均气温增温速率为0.12℃/10年，全国年平均气温增温速率为0.23℃/10年；降水量总体呈增加趋势，新疆年降水量增加速率为9.6毫米/10年，青海、甘肃中西部年降水量增加速率为5.4毫米/10年[1]。在东北地区，无霜期延长，初霜冻出现日期呈逐年推迟趋势，1971—2008年，初霜日延后4—5天，无霜期增加14—21天；作物生长季积温增加，玉米可种植界限向北移动158.3—285.8公里，可种植面积增加5805万亩[2]。这种变化趋势在拓展农业生产地理边界的同时，也会带来极端天气事件多发、农业旱涝灾害频次与强度增大、农作物病虫害加重等新问题，会相应放大农业生产的波动性。

三、重要农产品进口稳定性安全性面临的主要风险

在通常情况下，农产品贸易既有利于进口国消费者也有利于出口国生产者，由市场起决定性作用，农产品进口国面临的风险主要是出口国因灾大幅度减产导致出口量减少、因疫情和交通事故等导致出口国内陆和港口等节点物流暂时性中断、贸易渠道高度集中导致产品定价权丧失等[3]。但在特定情形下，农产品贸易会受非经济因素支配，农产品进口国面临的风险包括全球大范围出口限制、低收入进口国对他国进口增长推

---

[1] 刘强：《科学应对西北地区暖湿化问题——访全国政协委员、中国气象局副局长宇如聪》，《农民日报》2020年5月27日，第6版。

[2] 刘强：《北移的种植带——气候变化导致我国种植带北移现象透视》，《农民日报》2022年1月5日，第8版。

[3] 孙红霞、赵予新：《基于危机应对的我国跨国粮食供应链优化研究》，《经济学家》2020年第12期；张喜才：《农产品供应链安全风险及应对机制研究》，《农业经济问题》2022年第2期；叶兴庆、程郁、张翙：《我国粮食海外供应链的短板弱项及对策建议》，《国务院发展研究中心调查研究报告》2022年第300号。

表3-13 中国农产品进口面临的风险类型比较

风险类型	影响机理	发生概率	冲击力度	应对难度
价格传导	因自然灾害、投机炒作等全球农产品价格上涨，导致中国进口农产品价格上涨，进而推动国内农产品价格上涨	●●●●●	●●●	●●
负面舆论	美西方通过"囤粮""毁林"等叙事战损害我国国际形象、挑拨我国与发展中国家关系	●●●●	●	●
粮源失控	部分进口需要通过新的贸易商进行或组织新的粮源，增加了进口的不确定性	●●●	●●●	●●●
航路卡点	部分进口需要绕行其他航路，时间延长，成本增加	●●●	●●●	●●●
出口限制	一方面导致全球价格上涨，另一方面导致我国部分进口来源中断，需要以更高价格扩大自其他未采取出口限制措施的国家进口	●●	●●●●	●●●●
地缘冲突	贸易禁运、海上封锁等极限制裁导致我国部分或全部进口来源中断，国内市场出现硬缺口	●	●●●●●	●●●●●

注："●"号越多表示概率、力度或难度越大，以5个为上限。

资料来源：作者整理。

高全球粮价的抱怨、环保组织对进口增长导致出口国毁林和温室气体排放增加的指责、地缘政治冲突导致的贸易制裁等[1]。从中国情况看，这些风险都有可能发生，但发生的概率、带来的冲击、应对的难度存在较大差异（见表3-13）。

按发生概率从大到小排序，中国农产品进口需要重点关注以下风险点：

---

① 张露、罗必良：《贸易风险、农产品竞争与国家农业安全观重构》，《改革》2020年第5期；朱晶、臧星月、李天祥：《新发展格局下中国粮食安全风险及其防范》，《中国农村经济》2021年第9期；冯鹤、陈秋分：《中国主要农产品进口风险演变特征与应对策略》，《世界农业》2023年第8期。

（一）进口量全球占比高所蕴含的价格传导风险

中国市场体量大，在全球农产品贸易市场上具有典型的大国效应，短期内扩大进口会导致全球价格上涨，全球价格上涨也会快速传导到国内市场。2020年，中国大豆进口总量占全球进口总量的61.6%，油菜籽进口总量占全球进口总量的18.8%，食用植物油进口总量占全球进口总量的13.1%，棉花进口总量占全球进口总量的20.9%，食糖进口总量占全球进口总量的9.6%，玉米进口总量占全球进口总量的8.5%，猪肉进口量占全球贸易量的56.7%，牛肉进口量占全球贸易量的27.8%。全球天然橡胶主要产自天然橡胶生产国协会（以下简称ANRPC）成员国[①]，中国于2007年加入该协会，2019年中国天然橡胶进口总量占ANRPC其他成员国年总产量的22.1%。中国农产品进口不仅在国内表观消费量中占比高，而且在全球贸易量中占比高，这意味着当全球任何一个主产区出现干旱、虫灾、疫情等灾害，国际市场农产品出现供给短缺、价格上涨时，中国为保刚性需求调整进口来源极有可能导致国际市场价格进一步上涨，国内相关产业势必要承受国际市场大幅波动带来的冲击。

（二）进口增速快、增量大所蕴含的舆论和道义风险

中国人口基数巨大、食物消费结构正处于快速转型过程中，农产品进口增速快、增量大，部分农产品年度进口增量达到百万吨、千万吨级。这一方面会挤占全球存量市场份额，从而招致其他进口国特别是低收入进口国的担忧甚至抱怨，另一方面也会促进出口国通过开发边际土地扩大出口，从而招致环保组织的抗议。尤其需要警惕的是，国外部分媒体出于政治原因，频繁制造全球粮食安全"中国威胁论"、全球粮价暴涨

[①] 成员国包括中国、印度、印度尼西亚、马来西亚、巴布亚新几内亚、新加坡、斯里兰卡、泰国、越南、柬埔寨、菲律宾等。

"中国责任论"[①]。例如，2022年4月9日英国《经济学人》杂志发表《巨大胃口：当中国担心粮食问题时，世界将为此付出代价》文章诬称，中国出于对西方国家的担忧而大规模"囤积"粮食，过去五年来从大豆到猪肉的所有农产品进口数量飙升。又如，2022年4月15日，美国《农场圆桌会议报告》发表《中国已开启"囤积"模式，将粮食价格推向历史新高》一文称，尽管全球粮价暴涨、供给紧缺，中国依然加大"囤积"力度。还需要警惕的是，中国大量进口环境敏感农产品已引起部分非政府环保组织密切关注。国际数据平台Trace的一份报告指出，2017年中国进口大豆在亚马孙和塞拉多地区导致的毁林产生了约650万吨二氧化碳排放，相当于这些区域内毁林种大豆产生的二氧化碳排放的43%；同年，中国从巴西进口的牛肉，通过牛群和毁林造成1310万吨二氧化碳排放，其中来自亚马孙地区的占61%。美国保尔森基金会在其官网指出，"中国作为全球最大的大豆消费国和进口国，在推动生产国（尤其是南美洲的国家）大豆贸易收入增长的同时，也给其生态环境带来了巨大的压力"。世界经济论坛资助的一项研究认为，"要想遏制巴西热带雨林地区的毁林，除了要求巴西政府加强监管外，同样需要巴西最大的农产品进口国中国的支持和帮助"。

（三）海外供应链自主可控程度低所蕴含的断链风险

随着中国农产品进口量越来越大，对海外供应链的战略布局的重视程度也越来越高，部分企业在布局供应链方面迈出了一点步伐（见表3-14）。但总体而言，中国企业对相关物流体系的掌控力仍然较低[②]。以巴西、阿根廷为例，一方面，其内陆和港口物流基础设施薄弱，受极端天气、重大疫情、工人罢工等影响，物流中断的概率较高；另一方面，其

---

① 叶兴庆、程郁、张诩：《应正确看待中国农产品进口的增长》，《经济纵横》2022年第9期。

② 程郁、叶兴庆：《高水平开放背景下继续深化中国与南美国家农业合作——基于巴西和阿根廷的调研》，《世界农业》2019年第12期。

表3-14　部分中资企业在全球主要粮食产区产业链布局措施

企业	时间	产业链布局
中粮国际	2014年2月	收购荷兰尼德拉农业51%股份
	2014年4月	收购来宝集团持有的来宝农业51%股份
	2016年3月	收购来宝集团持有的来宝农业49%的剩余股份，来宝农业成为中粮国际全资子公司，并更名为中粮农业
	2017年2月	收购荷兰尼德拉农业49%的剩余股份
	2017年8月	在美国伊利诺伊州布卢明顿市，与美国第二大农业合作社Growmark，就Cahokia港口合作项目签署合作协议
	2021年1月	在罗马尼亚卡拉法特（Calafat）建成一座容量为25000吨的新筒仓，为其第4座
	2021年4月	在阿根廷萨尔塔省建设了一条铁路专用线，可将收储的粮食直接运输至巴拉那河流域上河区公司自有码头
	2021年7月	在巴西马托格罗索州启动建设当地自有工厂向外运输生物柴油的燃料管道，长约3公里，管道运输效率是卡车运输的60倍，每年可因此减少1200趟卡车运输
	2021年12月	在阿根廷圣菲省建设的一条铁路专用线投入运营，该铁路将提布斯港口与外部铁路线相连，可将粮食直接运输至公司自有码头
	2021年12月	实现对巴西大豆重要产区马托皮巴所有直接采购大豆100%可追溯
	2022年3月	通过巴西当地政府招投标，获得STS11码头使用权，升级扩建后预计将于2026年全面投入运营，届时在巴西自有码头的年中转能力将达到1400万吨
西安爱菊粮油工业集团	2016年	在哈萨克斯坦推广"订单农业"种植模式，实现种植小麦、油料作物150万亩；投资3.5亿元建立一个日处理1000吨小麦加工厂、一个日处理1000吨油脂加工厂；哈萨克斯坦园区的粮油仓储能力达30万吨
湖南大康国际农业食品股份有限公司	2016年	上海鹏欣集团旗下的大康农业以2亿美元收购巴西Fiagril Ltda公司57.57%的股权，该公司为巴西主要的大豆、玉米贸易平台和农业生产资料经销商平台之一
	2022年	公司收购大豆和玉米合计约130万吨，主要专注于马州易货业务
哈尔滨东金集团	2017年	以100万亩承租量（期限49年），成为俄罗斯最大境外"农场主"

续表

企业	时间	产业链布局
哈尔滨东金集团	2018年	与俄罗斯远东投资和贸易发展局、俄罗斯地方农业基金签订合资合作协议，在哈巴罗夫斯克建设粮食专业港口、开发10万公顷土地用于农业种植，开发农业综合体设施仓储量为10万吨，项目投资总额约为1.2亿美元
隆平农业发展股份有限公司	2019年	筹建中国-巴西农业科技产业园，园区总部位于巴西圣保罗州，建成2个种子加工厂、10个研发站点
	2021年	新建2个种子加工厂、3个种子储藏冷库
	2022年	占巴西玉米种子市场份额达27%，并开始探索玉米易货业务

资料来源：据网络资料整理，截至2022年9月。

表3-15 2021年主要粮商在巴西、阿根廷产业链布局比较

		自有码头（个）	内陆物流	实体仓容（万吨）	压榨能力（吨/日）	化肥（万吨）	大豆出口量（万吨）	玉米出口量（万吨）
巴西	艾地盟	4	140辆货车	152	16000	60	894	374
	邦吉	6	160辆货车；140艘驳船和5艘推船（Amaggi共用）	未知	27400	100	1054	367
	嘉吉	3	货车：北部80辆；南部24辆；160辆租赁货车；Miritituba的60艘驳船	250	15900	65	1336	608
	路易达孚	3	2辆机车，60辆货车，40艘驳船	98	8000	80	771	350
	中粮国际	1	没有	117	4000	35	557	336
阿根廷	艾地盟	3	有铁路连接	50	—	—	64	245
	邦吉	4	有铁路连接	270	23200	85	21	468
	嘉吉	4	VGG工厂	340	14000	15	67	645
	路易达孚	3	Lagos工厂/TBD	160	20000	16	43	364
	中粮国际	2	有铁路连接	130	20500	41	50	604

注："未知"为未获得相关信息。

资料来源：根据相关企业提供的信息整理。

农产品收购、仓储、运输等物流环节被"四大粮商"掌控①。"四大粮商"在南美地区布局多年，已建立起包括种子等农资供应、仓储、内陆运输、港口码头、金融服务等在内的完整产业链。中资企业进入难度极大，无论是自有码头数量还是仓储能力都远不及"四大粮商"（见表3-15）。"四大粮商"有三家来自美国、一家来自法国，虽然他们在中国有巨大的商业利益，但一旦在极端情形下美国通过国内法实行"长臂管辖"、禁止其与中国贸易，中国农产品进口将面临部分中断的风险。

（四）运输通道集中所蕴含的供应中断风险

中国大豆等农产品进口主要依靠海洋运输，其中经过的海峡、运河等咽喉要道易形成卡点。从地域上分类，中国主要进口来源国分布在南美、北美、欧洲、黑海地区、澳大利亚和东南亚。南北美洲往中国的海洋航线主要有四条线路：其一，美国西海岸和加拿大—太平洋—中国；其二，美国东海岸—墨西哥湾—巴拿马运河—太平洋—中国；其三，美国东海岸和巴西、阿根廷—大西洋—好望角—马六甲海峡—中国；其四，美国东海岸—大西洋—直布罗陀海峡—地中海—苏伊士运河—红海—马六甲海峡—中国。欧洲往中国的海洋航线主要有两条路线：其一，经过直布罗陀海峡—地中海—苏伊士运河—红海—马六甲海峡—中国；其二，绕行好望角—马六甲海峡—中国。黑海地区往中国的海洋航线要先经黑海和土耳其海峡进入地中海，之后经苏伊士运河和马六甲海峡到达中国。在正常时期有多条线路可选择的情况下，粮食贸易商主要根据时效要求和综合成本来选择线路。通常绕行好望角的运费略便宜，但时间会比走巴拿马运河多10天，在时效要求不高的情况下会选择绕行。

从以上线路可以看出，能对中国粮食进口形成阻塞点的位置主要有巴拿马运河、苏伊士运河、马六甲海峡、土耳其海峡和直布罗陀海峡等；

---

① "四大粮商"指美国艾地盟（Archer Daniels Midland Co.）、美国邦吉（Bunge Ltd.）、美国嘉吉（Cargill Inc.）和法国路易达孚（Louis Dreyfus Co.）。

表3-16　2021年美洲分港口大豆出口至中国情况

单位：万吨

国家	港口	货量	国家	港口	货量
巴西	桑托斯	1667.72	美国	南路易斯安那港	1547.00
	里奥格兰德	1059.52		卡拉马*	998.30
	巴拉那瓜	775.45		新奥尔良	370.45
	伊塔基	502.34		西雅图*	346.93
	南圣弗朗西斯科	356.13		塔科马*	329.40
	图巴朗	287.20		科珀斯克里斯蒂	327.54
	阿拉图	218.68		温哥华*	242.22
	维拉多康德	86.13		大巴吞鲁日	176.22
	圣安那	11.43		休斯敦	127.50
	塞佩提巴	8.18		莫比尔	33.53
	伊塔科蒂亚拉	6.35	阿根廷	布兰卡港	224.03
加拿大	温哥华*	413.37		克肯港	217.42
乌拉圭	蒙得维的亚	52.30		圣洛伦索	8.19
				阿图查	8.16

注："*"表示西海岸港口。

资料来源：亿海蓝船讯网的商品航运大数据。

其中，巴拿马运河、苏伊士运河和马六甲海峡是主要卡点。南北美洲是中国最主要粮食进口来源地，2020年中国约有四成的谷物进口和几乎全部的大豆进口来自南北美洲。由于美国所有的出口货物中只有约1/5会从美国西海岸运出，因此绝大多数美洲至中国航线需要经过巴拿马运河、苏伊士运河和马六甲海峡。以2021年中国从美洲进口大豆为例（见表3-16），其中22.4%从北美西海岸港口出发直接穿越太平洋抵达中国；24.8%从北美东海岸出发，部分可以选择从巴拿马运河进入太平洋，也可以选择苏伊士运河；其余52.8%的南美大豆几乎都需要从好望角经马六甲海峡抵达中国。从选择性的角度看，巴拿马运河和苏伊士运河都可以通过绕行好望角代替，优点是价格低，缺点是运输周期长。欧洲至中国的海洋航线替代选择较少。土耳其海峡、苏伊士运河和马六甲海峡的线路几乎是黑海地区往中国的唯一选择。因此，马六甲海峡成为中国粮食进口的关键卡点。结合2020年中国主要进口粮食品类数量来看，超过95%的高粱和大豆、约四成的玉米进口来自南北美洲，主要卡点是巴拿马运河和马六甲海峡。超五成的玉米进口来自乌克兰，主要卡点是土耳其海峡、苏伊士运河和马六甲海峡，且这几乎是必经之路。小麦和大麦的进口来源和比例比较类似，主要来自欧洲和北美洲，巴拿马运河和马六甲海峡是主要卡点。

另外，相较于庞大的进口需求，中国的远洋运输能力明显不足。以大豆进口为例，2021年中国共计到港970条船舶，共1557条航次。其中，船东为中国的船舶共计145条，占比为14.95%；这部分船舶承载总货量为1524.1万吨，占比为15%。2022年全球前十的国际海运公司中，中国大陆地区仅中国远洋海运集团上榜。截至2022年5月末，中国远洋海运集团经营船队综合运力达到11346万载重吨/1408艘、干散货船队运力达到4445万载重吨/437艘，均居世界第一，但距离实现"国粮国运"还有较大差距。

（五）进口可替代性低所蕴含的全球大范围出口限制风险

21世纪以来，全球粮食价格经历过2007—2008年、2010—2011年和2020—2022年三次大幅度上涨，每次上涨过程中都发生过大范围出口限制（见表3-17）。在这三次全球大范围粮食出口限制中，较为频繁地实施出口限制的国家集中在黑海地区、南亚和东南亚、南美地区，以俄罗斯、乌克兰、越南、阿根廷等为主要代表。出口限制工具主要有出口禁令、出口配额、出口税、出口许可证等，每个国家对粮食出口限制措施的选择倾向不尽相同，但大多数国家倾向于采取出口禁令和出口配额等对贸易扭曲程度最高的政策工具，以求最快、最严地应对突发情况。出口限制从宣布到实际执行的间隔时间短，大多数都是当天宣布即刻执行，进口国往往难以预防。出口限制往往具有示范效应，一旦一个国家采取出

表3-17　21世纪以来三次大范围粮食出口限制中的国家清单

2007—2008年	2010—2011年	2020—2022年
俄罗斯、乌克兰、哈萨克斯坦、印度、越南、缅甸、巴基斯坦、埃及、阿根廷		
白俄罗斯、吉尔吉斯斯坦、印度尼西亚、泰国、孟加拉国、马来西亚、斯里兰卡、约旦、伊朗、叙利亚、尼泊尔、中国、几内亚、赞比亚、肯尼亚、马达加斯加、坦桑尼亚、尼日尔、巴西、埃塞俄比亚、厄瓜多尔、玻利维亚	摩尔多瓦、孟加拉国、马其顿	白俄罗斯、摩尔多瓦、马其顿、吉尔吉斯斯坦、印度尼西亚、泰国、柬埔寨、菲律宾、黎巴嫩、叙利亚、阿尔及利亚、亚美尼亚、苏丹、南非、土耳其、罗马尼亚、保加利亚、匈牙利、塞尔维亚

资料来源：根据OECD数据库、新闻资料整理。

口限制，就会有多个国家跟进采取相应措施。全球粮食出口限制的品种涉及小麦、大米、玉米、大麦、荞麦、油料和食用植物油等，这些产品中不少是中国进口量较大、具有硬缺口的品种[1]，一旦被限制出口，中国短期内很难从其他国家组织到足够的替代来源。

（六）进口来源地集中度高所蕴含的地缘政治风险

全球农业资源分布极不均衡，能够大批量出口农产品的国家高度集中，这导致中国农产品进口来源地高度集中。2021年，中国大豆、油菜籽、花生、食用植物油、天然橡胶、棉花、食糖、玉米及其主要替代品进口来源地高度集中在南美、北美、大洋洲和东南亚地区部分国家。前三位进口来源地占中国进口总量的比重，最高的达99.9%，最低的也占57.1%；第一位进口来源国占中国进口总量的比重，最高的达92.1%，最低的也占28.1%（见表3-18）。这种贸易格局主要由市场决定，于己而言存在进口依存度风险，于彼而言也存在出口依存度风险。但潜在风险是

---

[1] 叶兴庆、张诩、程郁：《三次全球大范围粮食出口限制的比较与启示》，《国务院发展研究中心调查研究报告》2022年第136号。

表3-18　2021年中国部分农产品进口来源地集中度

产品	前三位进口来源地占中国进口比重	前三位集中度
小麦	澳大利亚（28.1%）、美国（28.1%）、加拿大（26.1%）	82.3%
玉米	美国（69.9%）、乌克兰（29.0%）、保加利亚（0.5%）	99.4%
大麦	法国（29.2%）、加拿大（28.5%）、乌克兰（25.8%）	83.5%
高粱	美国（69.5%）、阿根廷（19.4%）、澳大利亚（11.0%）	99.9%
大豆	巴西（60.2%）、美国（33.5%）、阿根廷（3.9%）	97.6%
油菜籽	加拿大（92.1%）、俄罗斯（3.9%）、澳大利亚（3.5%）	99.5%
花生	苏丹（40.6%）、塞内加尔（32.6%）、美国（19.1%）	92.3%
食用植物油	印度尼西亚（41.5%）、马来西亚（14.7%）、乌克兰（8.7%）	64.9%
天然橡胶	泰国（45.2%）、越南（26.1%）、马来西亚（13.2%）	84.5%
棉花	美国（36.1%）、巴西（29.0%）、印度（20.1%）	85.2%
食糖	巴西（82.7%）、阿联酋（4.1%）、古巴（3.7%）	90.5%
猪肉	西班牙（30.7%）、巴西（15.3%）、美国（11.1%）	57.1%
牛肉	巴西（36.8%）、阿根廷（19.9%）、乌拉圭（15.2%）	71.9%
乳品	新西兰（38.8%）、德国（12.9%）、美国（8.9%）	60.6%

资料来源：根据《中国农产品贸易发展报告2022》、中国肉类协会、中国奶业协会相关数据整理。

否会变为现实风险，取决于不同情景下双方损益的比较。在斗而未破的情景下，如果中国对其进口依存度低于其对中国出口依存度、限制自其进口对中国造成的损失小于其承受的损失，中国就有可能将限制自其进口作为斗争工具。在战争等极限情景下，如果中国对其进口依存度高于其对中国出口依存度、贸易禁运对中国造成的经济社会冲击大于其承受的经济利益损失，对方就有可能将贸易禁运作为对中国极限打压的选项。中国农产品进口集中度高的国家中，大部分为与中国存在战略利益冲突的美西方国家。一旦在极限情景下，这些国家单独或联手对中国实行农产品贸易禁运，中国重要农产品海外供应链将受到严重冲击。

第四节　重要农产品供给保障的新机制

在新发展阶段提高重要农产品供给保障能力，必须深入贯彻新发展理念，遵从构建新发展格局、实现高质量发展的要求，坚持实施"以我为主、立足国内、确保产能、适度进口、科技支撑"的国家粮食安全战略保障口粮绝对安全、谷物基本自给，坚持大食物观、大资源观、大农业观和深化农业供给侧结构性改革保障肉蛋奶、菜果鱼等各类食物有效供给，坚持统筹利用国内外两个市场两种资源和实施进口多元化战略保障人民群众对优质进口农产品的需求。

一、从供需两侧入手提高国内供给保障能力

中国粮食等农产品供求紧平衡的格局将长期存在，面对国际复杂形势，更加需要立足国内确保重要农产品特别是粮食的供给安全。面对未来需求持续增加、供求紧平衡将越来越紧的压力，必须从供给侧增产与需求侧减量同时入手降低对外依存度、提高国内供给保障能力。

（一）大力提高农业综合生产能力

落实最严格的耕地保护制度，完善耕地质量动态监测与评价，建立与耕地质量相挂钩的激励约束机制，确保耕地占补平衡"占优补优"，强化流转经营主体对耕地质量的保护责任，因地制宜推进保护性耕作行动，加强对耕地地力提升的奖补支持。统筹推进高标准农田建设，加强多部门相关项目和资金的整合聚力投入，联合推进土地集中连片综合整治、土壤改良、农田水利设施、机耕道及田间道路以及农田生态环境治理等综合配套建设和现代化改造。科学挖掘耕地资源潜力，采取工程措施、选育耐逆品种和配套开发适宜机械和栽培技术，适度有序开发符合条件的盐碱地等边际土地。以新型举国体制构建全产业链种业创新体系，加

强对玉米、大豆、肉牛、奶牛等未来缺口较大产品的高产优质品种选育，完善生物育种产业化的配套制度。建立健全跨区域、跨部门的农业科技协同创新机制，扩大在不同区域的适应性试验和配套栽培、机械技术开发，重构农业技术推广体系，推广良种良法、农机农艺相结合的综合集成技术。推进农田水利设施的修复和升级改造，加强农业农村、水利、气象灾害监测预警体系建设，强化农业减灾救灾技术和物资储备，增强农业气候韧性。

（二）切实调动农业生产者积极性

推进农业经营体制创新，强化社会化服务支撑，促进农业节本增效，支持建立统一管理、分包协作的新型统分结合经营体系，引导发展种养结合、加工链延伸、多功能拓展的产业融合项目，优化保底订单、收益分成、二次奖励、入股分红等利益联结机制，促进产业增值、农民增收。综合精准使用农业补贴，完善粮食作物完全成本保险制度，增加农机购置、社会化服务采购以及农资等补贴，加大对轮作、保护性耕作、种养循环、生物肥料与农药等"绿箱"补贴力度，提高农业生产者的综合补贴收益。加大对农业主产区的支持力度，促进产销对接，对重要农产品给予仓储运费补贴支持，并探索通过农业碳汇交易增加农业主产区收益。

（三）推进节粮减损、倡导节约消费

大力推进豆粕减量和饲料原料的多元化，应根据可利用饲料资源情况，动态优化完善豆粕减量饲料配方。鉴于低蛋白饲料可明显降低动物粪便氮排放，应采取绿色补贴方式加快推广低蛋白日粮技术。根据农业农村部食物与营养发展研究所的食物损耗调查，粮食、肉类和水产品全产业链的损耗率分别为7.9%、6.6%和8.1%，各自减损潜力分别为40%—60%、15%—20%和25%—30%。应加强节粮减损科技创新，支持粮食和动物性食品全产业链设施装备升级。《中国食品安全发展报告（2021）》显示，食物浪费量为每人每餐93.3克，食物浪费率为11.7%，并且中国成年居民肉类、烹调油、食糖、食盐摄入量已超过推荐营养标准。应推进营养均衡型饮食教育，推广适量多样的动物产品、减盐、减油、减糖的平衡健康饮食指南，强化珍惜粮食、节约消费理念，杜绝餐饮浪费。

二、实施进口多元化战略，提高海外供应链稳定性可靠性

未来中国主要农产品消费需求还将继续增长。在提高自给保障能力的同时，需要提高进口保障能力。考虑到中国的进口增量体量巨大，稳定、可靠的进口增量应该是多元化的进口增量，也应该是建立在主要出口国生产和出口稳定增长基础上的进口增量；同时，考虑到全球安全局势的深刻变化，也需要为中国存量进口中的不安全部分找好备手①。应本着这样的理念，来推进中国主要农产品进口多元化。

（一）稳定和扩大自北美地区和大洋洲农产品进口

这些地区和国家农业资源禀赋优越，农业现代化水平很高，在非极端情形下农产品生产和出口的稳定性较强，是我国重要的农产品进口来源地。农业合作是我国与该地区国家经贸关系的压舱石，稳定和扩大自这些国家的农产品进口，符合我国战略利益。但规模要适度，为极端情形下供应链中断、进口可替代找好备手。

（二）着力补齐南美地区农产品供应链安全短板

南美地区作为我国农产品的主要进口来源地，未来农产品生产和出口增长潜力依然巨大，其在我国农产品进口多元化战略中举足轻重。巴西等南美地区存在着化肥、种子等农资高度依赖进口的短板。以巴西为例，近年化肥对外依存度维持在85%左右，氮、磷、钾肥对外依存度分

---

① 习近平总书记指出："要打好农产品贸易这张牌，但关键要控风险、可替代、有备手，实施农产品进口多元化战略，支持企业走出去，提高关键物流节点掌控能力，增强供应链韧性。"参见习近平著：《论"三农"工作》，中央文献出版社2022年版，第10页。

别高达95.7%、72%和96.4%。从长远看，为提高南美地区农产品供应链的稳定性、可靠性，应支持中粮集团、中国化工、隆平高科、大北农等企业在南美地区开展供应链协同布局，加强与巴西、阿根廷等国家在化肥、种子等农业全产业链的投资贸易合作。

（三）把黑海和中亚地区作为实施农产品进口多元化的重要目标区域

包括俄罗斯、乌克兰在内的黑海地区和包括哈萨克斯坦在内的中亚地区，农产品生产和贸易增长仍具有较大潜力，对中国自北半球其他地区的农产品进口具有较大互补性和可替代性，于中国具有重大战略意义。中国应坚持把这些地区作为实施玉米、大麦、食用植物油、大豆等农产品进口多元化的重要目标地区。在深化拓展与域内国家的农业投资贸易合作时，应注意签订长期协议，在争取更多的出口限制豁免权方面多下功夫，提高合作条款的针对性、约束性；加大种业、农机、农化等领域合作，推动域内国家扩大种植我国进口需求大的大豆、玉米、油葵等农作物。

（四）加强与东南亚和非洲国家的农业投资贸易合作

东南亚和非洲部分国家农业资源禀赋较好，食用植物油、大米、玉米等农产品生产和出口增长潜力较大。应把农业合作放在与这些国家战略合作的优先位置，在"一带一路"倡议下，通过农业基础设施建设和技术援助等方式帮助这些国家提高农业生产能力，使其在满足自身消费需求后有剩余农产品可供出口。应对这些国家的自然生态、文化习俗、社会政治等进行深入评估，规避农业投资贸易合作可能遭遇的风险。

三、加强大宗农产品市场体系建设

成熟完善的农产品市场体系是有效对接农产品供需的基础。在国内市场体系建设方面，需要强化市场信息的引导作用，推进期货与现货市场联动发展，提升市场调控能力，促进国内农产品市场高效平稳运行。在国际市场方面，需要积极利用中国大体量市场规模的优势，争夺市场定价权。

（一）推动建立统一、联动的全国农产品大市场

全面、准确、及时的信息有助于降低市场风险和提高调控效率，是建立农产品统一大市场的重要保障。编制农产品供需平衡表和发布农产品展望报告，是国际上引导市场预期的通行做法。中国农业农村部、商务部、国家发展和改革委员会、国家粮油信息中心、国家统计局均发布农产品市场有关信息，但统计口径不一致，数据不统一，信息不全面。应加强各部门的沟通与联合研究，完善农产品全产业链市场信息的收集和分析机制，提高综合运用调查数据和实时大数据的能力，建立统一的农产品供需信息发布制度，提高农产品展望报告综合研判的准确性。完善期货交易机制，促进农产品期货和现货市场有效联动。探索农产品期货交易现货交割和仓单转让手续费常态化减免机制，提高交割的便利性、降低交割成本，更好促进期货与现货衔接，更好服务实体企业的套期保值操作。针对小规模农业生产者无力满足现有期货合约规模要求的问题，应充分利用合作社、"公司＋农户"等生产组织模式，帮助小农户利用期货工具规避市场风险。

（二）完善农产品储备调节制度

合理确定战略储备与市场调节储备规模，优化调整战略储备轮入轮出时间，防止储备轮换干扰市场运行，科学设计市场调节储备的吞吐调节机制，通过"低吸高抛"发挥好平抑市场波动的作用。建立与市场挂钩的运费与仓储费用补贴调整机制，鼓励市场主体承担市场调节储备责任，引导商业储备助力保供稳价。对进口依赖度较高的农产品，应在科学研判全球农产品供求形势和价格波动规律的基础上，建立相机抉择的进口增储制度。

（三）推动中国农产品市场体系国际化

中国农产品的期货交易量已多年在全球期货交易市场上名列前茅，但国际化水平较低，难以对国际农产品定价发挥影响作用。应积极通过"引进来""走出去"提升中国农产品期货市场的国际化水平，推进交易品种和规则与国际接轨，吸引更多的外商企业和境外投资者参与，鼓励优秀期货公司、资产管理公司、现货企业以多种方式参与国际市场交易。推进农产品离岸现货市场建设，支持在国内主要进口港口城市和海外产地设立保税离岸交收仓库，建立重点农产品进口采购指导价和联合采购制度，提升国内现货市场对国际期货市场定价的影响力。

四、推动全球粮农治理改革

中国进口体量将越来越大，与全球农产品市场的一体化程度将越来越高，在农业补贴政策和农产品贸易规则方面的利益诉求也会发生转变。应立足世界大变局，积极参与和引领全球粮农治理改革，为中国增强农产品供给保障能力创造良好外部环境。

（一）积极推进WTO农业议题磋商进程

在世界贸易组织农业领域的主要磋商议题中，有两个与中国增强农产品供给保障能力有着紧密联系，中国应积极推动相关磋商沿着于我有利的方向进行。一是推动规范粮食出口限制议题。21世纪以来，曾发生过三次全球大范围粮食出口限制，背后一个重要原因，是WTO《农业协定》对粮食出口限制的纪律约束松弛。这与乌拉圭回合多边贸易谈判时全球粮食贸易的突出矛盾集中在一些发达国家存在大量出口补贴、主要谈判方将注意力放在削减出口补贴上有关。多哈回合谈判启动以来，出口限制成为农业领域主要磋商议题之一。中国应在这个议题上发挥引领作用，推动各方在加严出口限制触发条件、对根据长期协议进行的采购必须免于出口限制、提高出口限制措施透明度、严格遵守通报义务等方面尽早达成共识。二是顺势推进粮食安全公共储备议题。在世界贸易组织农业领域的主要磋商议题中，粮食安全公共储备议题是中国和印度具有共同诉求、合力推进的议题。在应对2020年以来的全球粮食危机中，越来越多的发展中国家成员意识到扩大以保障安全为目的的粮食公共储备的重要性，对不把粮食安全公共储备项目纳入"黄箱"措施的共识度越来越高。中国宜顺势继续与印度联手，联合更多发展中国家成员，合力推进这一议题，争取早日达成永久性解决方案。

（二）消除国际社会对中国大规模进口农产品特别是粮食的误解和担忧

针对中国大规模进口粮食等农产品，国外一些媒体造谣生事，诬称"中国囤积了全球过半粮食，推高全球粮价""当中国担心粮食问题时，世界将为此付出代价"。不明真相的人很容易被"中国将拥有世界60%的大米库存和51%的小麦库存，只为养活世界18%的人口"这类言论所迷惑，从而对"中国囤粮导致全球粮价暴涨"深信不疑。未来中国要想继续顺利利用国外农业资源和全球农产品市场，必须主动用国际通用的话语讲清楚中国农产品进口增长的真实逻辑，消除涉粮农"中国威胁论"。做好释疑解惑，尤其需要讲清楚两点：一是中国为什么增加了粮食进口。2020年以来中国确实在增加粮食进口，但这主要是为了执行中美第一阶段经贸协议，进口增加较多的主要是玉米、大麦、高粱、饲用小麦、碎米等饲料用粮，对其他国家的口粮进口并没有明显的挤出效应。二是中国粮食库存量为什么这么高。中国主要粮食品种库存量的全球占比确实明显高于中国人口的全球占比，但这是多年来逐步形成的，并非短期大规模囤粮的结果。在前些年全球粮价低迷时，中国库存量增加为维护全球粮食市场稳定作出了贡献。

（三）为低收入缺粮国家提供力所能及的帮助

帮助发展中国家特别是低收入缺粮国家发展农业生产，既是道义所在，也有利于为中国从容利用国外农业资源和全球农产品市场创造条件。中国应与联合国粮食及农业组织等多边机构合作，推动国际社会行动起来，提供紧急粮食援助、资金支持，扩大农业生产并开放贸易，为脆弱国家提供紧急支持。2021年9月，中国政府首次提出全球发展倡议，把粮食安全作为8个重点合作领域之一。2022年4月，中国政府首次提出全球安全倡议；2023年2月，中国政府发布《全球安全倡议概念文件》，把维护粮食和能源安全作为20个重点合作方向之一，强调"加强行动协调，维护国际农产品贸易平稳运行，保障粮食生产和供应链畅通，避免将粮食安全问题政治化、武器化"①。2022年7月，中国政府提出国际粮食安全合作八点倡议②。应从统筹发展和安全的角度，把为发展中国家特别是低收入缺粮国家提供农业和粮食援助作为落实全球发展倡议和全球安全倡议的重要举措，通过中非农业合作、"全球发展和南南合作基金"等平台帮助"一带一路"沿线发展中国家提高农业综合生产能力和粮食安全保障水平。

---

① 《全球安全倡议概念文件》，《人民日报》2023年2月22日，第15版。

② 《王毅提出中方关于国际粮食安全合作倡议》，国家国际发展合作署网站，2022年7月11日。

附表 1　2020 年全球主要农产品产量前十位国家

小麦			稻谷		
地区/国家	产量（万吨）	全球占比（%）	地区/国家	产量（万吨）	全球占比（%）
全球	76092.6	100%	全球	50474.8	100%
中国	13425.5	17.6%	中国	14247.8	28.2%
印度	10759	14.1%	印度	11892.9	23.6%
俄罗斯	8589.6	11.3%	孟加拉国	3662.2	7.3%
美国	4969.1	6.5%	印度尼西亚	3645.1	7.2%
加拿大	3518.3	4.6%	越南	2852	5.7%
法国	3014.4	4%	泰国	2016.4	4%
巴基斯坦	2524.8	3.3%	缅甸	1674.2	3.3%
乌克兰	2491.2	3.3%	菲律宾	1287	2.6%
德国	2217.2	2.9%	巴西	739.8	1.5%
土耳其	2050	2.7%	柬埔寨	731	1.5%
玉米			大豆		
地区/国家	产量（万吨）	全球占比（%）	地区/国家	产量（万吨）	全球占比（%）
全球	116235.3	100%	全球	35346.4	100%
美国	36025.2	31%	巴西	12179.8	34.5%
中国	26087.6	22.4%	美国	11254.9	31.8%
巴西	10396.4	8.9%	阿根廷	4879.7	13.8%
阿根廷	5839.3	5%	中国	1960.4	5.6%
乌克兰	3029	2.6%	印度	1122.6	3.2%
印度	3016	2.6%	巴拉圭	1102.4	3.1%
墨西哥	2742.5	2.4%	加拿大	635.9	1.8%
印度尼西亚	2250	1.9%	俄罗斯	430.8	1.2%
南非	1530	1.3%	玻利维亚	282.9	0.8%
俄罗斯	1387.9	1.2%	乌克兰	279.8	0.8%
食用植物油			肉类		
地区/国家	产量（万吨）	全球占比（%）	地区/国家	产量（万吨）	全球占比（%）
全球	20750.2	100%	全球	31325.1	100%
印度尼西亚	4890	23.6%	中国	6902.9	22%

续表

食用植物油			肉类		
地区/国家	产量（万吨）	全球占比（%）	地区/国家	产量（万吨）	全球占比（%）
中国	2338	11.3%	美国	4576.7	14.6%
马来西亚	2237	10.8%	巴西	2851	9.1%
美国	1452.6	7%	俄罗斯	1070.1	3.4%
巴西	1247.2	6%	墨西哥	741.7	2.4%
阿根廷	968.7	4.7%	德国	731.5	2.3%
俄罗斯	676.5	3.3%	西班牙	720.8	2.3%
乌克兰	633.9	3.1%	阿根廷	610.8	2%
印度	608.7	2.9%	印度	563.9	1.8%
加拿大	464.2	2.2%	越南	509.1	1.6%

资料来源：FAO数据库。

附表2　2020年全球主要农产品出口量前十位国家

小麦			稻谷		
地区/国家	出口量（万吨）	全球占比（%）	地区/国家	出口量（万吨）	全球占比（%）
全球	19852.7	100%	全球	4559.5	100%
俄罗斯	3726.7	18.8%	印度	1446.3	31.7%
美国	2613.2	13.2%	越南	568.6	12.5%
加拿大	2611.1	13.2%	泰国	566.5	12.4%
法国	1979.3	10%	巴基斯坦	394.4	8.7%
乌克兰	1805.6	9.1%	美国	279.2	6.1%
澳大利亚	1040	5.2%	中国	250.6	5.5%
阿根廷	1019.7	5.1%	缅甸	184.5	4%
德国	925.9	4.7%	巴西	121.8	2.7%
哈萨克斯坦	519.9	2.6%	乌拉圭	96.2	2.1%
波兰	468.9	2.4%	巴拉圭	79.5	1.7%
玉米			大豆		
地区/国家	出产量（万吨）	全球占比（%）	地区/国家	出口量（万吨）	全球占比（%）
全球	19289.1	100%	全球	17336.7	100.00%

续表

玉米			大豆		
地区/国家	出产量（万吨）	全球占比（%）	地区/国家	出口量（万吨）	全球占比（%）
美国	5183.9	26.9%	巴西	8297.3	47.9%
阿根廷	3688.2	19.1%	美国	6457.1	37.2%
巴西	3443.2	17.9%	巴拉圭	661.9	3.8%
乌克兰	2795.2	14.5%	阿根廷	636	3.7%
罗马尼亚	565.1	2.9%	加拿大	443.4	2.6%
法国	455.9	2.4%	乌拉圭	215.2	1.2%
匈牙利	404.1	2.1%	乌克兰	178.9	1%
塞尔维亚	360.8	1.9%	俄罗斯	119.6	0.7%
南非	258.5	1.3%	荷兰	105.5	0.6%
保加利亚	256	1.3%	克罗地亚	26.5	0.2%
食用植物油			肉类		
地区/国家	出口量（万吨）	全球占比（%）	地区/国家	出口量（万吨）	全球占比（%）
全球	10069	100%	全球	3015.8	100%
印度尼西亚	2844.6	28.3%	巴西	564.6	18.7%
马来西亚	1639.3	16.3%	美国	522.1	17.3%
乌克兰	731.7	7.3%	荷兰	228.3	7.6%
阿根廷	586.8	5.8%	西班牙	152.2	5%
俄罗斯	464.6	4.6%	澳大利亚	147.4	4.9%
荷兰	441.3	4.4%	波兰	135.7	4.5%
加拿大	371.1	3.7%	德国	131	4.3%
美国	239.5	2.4%	比利时	114.9	3.8%
西班牙	226.2	2.2%	丹麦	82.7	2.7%
德国	216.6	2.2%	新西兰	81.1	2.7%

资料来源：FAO数据库。

附表3　2020年全球主要农产品进口量前十位国家

小麦			稻谷		
地区/国家	进口量（万吨）	全球占比（%）	地区/国家	进口量（万吨）	全球占比（%）
全球	19278.4	100%	全球	4527.5	100%
印度尼西亚	1030	5.3%	中国	334.8	7.4%
土耳其	965.9	5%	菲律宾	190.8	4.2%
中国	957	5%	沙特阿拉伯	153.5	3.4%
埃及	904.3	4.7%	科特迪瓦	133.8	3%
意大利	799.4	4.1%	加纳	132	2.9%
阿尔及利亚	705.4	3.7%	马来西亚	121.9	2.7%
巴西	616	3.2%	美国	118.3	2.6%
菲律宾	615	3.2%	塞内加尔	112.7	2.5%
孟加拉国	601.5	3.1%	伊朗	111.2	2.5%
尼日利亚	590.3	3.1%	莫桑比克	106	2.3%
玉米			大豆		
地区/国家	进口量（万吨）	全球占比（%）	地区/国家	进口量（万吨）	全球占比（%）
全球	18523.8	100%	全球	16704.9	100%
墨西哥	1595.3	8.6%	中国	10294.5	61.6%
日本	1577	8.5%	阿根廷	531.7	3.2%
中国	1573.9	8.5%	荷兰	453.7	2.7%
越南	1214.5	6.6%	埃及	406.3	2.4%
韩国	1166.4	6.3%	泰国	404.5	2.4%
西班牙	806.7	4.4%	墨西哥	390	2.3%
埃及	788	4.3%	德国	386.7	2.3%
伊朗	620.5	3.3%	西班牙	333.6	2%
哥伦比亚	616.2	3.3%	日本	316.3	1.9%
意大利	599.5	3.2%	土耳其	304	1.8%
食用植物油			肉类		
地区/国家	进口量（万吨）	全球占比（%）	地区/国家	进口量（万吨）	全球占比（%）
全球	10272.8	100%	全球	3003	100%
印度	1378.9	13.4%	中国	839.3	27.9%

续表

食用植物油			肉类		
地区/国家	进口量（万吨）	全球占比（%）	地区/国家	进口量（万吨）	全球占比（%）
中国	1340.7	13.1%	德国	141	4.7%
荷兰	734.5	7.1%	墨西哥	133.3	4.4%
美国	511.3	5%	美国	120.2	4%
西班牙	357.8	3.5%	日本	115.8	3.9%
意大利	330.2	3.2%	意大利	90.4	3%
巴基斯坦	320.1	3.1%	英国	84.4	2.8%
德国	305.4	3%	荷兰	74.1	2.5%
马来西亚	228	2.2%	沙特阿拉伯	72.4	2.4%
比利时	213.4	2.1%	法国	68.5	2.3%

资料来源：FAO数据库。

第四章

创新农业农村包容性
发展体制机制

在以全面建成社会主义现代化强国为目标的新发展阶段全面推进乡村振兴，既包括产业、人才、文化、生态、组织和基础设施、公共服务等维度的全面振兴，也包括促进城乡融合发展、缩小城乡差距，还包括促进农村不同群体和不同地区农村的全面发展。为此，应把缩小城乡之间、农村不同群体之间和不同地区农村之间的差距（简称"三大差距"）作为新发展阶段实施乡村振兴战略的重要政策取向，防范市场力量和公共政策可能导致的排斥性风险，用好市场力量和公共政策可能带来的包容性机遇。

第一节　农业农村发展存在的"三大差距"

中国政府已宣布，中国全面建成了小康社会①。在向全面建成小康社会目标迈进的过程中，无论在国家发展层面还是在农村发展层面，均采取了许多措施提高发展的包容性、促进农民农村共同富裕，但是，城乡之间、农村不同群体之间和不同地区农村之间存在的"三大差距"依然明显。

一、提高农业农村发展包容性取得的成就

（一）农村绝对贫困问题得到历史性解决

根据《中国统计年鉴（2021）》，按照年人均纯收入2300元（2010年不变价）的农村贫困标准，1978年全国农村贫困人口和贫困发生率分别为77039万人和97.5%，2020年这些农村贫困人口已全部脱贫。根据对全国939个县、19万个行政村和1563万建档立卡户的普查，"两不愁三保障"②和饮水安全有保障的脱贫目标已全面实现。需要注意的是，中国的脱贫标准是一个多维度标准，不仅包括生活水平标准，还包括产业、就业、教育、医疗、住房、饮水、道路、电力、网络等维度的标准；即便从生活水平标准来看，也比世界银行2015年推荐的每人每天1.9美元的极端贫困线高出约21%③。

---

① 中华人民共和国国务院新闻办公室：《中国的全面小康》，《人民日报》2021年9月29日，第10—12版。

② "两不愁三保障"指不愁吃、不愁穿和义务教育、基本医疗、住房安全有保障。国家脱贫攻坚普查主要结果见《中国统计年鉴（2021）》。

③ 叶兴庆、殷浩栋：《从消除绝对贫困到缓解相对贫困：中国减贫历程与2020年后的减贫战略》，《改革》2019年第12期。

（二）农村居民收入和消费水平快速提高

根据《中国统计年鉴（2021）》，1978—2020年，全国农村居民人均可支配收入从133.6元增加到17131.5元，年均增长7.57%，高于同期全国城镇居民人均可支配收入7.02%的年均增长速度；全国农村居民人均消费支出从116.1元提高到13713.4元，年均增长7.11%，也高于同期全国城镇居民人均消费支出6.04%的年均增长速度。全国农村居民恩格尔系数从67.7%下降到32.7%，累计下降35个百分点，同样高于同期全国城镇居民恩格尔系数累计28.3个百分点的下降幅度[①]。

（三）农村基础设施和公共服务明显改善

截至2019年底，全国农村集中供水率和自来水普及率分别提高至87%和82%，农村供电可靠率超过99.77%，具备条件的乡镇和建制村通硬化路比例均达到100%、通客车率分别达到99.64%和99.45%，行政村通光纤和通4G比例均超过98%[②]。农村义务教育学校办学条件和农村医疗卫生条件持续改善，以农村社会保险、社会救助、社会福利等为主要内容的农村社会保障制度体系基本建立，农村居民文化生活逐步丰富。

二、提高农业农村发展包容性的主要措施

为实现全面建成小康社会目标，中国共产党和中国政府致力于提高城乡之间和农村内部发展的平衡性和协调性，积极推动包容性发展。

[①] 中华人民共和国国务院新闻办公室：《中国的全面小康》，《人民日报》2021年9月29日，第10—12版。

[②] 农业农村部发展规划司：《农业现代化辉煌五年系列宣传之三十二：加快补上农村发展短板 持续推进美丽宜居乡村建设》，中华人民共和国农业农村部网站，2021年8月17日。

（一）提高城乡发展协调性的主要措施

1. 调整发展理念

党的十六大报告首次公开指出中国城乡二元经济结构还没有改变，首次明确要求统筹城乡经济社会发展。此后，中央陆续作出"两个趋向"的重要论断[①]，要求实行工业反哺农业、城市支持农村和多予少取放活方针，形成城乡经济社会发展一体化新格局；作出"两个客观规律"的重要论断[②]，要求实施乡村振兴战略，建立健全城乡融合发展体制机制和政策体系。发展理念的调整为制定出台有利于农业农村的政策措施提供了重要思想基础。

2. 调整工农产业取予关系

在市场力量和国家托市收购政策的共同作用下，工农产品交换关系明显朝着有利于农业的方向变化。根据《中国统计摘要（2021）》，2001—2020年，全国农产品生产者价格年均上涨5.60%，而农业生产资料价格和商品零售价格年均仅分别上涨3.97%和1.51%。通过公共财政来实现有利于农业的部门间资源再配置状况更为明显。根据中国政府向世界贸易组织的通报，中国农业补贴总额从2000年的1149.87亿元增加到2020年的14087.20亿元，尤其是对稻谷、小麦等部分特定农产品，2000年时通过收取农业税等方式攫取936.56亿元，2020年则通过最低收购价

---

① "两个趋向"指的是，"综观一些工业化国家发展的历程，在工业化初始阶段，农业支持工业、为工业提供积累是带有普遍性的趋向；但在工业化达到相当程度以后，工业反哺农业、城市支持农村，实现工业与农业、城市与农村协调发展，也是带有普遍性的趋向"。参见中共中央文献研究室编：《十六大以来重要文献选编》（中），中央文献出版社2006年版，第311页。

② "两个客观规律"是指，"在现代化进程中，城的比重上升，乡的比重下降，是客观规律，但在我国拥有十三亿多人口的国情下，不管工业化、城镇化进展到哪一步，农业都要发展，乡村都不会消亡，城乡将长期共生并存，这也是客观规律"。参见中共中央党史和文献研究院编：《习近平关于"三农"工作论述摘编》，中央文献出版社2019年版，第44页。

等方式对这些特定产品提供457.49亿元的"黄箱"支持①，实现了从取到予的历史性转变。

3. 调整农村公共产品供给体制

无论是在人民公社时期，还是成立乡镇人民政府和村民自治组织以后的一个时期，农村基础设施建设和公共服务提供主要靠农民自己。2000年启动农村税费体制改革试点以后，公共财政逐步覆盖农村基础设施和公共服务，政策的出发点逐步从减轻农民负担转向赋予农民平等获取公共资源的权益。

4. 调整人口流动的管制政策

农业富余劳动力向非农产业和城镇转移是消除城乡二元经济结构的必然要求。但受城镇基础设施和公共服务承受能力不足、国有企业下岗职工再就业困难等因素影响，中国在相当长时期内对劳动力流动实行严格管制。以2006年国务院发布《关于解决农民工问题的若干意见》（国发〔2006〕5号）为标志，国家对农业富余劳动力转移进城持更加开放包容的政策立场。根据《中国统计年鉴（2021）》，在非农产业就业市场需求拉动和国家政策支持的作用下，全国第一产业就业人数从2002年36640万人的历史峰值减少到2020年的17715万人。农业富余劳动力产业间和城乡间流动性的增强，既促进了中国工业化和城镇化发展，也提高了中国工业化和城镇化的包容性。

（二）提高农村内部发展包容性的主要措施

1. 完善农村集体经济组织成员权的实现形式

对承包地，强调稳定承包关系，于1993年和2017年两次宣布土地承包期再延长30年不变，新增集体经济组织成员通过家庭内部共有土地承

---

① 数据来源系作者根据中国向世界贸易组织通报文件 G/AG/N/CHN/8 和 G/AG/N/CHN/65 整理，该文件见 https://docs.wto.org/dol2fe/Pages/FE_Search/FE_S_S006.aspx?Query=(%20@Symbol=%20g/ag/n/chn/*)&Language=ENGLISH&Context=Fomer-ScriptedSearch&languageUIChanged=true#。

包经营权来体现其成员权。对宅基地，截至目前大部分地区仍然能够对集体经济组织内部符合申请条件的新成立家庭实行无偿分配。对集体经营性资产，折股量化到改制时的存量集体经济组织成员；对改制后新增集体经济组织成员，有些地方通过家庭内部股权共有来体现其成员权，有些地方则按一定规则配股体现其成员权。同时，为解决人口流动性与成员权封闭性之间的矛盾，逐步提高建立在成员权基础上的承包地经营权乃至承包权、宅基地使用权乃至资格权、集体资产股权等财产权利的可流动性。这种对个人成员权、家庭成员权的制度安排，使同一个集体经济组织内的个人以家庭为单位对承包地等基本生产资料大致均等地拥有占有权、使用权、收益权和部分处分权，对宅基地大致均等地拥有占有权和使用权，对集体资产大致均等地拥有收益分配权。

2. 防止对小农户的过度挤出

在倡导土地流转并集中、发展农业适度规模经营的同时，注重通过发展农业社会化服务帮助小农户克服部分作业环节的规模不经济问题、通过小农户加入合作社或与产业链上的龙头企业建立合作关系帮助其提高市场参与能力。

3. 实施脱贫攻坚

在20世纪70年代末至80年代初的农村改革发展、20世纪90年代以来工业化城镇化的两次重大脱贫机遇中，部分农村群体因区位、资源禀赋、人力资本等原因而未能抓住此机遇摆脱贫困。针对这种情况，国家先后实施《国家八七扶贫攻坚计划（1994—2000年）》《中国农村扶贫开发纲要（2001—2010年）》《中国农村扶贫开发纲要（2011—2020年）》。特别是党的十八大以来，为尽快补齐全面建成小康社会的突出短板，国家组织实施精准扶贫精准脱贫基本方略，中国成为全球包容性发展的经典案例，"创造了减贫治理的中国样本"[①]。

---

① 习近平：《在全国脱贫攻坚总结表彰大会上的讲话》，《人民日报》2021年2月26日，第2版。

三、存在的"三大差距"

审视中国已经全面建成的小康社会，城乡之间、农村不同群体之间、不同地区农村之间依然存在明显差距。

从城乡之间的差距看，城乡居民收入绝对差距持续扩大，相对差距依然处于高位。根据《中国住户调查年鉴（2023）》，城乡居民人均可支配收入差额从1978年的209.8元扩大到2022年的29150.1元。要实现城乡居民人均可支配收入差额的缩小，农村居民人均可支配收入增长速度应成倍高于城镇居民。以2022年为例，如果要缩小城乡居民人均可支配收入差额，至少需要农村居民人均可支配收入增长速度为城镇居民的2.45倍。城乡居民人均可支配收入倍差尽管于2007年达到3.14的峰值后已连续15年下降，但在2022年仍高达2.45（见图4-1）。在4种不同来源的收入中，城乡居民人均转移净收入倍差和工资性收入倍差已明显缩小，城乡居民人均财产净收入倍差尽管有所缩小但仍然明显高于城乡居民其他3种来源收入的倍差，农村居民在经营净收入方面的领先优势有所下降（见图4-2）。

从农村不同群体的收入差距看，收入绝对差距在持续扩大，收入相对差距明显高于城镇居民不同群体间的差距。根据相应年份的《中国统计摘要》，按五等份分组，农村居民高收入户与低收入户的人均可支配收入差额从2000年的4388元扩大到2020年的33839元；两者的倍差从2000年的6.47扩大到2017年的9.48，2018年起出现下降，但截至2020年仍高达8.23（见图4-3）。2020年城镇居民高收入户与低收入户人均可支配收入的倍差为6.16，明显低于农村居民相应指标值。

从不同地区农村的收入差距看，地区间农村居民收入绝对差距持续扩大，相对差距保持在高位。以农村居民人均可支配收入最高的浙江省和最低的甘肃省的比较为例，两个省份农村居民人均可支配收入的绝对差额从2013年的11905元扩大到2022年的25400元，两个省份这一指标的倍差从2013年的3.13缩小到2015年的3.05；尽管甘肃省是全国脱贫攻

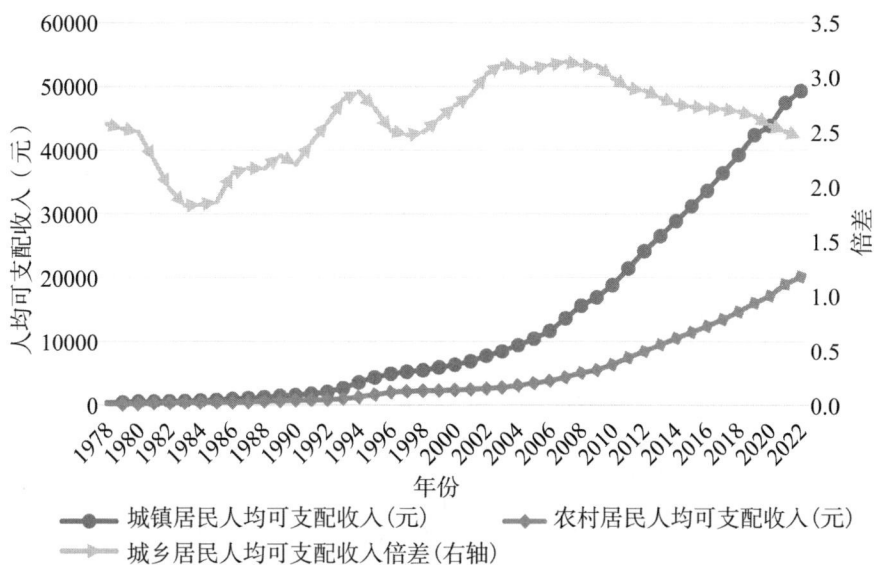

图4-1　城乡居民人均可支配收入差距变化趋势

资料来源：国家统计局住户调查司编：《中国住户调查年鉴（2023）》，中国统计出版社2023年版。

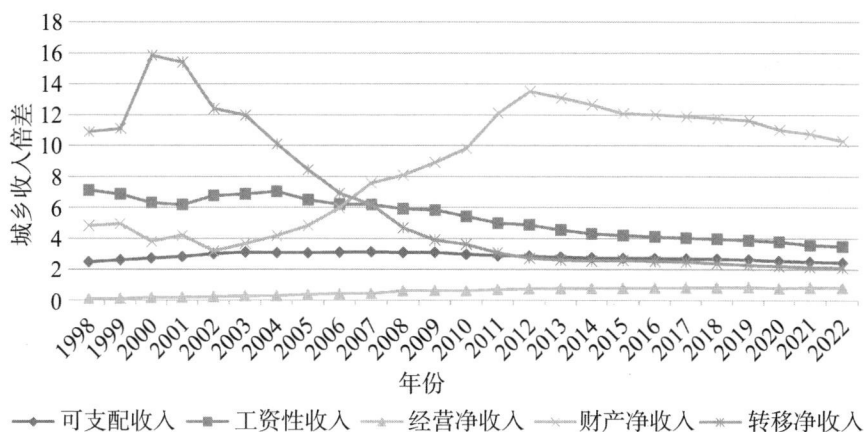

图4-2　城乡居民不同来源收入倍差变化趋势

资料来源：国家统计局住户调查司编：《中国住户调查年鉴（2023）》，中国统计出版社2023年版。

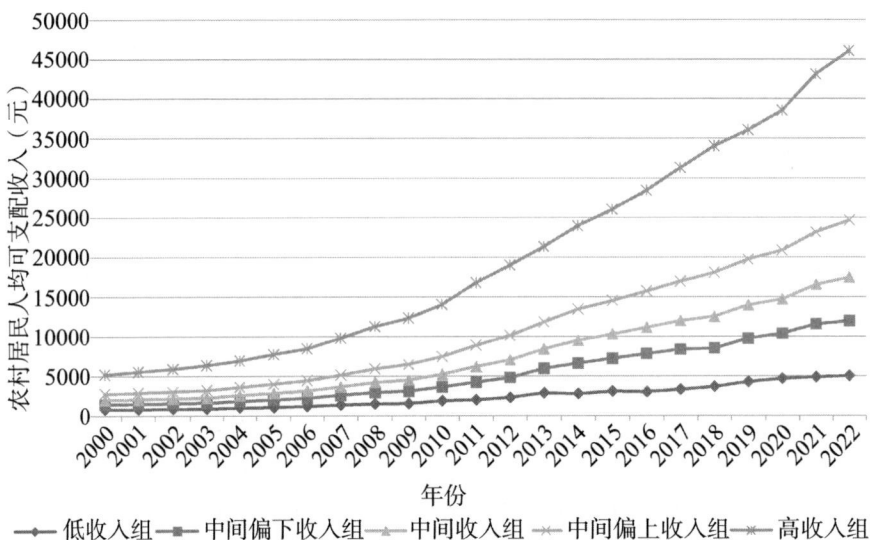

图4-3 按五等份分组的农村居民人均可支配收入变化趋势

注：2012年及以前年份为农村居民人均纯收入分组，2013年起为农村居民人均可支配收入分组。

资料来源：历年《中国统计摘要》。

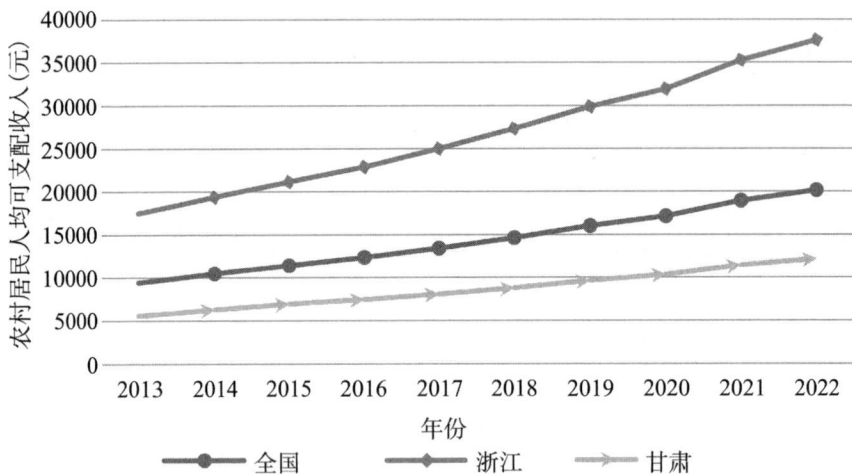

图4-4 浙江省与甘肃省农村居民人均可支配收入水平比较

资料来源：历年《中国统计年鉴》。

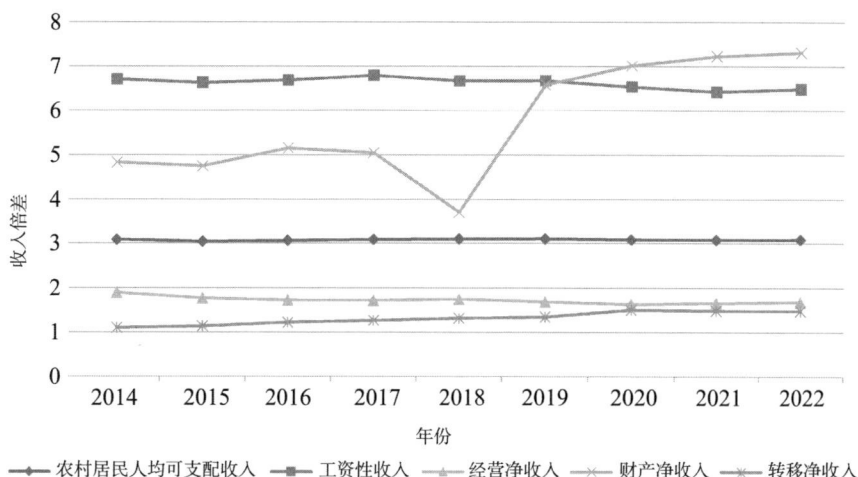

图4-5 浙江省与甘肃省农村居民不同来源收入倍差变化趋势

资料来源：历年《中国统计年鉴》。

坚的重点省份，获得了较多的公共资源投入，但从2016年起，两个省份农村居民人均可支配收入倍差再次扩大，2022年达到3.09（见图4-4）。在4种不同来源的收入中，两个省份农村居民工资性收入倍差和财产净收入倍差高于可支配收入倍差，属于拉大总体收入差距的因素；两个省份农村居民经营净收入倍差和转移净收入倍差小于可支配收入倍差，属于缩小总体收入差距的贡献因素。需要引起注意的是，两个省份农村居民的转移净收入倍差从2014年的1.11扩大到2022年的1.48，这与地区间人均转移净收入应该趋同的预期相背离（见图4-5）。

第二节 未来农业农村发展中的排斥性风险与包容性机遇

从全面建成小康社会的发展历程看，尽管工业化、城镇化带来的增长效应会逐步向农村、农村低收入群体和边远地区农村扩散，国家采取的包容性发展举措也有助于放大这种扩散效应，但市场本身存在的排斥性力量与公共资源配置中存在的排斥性操作的叠加，部分抵消了这种扩散效应，从而导致在全面建成小康社会之时涉及农民农村的"三大差距"依然明显。在未来全面促进乡村振兴、加快农业农村现代化的过程中，产生排斥性风险的各种因素仍难以杜绝，有些甚至会以新的形式存在；带来包容性机遇的各种因素也会继续存在，有些甚至会更加明显和强劲。

一、未来农业农村发展中的排斥性风险

（一）市场自身存在的排斥性风险

第一，恩格尔系数下降和农业投入边际报酬递减将带来农业增长慢于非农产业增长的风险。根据《中华人民共和国2020年国民经济和社会发展统计公报》，2020年中国居民恩格尔系数为30.2%，随着居民收入水平提高和消费结构升级，未来这一系数还将进一步下降。这意味着居民用于食品消费支出的增长速度将会逐步降低，将在需求侧收窄农业发展空间。在生产技术和经营方式没有突破性进展的情境下，农业投入达到一定程度后将会出现边际报酬下降，在供给侧收窄农业发展空间。由国内外价格倒挂造成的农产品进口趋势性增加，将挤占国内农产品市场空间。与中国经济已由高速增长阶段转为中高速增长阶段类似，中国农业增长率已出现趋势性下降。全国第一产业增加值年均增长速度在1979—2012年为4.5%，在2013—2020年为3.6%，未来还将进一步下降。农业潜在增长率下降、农业增长慢于非农产业增长具有客观必然性，需要防范农业增速过快下降甚至出现负增长的风险。

第二，生产要素向更高效率空间集聚将带来部分农村非农产业空心化的风险。在特殊的体制背景下，过去一个时期不少农村地区大力发展乡镇企业，一度开辟了中国工业化的第二战场，繁荣了农村经济、增加了农民就业。随着城市经济体制改革的深化以及乡镇企业改制、土地管理制度调整的推进，土地、资本、劳动力和企业家等农村非农产业生产要素逐步向县域工业园区乃至大中城市集聚。未来随着城乡建设用地增

减挂钩等政策的实施、"飞地抱团"①等模式的推行，部分地区乡村非农产业发展空间将进一步收窄。

第三，部分村庄受城市辐射带动的程度低将带来村庄间发展差距扩大的风险。在工业化、城镇化进程中，不同村庄受城市辐射带动的程度差异较大，这是不同村庄出现较大发展差距的重要原因。在未来的现代化进程中，城市辐射带动村庄的机理会发生变化，城镇居民对村庄居住生活、休闲观光等功能的需求将会逐步增加，但那些区位条件不利、资源禀赋差的村庄将难以享受到城市的这种辐射带动效应。

第四，部分农户利用市场的能力低将带来农民群体内部差距扩大的风险。不同农户因人力资本等方面存在差距，利用市场的机遇、参与市场竞争的能力会存在较大差距。在农村中，部分农户主要劳动力文化程度低，缺乏农业生产技术和非农就业技能，无论是经营净收入还是工资性收入都低于一般农户。这既导致过去农户之间出现差距，也是今后农户之间将继续存在差距的重要原因。

（二）公共资源分配中存在的排斥性风险

第一，部分地区获得上级政府扶持项目的能力低将带来地区间农村发展差距扩大的风险。国家促进农村发展的一种重要方式是建立各种"示范区"，将公共资源重点投向这些"示范区"，同时要求地方投入配套资金，以期通过"示范区"建设带动其他地区农村发展。不过，即便是以竞争性原则来确定"示范区"，那些发展起点低、缺乏资金配套能力的地区往往难以胜出。"示范区"建设的实际结果，往往是扩大地区间农村发展差距。

第二，部分村庄获得上级政府扶持项目的能力低将带来村庄间发展差距扩大的风险。在不少地方，当地政府促进乡村振兴的一种重要方式

---

① "飞地抱团"指浙江等地出现的部分村集体经济组织把土地指标置换到同一个区域、实现集聚发展，从而避免在各村域分散发展产业可能存在的规模不经济问题。

是打造"样板村",将用于支持乡村振兴的多种公共资源整合投向这些"样板村"。村庄能否被确立为"样板村",取决于村庄自身发展基础、本村社会关系网络、是否为重要领导或重要部门联系点等多种因素。那些没有能力成为"样板村"的村庄,今后靠自身力量复制"样板村"建设模式并获得发展的可能性较低。

第三,部分农户从上级政府扶持项目中受益的能力低将带来农户间发展差距扩大的风险。国家扶持农户和其他涉农市场主体的政策,既有普惠性政策例如最低收购价、农业保险保费补贴等政策,也有特定对象才能受益的非普惠性专项政策例如规模种植户补贴、规模养殖场补贴等①。部分农户因经营规模小、缺乏社会资本等,难以从国家的非普惠性农业扶持政策中受益,从而在发展中处于不利境地。

二、未来农业农村发展中的包容性机遇

(一)市场力量带来的包容性机遇

从需求侧看,城镇居民消费升级将为农业多种功能和乡村多元价值的释放带来新机遇。长期以来,城镇居民对乡村的需求主要是大宗农产品,这对大宗农产品优势产区的拉动作用更为明显。随着收入水平的提高,城镇居民对农产品的消费需求逐步升级,对特色、优质农产品的需求逐步增加,这给那些在大宗农产品生产上没有比较优势却在特色、优质农产品生产上具有比较优势的地区带来了农业增长空间。近些年来,西南

---

① 例如,四川省2021年安排种粮大户补贴专项资金2.49亿元,对种粮规模在30亩以上的经营者按每亩80元的标准发放种粮大户补贴。参见史晓露:《四川下发种粮大户补贴每亩80元,增加近两倍》,《粮油市场报》2021年11月16日,第1版。又如,湖南省2019年对新建、改扩建种猪场、规模猪场(户)和禁养区内规模养猪场(户)异地重建等给予一次性补助,补助对象的生猪养殖规模为年出栏量为2000—50000头。参见湖南省畜牧水产事务中心:《湖南省生猪生产主要扶持政策汇编2019—2020年》,湖南省农业农村厅网站,2020年1月6日。

地区、西北地区部分地方的农业增长速度明显超出全国平均水平，正是这种需求变化带来的结果①。未来一个时期，这种变化趋势还将继续。

从供给侧看，数字技术的广泛渗透将为消除欠发达地区和农村低收入群体在利用市场方面的比较劣势带来新机遇。长期以来，市场信息、生产技术等生产要素从城市向农村、从发达地区向欠发达地区扩散都需要较长时间和较高成本，存在较为明显的衰减效应。随着以互联网为代表的数字技术向农村渗透的深化，欠发达地区与发达地区在捕捉市场机遇、应用最新生产技术等方面将逐步处于同一起跑线。通过应用互联网，欠发达地区农产品的销售半径明显扩大②、与消费市场的距离明显缩短③，其市场需求曲线得以向右抬升。通过应用互联网，最新农业生产技术能以近乎零边际成本向欠发达地区和低收入群体扩散，欠发达地区的市场信息搜集成本、市场推广成本也可以明显降低，欠发达地区和低收入群体的市场供给曲线因此得以向右移动。

（二）政府力量带来的包容性机遇

实施乡村建设行动将为消除农村地区的区位劣势带来新机遇。农村地区人口密度和经济活动密度低，基础设施建设投资回报率不高，长期以来的投入不足使城乡基础设施存量水平在2006年以前存在较大差距。2006年开展社会主义新农村建设以来情况有所改变，农村基础设施建设逐步得到加强。在未来乡村振兴过程中，国家将加大实施乡村建设行动力度，把公共基础设施建设的重点放在农村，推进进村入户道路、污水治理等传统基础设施和冷链物流、大数据体系等新型基础设施建设。农

---

① 叶兴庆：《迈向2035年的中国乡村：愿景、挑战与策略》，《管理世界》2021年第4期。

② 国务院发展研究中心农村经济研究部著：《从增量到提质：构建竞争力导向的农业政策体系》，中国发展出版社2022年版，第106—135页。

③ 霍学喜、阮俊虎：《以数字技术促进共同富裕》，《农民日报》2021年11月10日，第8版。

村路网密度和通达性的提高、冷链物流体系的加强，将降低农村地区鲜活商品进入外部市场的成本。农业农村大数据体系的建立，将提高农村经济活动的效率。农村交通、通信、住宿和餐饮等条件的改善，将提高城市居民下乡休闲观光、养生养老的便捷程度和意愿。

实施农村低收入人口常态化帮扶政策将为缩小农村低收入群体与其他群体的差距带来新机遇。在脱贫攻坚期尤其是脱贫攻坚后期，建档立卡贫困户的收入水平快速增长，就业、子女上学、就医、住房、饮水等方面的保障水平快速提高，贫困群体与农村其他人群的差距有所缩小。脱贫攻坚战结束后，一方面要巩固拓展脱贫攻坚成果、防止规模性返贫，另一方面将按新的理念加强对农村低收入人口的常态化帮扶。对有劳动力的低收入农户，重点帮助其发展家庭经营、转移就业，增强内生发展能力[1]；对没有劳动力的低收入农户，将他们纳入以最低生活保障为核心的社会救助体系并逐步提高救助水平，使他们的生活水平能够随国家经济发展水平的提高而提高。特别是通过教育、医疗等方面的帮扶，提高农村低收入农户的人力资本水平，畅通他们的向上流动通道。

实施欠发达地区乡村振兴重点帮扶将为缩小不同地区农村间的差距带来新机遇。在消除农村绝对贫困的过程中，既强调要瞄准贫困农户实施精准帮扶，也注重改善贫困农户所处的区域发展环境，加强对贫困村、贫困乡镇、贫困县甚至更大范围的贫困地区的产业发展、基础设施和社会事业的扶持。脱贫攻坚战结束以后，国家层面已从西部地区原国家级贫困县中确定160个县为国家乡村振兴重点帮扶县，各地陆续确定部分脱贫县、脱贫乡镇为乡村振兴重点帮扶区域。各级政府将把土地指标、基础设施、产业发展、易地搬迁后续扶持、乡村建设、公共服务等方面的公共资源向这些地区倾斜。东部发达地区地方政府将继续与西部欠发达地区开展协作和提供对口支援，促进公共资源横向转移。中央国家机关、

---

[1] 龙海波、梁晓敏：《从外部干预到内生发展的脱贫之路——宁夏固原市劳务输出产业变迁思考》，《国务院发展研究中心调查研究报告》2021年第313号。

国有企业、高等院校等将继续对脱贫县开展定点帮扶，促进公共资源纵向转移。通过这些措施的实施，欠发达地区的区域性发展短板将逐步得以消除，欠发达地区的农村将逐步拥有较好的发展条件。

（三）社会力量带来的包容性机遇

在全面建成小康社会的进程中，社会力量在提高农村发展包容性方面发挥了一定作用。特别是部分从农村走出去的企业家积极支持家乡基础设施建设和公益事业。例如，江西省新余市渝水区水北镇商会自2012年9月成立至2021年3月的近九年时间里，引导本土农民企业家回馈故里、支援家乡建设，累计捐资捐物1.9亿元。其中，新农村建设捐资6600万元、"颐养之家"建设捐资2340万元、文化教育建设捐资1770万元、修桥修路绿化捐资1050万元、安装太阳能路灯捐资460万元、商会大楼建设捐资3100万元、其他捐资3700万元。在全国范围内，以"希望工程"为代表的公募资金积极支持农村公益项目，脱贫攻坚期间部分企业向贫困地区捐赠。但是，总体而言，参与其中的社会力量有限，且地区间分布不均。在未来乡村振兴过程中，社会力量在推动农村包容性发展方面将发挥更大作用：在全社会更加重视推动共同富裕的大环境下，从农村走出去的、事业发展到一定程度的企业家，支持家乡建设的意愿会逐步提高，以故乡情结为纽带的包容性发展力量将逐步增强；随着全社会对乡村发展关注程度的提高和慈善、公益意识逐步增强，城市企业、个人以直接或间接方式支持乡村发展的现象将更加普遍，以社会责任为纽带的包容性发展力量也将逐步增强。

第三节　促进农业农村包容性发展的体制机制创新

实施乡村振兴战略的一个重要目的是要解决中国的发展不平衡不充分问题。为此，要尽可能用好各种包容性机遇，在对冲各种排斥性风险的同时，使乡村振兴的过程成为缩小"三大差距"的过程。

一、推进城乡双向开放

让工业化、城镇化的增长效应更公平地惠及广大农民农村，需要进一步破除阻碍城乡人口双向流动的城乡二元体制。一方面，应进一步推进城镇对农民的开放。目前农业、乡村的全员劳动生产率仍明显低于非农产业、城镇的全员劳动生产率，劳动力从农业向非农产业、从乡村向城镇转移不仅能够促进全要素生产率提高，而且能够增加转移就业劳动力的收入，还能够提高留在农业农村的劳动力的人均资源占有量和劳动生产率。应继续深化城镇户籍制度改革和城镇基本公共服务制度改革，逐步取消农民进城落户限制，尽快拓展城镇基本公共服务覆盖进城农民的广度和深度。另一方面，应进一步推进农村对市民的开放。在继续促进农民转移进城、提高人口城镇化率的同时，也应看到部分市民下乡的必要性和必然性。农民转移进城的一个重要结构性特点是：具有年龄、文化优势的群体更倾向于转移进城，从而导致留在农村的人口平均年龄更高、文化程度更低。随着交通、通信条件的改善和产业、就业形态的变化，乡村的居住生活形态对城镇部分人群的吸引力在增强。部分市民下乡有利于优化农村人口结构，也有利于闲置农房、宅基地得到有效利用。应继续深化改革农村集体经济组织制度、宅基地制度等，通过创新人才加入机制、适度放活宅基地和农民房屋的使用权等途径，保障"新村民"依法享有农村相关权益。

二、提高农业发展的包容性

在实行家庭联产承包责任制的初期，"家家包地、户户种田"和以粮食生产为主的农业结构使农业发展具有较强包容性，农民收入中经营净收入所占比重较高使农户间收入差距较小。随着农业结构调整的深化和农业规模经营比例的上升，农业发展的包容性下降，农村不同群体之间、不同地区农村之间以农业为主的经营净收入的差距扩大。应从中国"大国小农"的国情农情出发，逐步提高农业发展的包容性。应着力提高农业支持政策的包容性，在扶持新型经营主体的同时注重带动小农户，把更多的支持农业发展的公共资源用于普惠性较强的政策措施。中国农业所处的发展阶段、经营规模普遍过小的现实，决定了扶持规模经营具有合理性。在农业现代化程度较高的国家和地区，例如欧盟，农业支持政策已经转向更加强调公平性、增加对中小家庭农场的收入支持[1]。应在欠发达地区加强网络、快递和冷链物流等新型基础设施建设，为低收入农户和欠发达地区农户提供互联网知识培训，帮助他们利用互联网获取市场信息、生产技术和信贷资金，利用电子商务和快递渠道扩大产品销售。应在欠发达地区推进资源变资产、资金变股金、农民变股东的"三变"改革，促使拥有土地等资源但利用效率不高、拥有获得政策性资金资格但缺乏有效利用能力、拥有劳动力但就业不充分的农户，与拥有生产技术、管理经验、市场渠道等资源的社会资本实现结合，共同发展特色、高效农业。

三、加大面向农民的再分配力度

面对初次分配中存在的收入差距过大问题，一些国家通过再分配明显收窄了居民收入差距。以日本为例，2017年以家庭初次收入计算的基尼系数为0.5594，经过税收调整和转移支付后的家庭收入基尼系数下降到0.3712[2]。总体而言，目前中国在税收、转移支付、公共服务等方面的再分配措施对收入分配的调节作用不明显，尤其是面向农民的再分配力度过小，甚至部分社会保障的制度设计扩大了收入差距，造成了逆向调节。例如，养老保险和医疗保险按固定金额而非收入比例缴费扩大了农

---

[1] 邓冠聪：《新CAP如何体现对农民更加公平》，《农民日报》2021年12月2日，第4版。

[2] 邢予青：《日本的共同富裕之道》，《中国新闻周刊》2021年第35期。

村内部收入差距①。应从两个维度加大有利于农民特别是农村低收入群体和欠发达地区农民的再分配力度：一是加大财政对农民农村的转移支付力度，逐步消除城乡之间、农村不同群体之间和不同地区农村之间居民可支配收入中来自公共财政的转移净收入差距②。既要提高对农村教育、医疗、养老、社会救助等的财政支出力度，也要改进在缴费、待遇领取等方面的制度设计，避免逆向调节。应对农村低收入群体的个人缴费提供补贴，降低欠发达地区地方财政配套比例，加大财政对农村低收入群体和欠发达地区农户的人力资本投资。二是加大对农村和欠发达地区公共基础设施的投入。应坚持农业现代化和农村现代化一体设计、一并推进，统筹推进农村生产性和生活性基础设施建设。用财政性资金投资或由国有企业投资的交通、水利、能源等重要基础设施，应注重向农村特别是边远地区农村布局，逐步消除这些地区经济社会发展面临的瓶颈制约。应借鉴中国国家铁路集团有限公司开行公益性"慢火车"帮助沿线地区巩固脱贫攻坚成果、促进乡村振兴的经验，尽力消除边远地区的区位劣势③。

四、加大面向农民的第三次分配力度

第三次分配在提高乡村振兴的包容性、促进农民农村共同富裕方面可以发挥重要作用。在防范道德绑架的前提下，应发扬恋祖爱乡、回馈

---

① 李实：《充分认识到实现共同富裕的必要性和艰巨性》，《经济学动态》2021年第8期。

② 农村居民可支配收入中的转移净收入，包括农业补贴、社会保障等来自公共财政的转移净收入和亲友馈赠、外出务工人员寄回收入等私人转移净收入。

③ 2017年以来，全国铁路常态化开行公益性"慢火车"81对，覆盖21个省区市，经停530个车站，途经内蒙古东部、湘西地区、云贵地区、四川藏区、南疆地区等35个少数民族地区、104个国家级贫困县市。公益性"慢火车"票价始终执行国家1995年批准的普速旅客列车运价，25年未涨价。参见周伟、张学鹏、孟岩岩：《国铁集团：公益慢火车助力乡村振兴》，《中国青年报》2021年4月21日，第7版。

桑梓的文化传统，发挥同乡会、商会等社会组织的平台作用，通过亲情感召、荣誉激励等途径，引导从农村走出去的各界人士为家乡捐资捐物。可考虑在借鉴日本家乡纳税制度基本做法、防范其负面效应的基础上，在中国部分边远地区探索实行以在家乡外工作的个人对故乡的捐资抵扣其个人所得税，用亲情和利益的双重激励推动从农村走出去的人支持故乡建设①。应通过采取差异化的应纳税所得额扣除比例等措施，引导企业到农村特别是边远地区农村开展敬老、扶幼、助残等公益慈善活动。

第四节　需要深入研究的问题

在向全面建成小康社会目标迈进的现代化进程中，中国注重提高国家整体发展的包容性和农村发展的包容性，但城乡之间、农村不同群体之间和不同地区农村之间存在的差距未能随工业化、城镇化程度的提高而实现相应缩小。这既与中国刚刚启动现代化进程时城市与乡村、沿海与内地本就存在较大差距的基本国情有关，也与在后来的现代化进程中未能很好管控各种排斥性风险、用好各种包容性机遇有关。中国已进入新发展阶段，推动农民农村共同富裕是重大政策目标，促进乡村振兴是重大战略举措。把这两者结合起来，是本文强调要着力提高乡村振兴的包容性、把乡村振兴的过程变成缩小"三大差距"的过程的立论基础。

本章强调提高乡村振兴的包容性，并不意味着否认个体和区域的适度差异性。在未来提高乡村振兴包容性的过程中，需要深入研究一系列理论和实践问题：

一是关于包容性与梯次推进。无论是农业农村现代化整体水平的提升，还是乡村产业、基础设施和公共服务等具体领域的发展，不可能所

---

① 常伟、马诗雨：《日本家乡纳税制度及其对中国的启示》，《现代日本经济》2018 年第 4 期。

有地区齐头并进，梯次推进有其合理性。但建设示范区的出发点是为了积累经验，要注意可复制性。有限的公共资源在示范区建设和基础性、普惠性、兜底性民生保障建设之间如何分配，需要进行科学决策。

二是关于包容性与村庄分类。未来村落布局和形态会发生深刻变化，提高乡村振兴的包容性必须顺应这种变化，那些未来将会消失的村落是包容不进来的。但村落布局和形态的变化是一个长期过程，不少村庄现在还难以判断其是集聚提升、城郊融合、特色保护、搬迁撤并4种类型村庄中的哪一种，这为包容性乡村振兴举措的实施带来了新的难题。

三是包容性与配置效率。按农业农村优先发展的原则在城乡之间分配公共资源，按低收入群体能够以更大比例获益的原则在农村不同人群之间分配公共资源，按向重点帮扶地区倾斜的原则在不同地区农村之间分配公共资源，是提高乡村振兴包容性的必然要求。这对如何评价公共资源配置效率带来了新的挑战。

四是包容性与内生动力。提高乡村振兴的包容性，促进农民农村共同富裕，应做到"防止社会阶层固化，畅通向上流动通道，给更多人创造致富机会，形成人人参与的发展环境，避免'内卷'、'躺平'"[1]。这既需要改进公共政策、社会捐助等外生变量，也需要激发村庄和农户的内生动力。

---

[1] 《习近平著作选读》第2卷，人民出版社2023年版，第502页。

第五章

创新城乡融合发展
体制机制

畅通国内大循环已成为中国经济发展的战略抉择，应站在这一新的历史方位观察和思考乡村发展问题。改革开放40多年来，尽管城乡二元结构在逐步消除、城乡二元体制被逐步打破，但是，城乡发展差距大、要素双向流动不畅的问题依然突出。推进城乡双向开放，有利于提高资源配置效率和居民消费率，促进经济实际增长率向潜在增长率靠拢，因此，应成为畅通国内大循环的主攻方向之一。推进城乡双向开放，有利于满足人民日益增长的美好生活需要，有利于实现"城市让生活更美好"这一进城农民的理想、部分市民对"乡村让城市更向往"的渴望，因此，也应成为缓解社会主要矛盾的重要选项之一。推进城乡双向开放会带来社会结构和利益关系的深刻调整，既要防范风险、守住底线，又要顺应潮流、大胆探索。中国各地发展阶段不同、资源禀赋差别大，应分区分类、分步骤推进。

第一节　城乡循环堵点

2020年以来，中央反复强调，要牢牢把握扩大内需这个战略基点，"加快形成以国内大循环为主体、国内国际双循环相互促进的新发展格局"①。作出这样一个战略性决定，有其深远考虑。构建新发展格局，需要找准国内大循环的堵点，尤其是要找准城乡循环的堵点。

一、构建新发展格局的出发点

作出构建新发展格局的战略性决定，主要基于两点考虑：

从国内发展阶段看，我们已经全面建成小康社会，开启了全面建设社会主义现代化国家新征程，需要对中国未来现代化进程中的经济发展格局进行战略性调整。与小康社会相比，现代化社会的人均消费水平、人均基础设施存量、人均生产能力需要跃上一个新台阶。这要求经济发展必须紧盯国内市场需求，既以满足人们对美好生活的需要为根本目的，又为内向型经济发展提供巨大的空间和潜力。

从国际发展环境看，以信息技术为核心的新一轮科技革命和产业变革对全球产业链和供应链带来颠覆性影响，以大国博弈为核心的国际斗争对全球经贸和政治秩序带来颠覆性影响，以新冠疫情为代表的"黑天鹅"事件给全球化社会带来巨大的不确定性，需要对中国未来对外开放进程中的经济发展格局进行战略性重塑。全球经济和贸易增长速度的下降、中国低成本优势的减退，将抑制外需对中国经济增长的拉动作用。部分国家对中国停止供应高科技产品，使中国在全球市场日趋具有竞争优势的产业面临关键部件"断供"的困境。面对这种全球大变局，既需

---

① 习近平：《在经济社会领域专家座谈会上的讲话》，《人民日报》2020年8月25日，第2版。

要坚定不移走开放发展之路，继续推动和参与国际大循环，也需要转变外向型经济发展方式，提高对外贸易质量，尤其需要推动创新发展，提高对关键核心技术的掌控能力。

总之，构建新发展格局，是对过去那种全球经济运行方式、中国经济"两头在外，大进大出"发展模式反思的结果①，是统筹发展和安全、实现稳增长与防风险长期均衡的需要，是大变局下牢牢把握发展主动权的战略举措②。

二、国内大循环的堵点

改革开放以来，中国经济发展总体上是以国内需求拉动为主的，1978—2019年的41年间，有19个年份国内需求对经济增长的贡献率超过100%；即便是在2001年加入世界贸易组织以后的19年间，国内需求对经济增长的贡献率超过100%的年份也达到9个。不过，国内大循环依然存在堵点：

一是投资消费失衡。合理的投资与消费比例关系是经济持续平稳发展的必要条件，但中国的消费率长期偏低。从改革开放初期至加入世界贸易组织前后，中国最终消费率在多数年份为60%以上，这一指标最高的年份为1983年，达到67.3%。加入世界贸易组织以后，中国的消费率呈现下降趋势，在最低的年份（2010年）仅49.3%，在"十三五"时期回升到55%左右。与国际经验水平相比，中国的消费率偏低10—15个百分点③。

二是收入分配失衡。国际上通常以0.4的基尼系数为社会分配不均的

---

① 刘伟：《以新发展格局重塑我国经济新优势》，《经济日报》2020年9月24日，第1版。

② 毕吉耀、张哲人：《以畅通国民经济循环为主构建新发展格局》，《经济日报》2020年9月17日，第11版。

③ 方福前：《从消费率看中国消费潜力与实现路径》，《经济学家》2020年第8期。

警戒线。自1994年以来（除1999年外），中国的基尼系数持续超过0.4，2018年达到0.468。收入分配差距过大，高收入者的消费意愿低，而低收入者无钱消费。

三是经济社会发展失衡。改革开放以来，中国经济实现了快速发展，但社会事业发展仍严重滞后。尽管目前覆盖城乡的社会保障体系已基本建立起来，但是，居民养老、医疗保障水平依然很低，低保和特困救助的保障水平也不高，中低收入阶层的预防性、被动性储蓄抑制了他们的当期消费。

四是区域发展失衡。实施沿海地区率先开放战略，使历史上就已存在的东西部发展差距进一步拉大。实施西部大开发战略后，西部地区发展速度一度反超东部和中部地区。尽管如此，发达地区和欠发达地区之间的经济总量和人均经济指标差距未见明显收敛。

五是资源配置失衡。具体来说，划定大城市开发边界、实行建设用地总量控制，与人口继续向大城市聚集的客观趋势不相匹配；对各省区市实行能耗增量和能耗强度的"双控"，与生产力继续向具有比较优势的地区聚集的客观趋势不相吻合。

三、国内大循环堵点在城乡循环中的体现

国内大循环的诸多堵点各有其形成原因，但背后均有城乡发展失衡、循环不畅的深刻烙印。中国正处于城乡结构大转换时期，乡村人口及其就业占比分别于2011年和2014年历史性地下降到50%以下。同时，城乡之间产品交换已实现市场化，1979—2019年农产品生产者价格年均上涨5.9%，跑赢了同期农业生产资料价格年均5%和商品零售价格年均3.9%的上涨速度；取消农业税，实行农业补贴政策，实现了从攫取农业剩余到工业反哺农业、城市支持农村的转换。但是，其他领域的城乡差距和城乡循环堵塞依然明显，并严重影响到国内大循环的畅通。

第一，城乡居民消费差距明显、农民消费水平低是中国投资消费失衡的重要体现。2019年城乡居民人均消费支出倍差仍高达2.11，农村居

民耐用消费品普及率仍明显低于城镇居民。

第二，城乡居民收入差距明显、农民收入水平低是中国收入分配失衡的重要体现。2019年城乡居民人均可支配收入倍差仍高达2.64。

第三，城乡社会发展差距大、农民保障水平低是中国经济社会发展失衡的重要体现。尽管城乡之间义务教育、居民养老和医疗保险制度基本统一，城乡之间低保和特困救助等社会救助差距趋于缩小，但是，城镇职工与城乡居民在养老、医疗等社会保险方面依然存在明显差距。

第四，城乡土地权能不平等、农村集体土地权能受限严重是资源配置失衡的重要体现。尽管征地制度、集体经营性建设用地入市制度和农村宅基地制度改革逐步深化，补充耕地指标和城乡建设用地增减挂钩节余指标的交易半径逐步扩大，农民集体作为农村集体土地所有者分享工业化、城镇化所带来的土地增值收益的途径在逐步拓宽，但是，农村集体土地的权能依然严重受限。尤其需要给予高度关注的是，尽管大量农村剩余劳动力转向城镇就业，促进了过去一个时期中国全要素生产率的提高，但是，农民工市民化严重滞后、高龄农民工过早退出城镇劳动力市场对经济发展的不利影响正在显现。农村土地制度与部分市民下乡创新创业、居住生活的新需求不相适应，造成农村闲置宅基地和农房得不到有效利用。

消除以上城乡差距、疏通以上城乡堵点，必须以推进城乡双向开放为切入点，尽快打通农民进城通道和市民入乡通道。

第二节　打通农民进城通道

劳动力资源从边际生产率低的农业和农村向边际生产率高的工业和城市流动，是工业化、城镇化进程中提高全要素生产率的重要支撑力量，也是畅通国民经济大循环的必然要求。但中国劳动力资源从农业、农村到工业、城市的再配置存在异常现象。找准这种异常现象背后的深层原因，并逐步加以破除，是构建新发展格局、实现高质量发展的迫切需要。

一、中国劳动力资源再配置的异常现象

改革开放以来，尽管受城乡二元体制的掣肘，劳动力的这种跨部门、跨城乡转移同样在中国大规模发生。全国第一产业就业占比从1978年的70.5%下降到2022年的24.1%，同期乡村就业人员所占比例从76.3%下降到37.4%。与劳动力转移相伴随，非就业人口的流动规模也巨大，导致全国乡村人口所占比例从1978年的82.1%下降到2022年的34.8%。中国劳动力从农业和农村向工业和城市的转移，既遵循了多数国家二元经济结构转换时期的一般规律，也表现出一些异常现象。

一是劳动力再配置效应提前减退。据对东亚地区的实证研究结论，在经济高速增长阶段，劳动力从农业向非农产业的转移是支撑经济增长的重要贡献因素；随着可转移劳动力的减少，经济增长也会减速[1]。例如，日本和韩国第一产业就业人员占全部就业人员的比例分别在1970年和1990年前后下降到20%左右，结束高速增长期。与之对照，中国的高速增长期在2012年前后结束，但第一产业就业人员占全部就业人员的比例却高达35%左右，存在15个百分点的结构性偏差[2]。在国内经济学家中，也有人认为中国农业劳动力向其他部门的转移过早地出现趋势性放缓，"刘易斯拐点"提前到来[3]。

二是农业劳动力转移就业人口增量与第一产业就业人口减量不对称。自2008年底国家统计局建立农民工监测调查制度以来，中国农民工总量逐年增长，但在多数年份农民工增量均小于第一产业就业人口减量，两

---

[1] ［日］青木昌彦：《从比较经济学视角探究中国经济"新常态"》，《新金融评论》2015年第2期。

[2] 叶兴庆：《新常态下应继续释放城乡间资源再配置效应》，《经济社会体制比较》2017年第1期。

[3] 楼继伟：《包括现有5G技术在内的基础设施超前等已成为内循环堵点》，搜狐网，2020年9月23日。

表5-1 全国第一产业就业人口和农民工人数变化比较

单位：万人

年份	第一产业就业 人口变化	农民工人数 变化	年份	第一产业就业 人口变化	农民工人数 变化
2009年	−1033	436	2016年	−510	424
2010年	−959	1245	2017年	−613	481
2011年	−1337	1055	2018年	−780	184
2012年	−937	983	2019年	−863	241
2013年	−1697	633	2020年	−937	−517
2014年	−1466	501	2021年	−643	691
2015年	−954	352	2022年	591	311

资料来源：历年《中国统计年鉴》和历年《全国农民工监测调查报告》。

者之间并不对称（见表5-1）。如果第一产业就业人口减量中退出的劳动年龄人口数量与农民工增量中新进入的劳动年龄人口数量大体相当，则意味着相当部分退出第一产业但仍在劳动年龄阶段的人未能在非农产业就业，处于闲置状态。

三是外出农民工的增速和占比趋于下降。虽然全国外出农民工总量依然在逐年增加，但是，其增速已由2009年的3.5%下降到2019年的0.9%，2020—2022年受新冠疫情影响起伏较大；外出农民工占全部农民工的比例则由2008年的62.3%下降到2022年的58.1%。尤其值得关注的是，进城农民工总量出现减少（见表5-2）。这种减少，既可能是部分农民工取得城镇户籍、退出农民工统计范畴导致的，也可能是部分高龄农民工退出城市、返回乡村造成的。

四是转移就业劳动力与家庭其他人口长期分离。在全部农民工中，外出农民工占比虽有所下降，但始终占多数。在外出农民工中举家外出农民工所占比例较低，根据国家统计局公布的全国农民工监测调查数据，2008—2014年均在20%左右。劳动力与家庭其他人口转移不同步、劳动力先行一步，在我国历史上的人口迁移和国外人口迁移中具有一定普遍

表5-2　全国农民工、外出农民工和进城农民工总量及增量比较

单位：万人

年份	全部农民工		外出农民工		举家外出农民工		年末在城镇居住农民工	
	总量	增量	总量	增量	总量	增量	总量	增量
2008年	22542	—	14041	—	2859	—		
2009年	22978	436	14533	492	2966	107		
2010年	24223	1245	15335	802	3071	105		
2011年	25278	1055	15863	528	3279	208		
2012年	26261	983	16336	473	3375	96		
2013年	26894	633	16610	274	3525	150		
2014年	27395	501	16821	211	3578	53		
2015年	27747	352	16884	63			13742	
2016年	28171	424	16934	50			13585	−157
2017年	28652	481	17185	251			13710	125
2018年	28836	184	17266	81			13506	−204
2019年	29077	241	17425	159			13500	−6
2020年	28560	−517	16959	−466			13101	−399
2021年	29251	691	17172	213			13309	208
2022年	29562	311	17190	18			13256	−53

注：自2015年起，国家统计局公布的全国农民工监测调查数据中，不再包括举家外出农民工人数，但开始包括年底居住在城镇的农民工人数。

资料来源：历年《全国农民工监测调查报告》。

性，但像我国改革开放以来出现的这种大规模、长时间的人户分离式转移则极为罕见。

二、中国劳动力资源再配置异常现象的影响

中国劳动力资源再配置异常现象的存在，无论是对于外出务工者及其家庭福祉的改善，还是对于国民经济潜在增长率的实现，都是不利的。

从这些异常现象对外出务工者及其家庭的影响来看：第一，不利于他们改善当期生活质量。外出务工者普遍缺乏在务工地长期稳定就业和

生活的预期，他们在务工地的居住和生活条件明显差于当地城镇户籍人口，甚至比不上在原籍地的条件。第二，不利于他们实现全生命周期收入的最大化。在务工地工作到一定年龄后，他们不得不返乡从事低效率、低报酬工作，有效劳动时间大幅减少。第三，不利于全生命周期家庭资产的有效积累和优化配置。外出务工者在务工地省吃俭用、把消费支出控制在最低水平，以节省的支出在原籍农村兴建住宅，而这些住宅有相当部分被长期闲置。第四，不利于人力资本的积累和子女教育。外出务工者由于工作流动性高而缺乏提高自身职业技能的积极性，其子女无论是留守还是随迁都会在学业、心理等方面遭受负面影响。

从这些异常现象对实现国民经济潜在增长率的影响来看：第一，不利于全社会当期居民消费率的提高。外出务工农民在务工地的平均消费倾向和边际消费倾向均明显低于城镇户籍人口水平，这成为中国居民消费率偏低的重要原因之一[①]。第二，不利于全社会人力资本的积累。受高流动性影响，企业不愿在培训务工农民方面增加投入，务工农民也缺乏参加培训的内在动力。第三，不利于人口红利的延续。相当部分农民工由于不能在务工地终老一生而倾向于提前退出城市就业市场，使中国制造业过早地失去低成本竞争优势。

三、构建农业转移人口进城的新机制

中国劳动力再配置异常现象的存在，从根源上看，主要归因于中国以户籍制度为核心的城乡二元体制。农村户籍制度与农村集体产权制度相叠加，集体经济组织成员处置土地承包经营权、宅基地使用权和农民住房财产权、集体资产收益分配权的可选途径有限，加大了农民退村进城的综合成本。城镇户籍制度与城镇公共服务制度相叠加，大部分公共

---

① 曲玥、都阳、贾朋：《城市本地家庭和农村流动家庭的消费差异及其影响因素——对中国城市劳动力市场调查数据的分析》，《中国农村经济》2019年第8期。

服务靠地方政府提供，加大了输入地政府接纳外来人口的阻力。促进农民转移进城和进城农民市民化，应从深化农村集体产权制度改革和城镇公共服务制度改革两方面下功夫，尤其应把后者作为重点。

改革开放以来，我国在改革城镇户籍制度、扩大城镇公共服务覆盖范围方面采取了很多措施。早在1984年，中央一号文件就明确提出允许农民自理口粮到集镇落户。此后，到城镇落户的条件逐步放宽，城区常住人口不到100万的中小城市和小城镇陆续取消落户限制。在此基础上，2019年对在城镇就业的农业转移人口的落户限制得到加快放宽，"城区常住人口100万—300万的Ⅱ型大城市要全面取消落户限制；城区常住人口300万—500万的Ⅰ型大城市要全面放开放宽落户条件，并全面取消重点群体落户限制"[①]。2020年有关落户限制被进一步放宽，除个别超大城市外的其他超大特大城市和Ⅰ型大城市要"取消进城就业生活5年以上和举家迁徙的农业转移人口、在城镇稳定就业生活的新生代农民工、农村学生升学和参军进城的人口等重点人群落户限制"，"鼓励有条件的Ⅰ型大城市全面取消落户限制、超大特大城市取消郊区新区落户限制"，"推动超大特大城市和Ⅰ型大城市改进积分落户政策，确保社保缴纳年限和居住年限分数占主要比例"[②]。与不断放宽落户限制形成强烈反差的是，城镇常住人口中未取得户籍的人口占全国总人口的比例并未明显下降，其总量反而有所增长。2021年常住人口城镇化率与户籍人口城镇化率仍相差18.0个百分点，仅比2013年缩小0.6个百分点；城镇常住人口中仍有2.55亿人未落户，比2013年多出100万人。

在构建新发展格局的时代背景下，应把围绕提高农业转移人口市民化质量作为核心，消除城市吸纳外来人口的体制障碍，促进已进城人口尽可能定居下来、目前还在农村的部分人口能够向城镇转移。

---

① 参见国家发展改革委关于印发《2019年新型城镇化建设重点任务》的通知（发改规划〔2019〕617号）。

② 参见国家发展改革委关于印发《2020年新型城镇化建设和城乡融合发展重点任务》的通知（发改规划〔2020〕532号）。

第一，应转变输入地的发展理念，把外来人口视作发展资源。在推进农民工市民化的进程中，一度过分强调农民工市民化给城市政府提供公共服务带来压力，对农民工市民化所带来的综合效益重视不够。农民工市民化的确会导致城市政府在教育、交通、社保等方面的支出增加，但在扩大消费、促进房地产发展、提高产业竞争力、改善社保基金收支平衡状况等方面也会带来长期收益。随着人口老龄化水平的提高、劳动年龄人口的减少甚至人口总量的收缩，能否吸引外来人口将决定一个城市能否持续繁荣。学术界也应从注重研究农民工市民化成本，转向注重研究农民工市民化的综合收益，为转变城市政府发展理念提供理论支撑。

第二，应把市民化的着力点转向提高进城农民工的获得感。以放宽落户限制为核心的城镇户籍制度改革已取得长足进展，目前除超大特大城市外，省内进城落户、从高考录取分数线较低省份往分数线较高省份跨省落户已基本没有限制。下一步，促进农民工市民化的关键是要通过提高公共服务覆盖的广度和深度，来增强他们的获得感。应明确规定，今后出台任何公共服务措施都不得与户籍性质挂钩，对目前仍然挂钩的公共服务事项进行全面清理，按从易到难的原则逐项进行脱钩，最终还原户籍的人口管理功能。特别是要做好城乡之间社会保障制度的衔接，增加保障性住房供给，降低进城农民工居住成本，提高随迁子女入学的便利性，促进农业转移人口的社会融合。

第三，应建立健全"人多钱多""人多地多"的激励机制。一方面，应加大现有激励机制的实施力度，扩大中央财政对农业转移人口市民化的奖励资金规模，扩大与吸纳落户数量挂钩的新增建设用地计划指标规模。另一方面，应创设新的激励机制，中央财政用于支持义务教育等公共服务的转移支付应按各地实际人口安排；深化财税体制改革，重建地方税体系，形成"人多税多—税多公共服务好—公共服务好人多"的良性循环。

第三节　打通市民入乡通道

对仍处于工业化、城镇化进程的中国而言，人们很自然地会关注农业转移人口进城和劳动力资源从农业、农村向工业、城市的再配置。但当工业化、城镇化发展到一定阶段后，乡村人口结构的变化导致人才振兴成为乡村振兴的迫切需要，乡村多元价值的彰显需要市民入乡来撬动。与城市对农业转移人口的排斥相比，乡村对市民进入的排斥更加严重。打通市民入乡通道，需要突破更深层次的体制机制障碍。

一、市民入乡的必要性

长期以来，人们在讨论城乡之间的要素流动特别是劳动力流动时，主要关注从乡村到城市的流动。其原因可能是：一方面，受发展经济学所构建的二元经济结构分析范式影响。在以刘易斯为代表的发展经济学家的分析范式中，发展中国家由生产率低的传统部门（乡村）和生产率高的现代部门（城市）组成，经济发展的过程就是劳动力从传统部门向现代部门转移的过程。另一方面，受中国二元经济体制下城乡福利差别大、农民向往"吃商品粮"的影响。除了具有与其他发展中国家相同发展阶段普遍呈现的城乡二元经济结构特征外，中国还存在独特的城乡二元体制，而且这种城乡二元体制强化了城乡二元结构。不仅城市比乡村具有更高的劳动生产率和收入水平，而且城镇居民享受到比农村居民更好的社会福利，"城市让生活更美好"是农村人的普遍渴望。此外，截至进入新发展阶段，现实生活中实际大规模发生的人口流动也是从乡村到城市的人口单向流动。

中国仍处于城市化推进阶段，农村人口总量和占比仍将继续下降。需要注意的是，随着现代化进程的推进，从城市向乡村的人口流动将越来越具有重要的经济社会意义，并越来越可能成为畅通国民经济循环的重要环节。之所以会如此，在于两点：

第一，这是振兴乡村的需要。促进乡村振兴，关键是要调整乡村的功能定位，挖掘农业的多种功能，释放乡村的多元价值[①]。与按传统方式生产和销售农产品相比，运用现代科技手段生产和销售农产品更加需要人才、资金、技术的支撑。与乡村提供农产品、劳动力、外汇、市场等传统功能相比，提供休闲观光、文化传承、生态涵养等新的功能需要新产业、新业态、新商业模式作为载体。在乡村振兴过程中，无疑需要发挥农民的主体作用，以农民为主导力量和主要受益群体。同时，也必须清醒地看到，进入工业化、城镇化快速发展阶段后的农业剩余劳动力转移具有典型的"精英移民"特征，即农村转移人口在年龄、受教育年限、思想观念等方面明显优于农村留守人口，不少村庄的老龄化程度已非常严重。单纯依靠农村留守人口的人力资本和资金积累，难以有效激活乡村新的功能，甚至连乡村的传统功能也难以为继。

第二，这是满足市民对美好生活需要的必然要求。随着收入水平的提高，城市居民对乡村的需求由农产品逐步拓展到自然风光、风土人情、休闲旅游、健康养老等。随着农村人居环境的改善、交通便捷性的提高、线上办公的普及，特别是随着城市群的发展，城市居民对周边乡村的居住、物业等功能的需求意愿逐步提高。在城市工作、在乡村生活甚至在乡村工作和生活，已越来越具有可行性。为满足城市居民对农产品的传统需求，需要物进城；为满足城市居民对休闲、居住、办公等的新需求，需要人入乡。

二、促进市民入乡的边际探索

针对从城市到乡村的人口流动，国家政策层面已开始作出反应。2017—2023年各年的中央一号文件，从应对农民老龄化、优化乡村人口结构出发，提出了一些导向性、宣示性政策要求。与引导各类人才下乡

---

① 张军：《乡村价值定位与乡村振兴》，《中国农村经济》2018年第1期。

相匹配，需要通过深化改革消除农村集体土地与下乡的人才、资本重组面临的障碍。党的十八届三中全会通过的《中共中央关于全面深化改革若干重大问题的决定》在扩大农村集体产权结构开放性、允许更多的集体产权权能向非本集体经济组织成员流转方面作出了改革部署。为贯彻改革部署，无论是国家政策层面还是地方实践层面均进行了一些边际探索。

总体上看，这些边际探索具有两个鲜明特征。第一，选择性开放。对来自城市的人才、技术、资本等创新创业要素和休闲观光等短期体验式消费持积极开放态度，对来自城市的长期居住生活需求还在迟疑，对来自城市的投资、投机需求坚决拒绝。第二，划定底线，明确负面清单。明确规定现阶段土地承包权、宅基地使用权、集体收益分配权只能在本集体经济组织内部流转，严禁下乡利用农村宅基地建设别墅大院和私人会馆，坚决守住土地公有制性质不改变、耕地红线不突破、农民利益不受损这三条底线。

在能否进一步扩大集体产权结构开放性的问题上，存在着两种不同认识[①]。一些人认为，扩大农村集体产权结构开放性，允许更多的权能跨集体经济组织边界流转，有利于提高农村资源配置效率，增加农民财产性收入；有利于降低城市房价，增强中国经济竞争力；有利于满足城市居民日益增长的美好生活需要。也有一些人认为，农村集体经济组织具有地域唯一性、不可替代性，不仅是农村土地集体所有权行使主体，承担着农村集体资产经营管理的经济职能，还承担着村社范围内公共产品供给的职能；土地承包权、宅基地使用权、集体资产收益分配权是集体经济组织成员权的具体体现，现阶段仍具有很强的保障属性，不应推动将其流转给外人；允许市民下乡购地建房容易造成城市资本大量圈占农村土地，威胁耕地红线和国家粮食安全。

---

① 叶兴庆：《扩大农村集体产权结构开放性必须迈过三道坎》，《中国农村观察》2019年第3期。

笔者认为，在坚持农村土地集体所有制的前提下，扩大集体产权结构开放性的空间还很大。经过半个多世纪的发展变化，农村土地集体所有制的本质规定就是《物权法》所明确的"农民集体所有的不动产和动产，属于本集体成员集体所有"[1]。其中有两个关键点：一是所有权的权利主体是"本集体成员"，但法律对如何取得成员资格并没有做出明确规定，实践中成员资格是开放和动态变化的，并非封闭和固化不变；二是所有权的拥有方式是"成员集体所有"，既非成员共同共有，也非成员按份共有，成员不能请求分割所有权[2]。在遵循这一本质规定的前提下，《物权法》《农村土地承包法》《土地管理法》等法律和中央相关政策文件，把集体土地的部分权能从所有权中分离出来，例如，把承包地的承包经营权（承包权、经营权），宅基地的使用权（资格权、使用权）[3]，集体经营性建设用地的使用权从所有权中分离出来，赋予这些分离出来的权能具有不同程度的处分权能（例如出租、转让、抵押），使这些权能跨集体经济组织边界流转成为可能。

三、构建市民入乡的新机制

下一步，应遵循改革大逻辑，在扩大农村集体产权结构开放性方面迈出更大步伐。

第一，以稳定经营主体预期、促进可持续规模经营为目标，进一步扩大承包地产权结构的开放性。随着承包地在承包户就业、收入和生计保障中重要性的下降，应及时调整完善"三权分置"框架下所有权、承

---

① 《物权法》2007年10月1日起实施，2021年1月1日废止，相关内容被纳入《民法典》。

② 目前中国没有土地私有制，不能被分割的是集体土地所有权，非土地集体资产在特定情形下是可以被分割给集体成员的。

③ 在宅基地"三权分置"改革前，"宅基地使用权"对应于承包地的"承包经营权"，尽管《物权法》和后来的《民法典》仅赋予"宅基地使用权"具有占有、使用的权能，而赋予"承包经营权"具有占有、使用和收益的权能。

包权、经营权的权能边界，在延长流转期限、优先续租、控制地租等方面逐步赋予经营权更大的权能。在第三轮土地承包期内，可在集体经济组织成员大量举家外出、人口急剧减少的村庄，探索由非本集体经济组织成员受让退出的承包权，由这些农地实际经营者获得大于"三权分置"框架下的经营权、近似于城市国有土地所有权与使用权"两权分离"框架下的使用权的权能，为21世纪中叶建成现代化强国后构建新型农地制度积累经验①。

第二，以优化人口结构、保障外来人口自住需求为目标，有序扩大农村宅基地产权结构的开放性。加快农村宅基地"三权分置"改革步伐，扩大试点范围，探索其所有权的实现方式，对其资格权进行适度赋权，重点放活其使用权。在常住人口未明显减少、农房和宅基地需求旺盛的村庄，可通过合作建房等方式实现宅基地使用权有限度地向非本集体经济组织成员流转。在常住人口净减少、但有居住价值的村庄，可不再将农民住房财产权和宅基地使用权的流转限定在本集体经济组织范围内，流转期限也可以更长一些。同时，应优化村庄建设规划，加快推进房地一体的宅基地使用权确权登记颁证，对乱占耕地建房、超面积建房、"一户多宅"等问题进行清理，为宅基地"三权分置"改革做好铺垫。

第三，以提高配置效率、发展乡村产业为目标，进一步扩大农村集体建设用地产权结构的开放性。改革农村土地用途管制制度，在严格控制农用地转建设用地的前提下，淡化农村集体建设用地中经营性、公益性、闲置宅基地的边界，打通现有各种建设用地之间用途转换的通道。同时，创新农村集体建设用地规划管理方式，根据乡村产业分散布局的特点开展点状供地，根据乡村产业融合发展的特点开展混合供地。推进

---

① 2017年10月19日，习近平总书记参加党的十九大贵州省代表团审议谈到土地承包到期后之所以再延长30年时指出，"确定30年时间，是同我们实现强国目标的时间点相契合的。到建成社会主义现代化强国时，我们再研究新的土地政策"。参见霍小光：《拥抱新时代　担当新使命——习近平参加党的十九大贵州省代表团审议侧记》，《人民日报》2017年10月20日，第2版。

全域土地整治，在确保农用地面积不减少、质量能提高、地块明显扩大的前提下，调整优化各类建设用地的空间布局。

第四节　需要深入研究的问题

以畅通国民经济循环为主构建新发展格局，是我国经济发展到一定阶段后的必然选择，也是应对百年大变局的战略出路。城乡发展差距依然明显、城乡体制分割依然突出，是国民经济循环不畅的重要体现。城乡循环受阻，不仅抑制了以劳动力和土地为主的资源配置效率的提高，而且也损害了城乡居民的福祉。畅通国民经济循环，必须打通城乡彼此开放不够所形成的堵点。对城市而言，需要把进城农民工及其随迁子女作为支撑未来经济增长的重要力量，创新公共服务供给机制，推动进城人口市民化。对乡村而言，需要破除集体产权结构的封闭性，促进入乡市民与农村集体土地有效结合，优化乡村人口结构。

打通农民进城和市民入乡通道，既涉及体制变革，也涉及社会转型，需要更深入的分析和讨论。比如，影响农民退村进城的因素究竟有哪些，这些因素各自如何发挥作用？进城农民在农村的土地承包权等权利，在什么条件下可以退出、以何种方式退出，在市场发育不足的情况下如何对这些权利进行定价？农民工市民化给输入地带来的综合收益究竟该如何测度，其超过农民工市民化成本的临界点是否已经到来？构建"人多钱多""人多地多"的激励机制，对现行财税体制和土地管理制度会带来怎样的影响？再比如，适度开放农村集体产权结构、允许更多的农村集体产权权能向外部主体流转，对农村集体经济组织的功能、治理等会带来怎样的影响？入乡市民增多、村庄人口构成变化后，如何重建乡村治理体系？对这些问题，均有待做进一步的研究。

第六章

创新农村集体所有制实现形式

农村集体所有制是中国式农业农村现代化的重要制度基础，在避免农村两极分化、保障每个农民家庭基本生活、促进农田水利建设等方面发挥过重要作用，也为农村基础设施、公共服务和社会治理提供过重要依托。改革开放以来，随着农业经营方式、农村基础设施和公共服务供给、乡村治理架构的深刻变革，农村集体所有制的实现形式也经历了明显变化。在全面建设社会主义现代化国家新征程上，必须顺应乡村人口变化和城乡融合发展的大趋势，从有利于激活资源要素、逐步实现共同富裕出发，推进集体所有制下的产权重构，在坚持农村集体所有制与赋予农民更多财产权利之间寻找平衡点。

第一节　所有制与产权细分

　　我国农村集体所有制是20世纪50年代中后期逐步形成的一种公有制形式。1962年党的八届十中全会通过《农村人民公社工作条例修正草案》后，"三级所有，队为基础"的农村集体所有制得以最终确立。这既不是一种有完备的理论和法律基础、事先设计好的制度，也不是在苏联实践过的制度，更不是在经济发展进程中自发形成的制度，而是一种在政治运动中形成的中国特有的制度安排①。经过20世纪80年代前期家庭联产承包责任制改革和90年代中期乡镇企业改制，以及后来的农村税费体制、"四荒"拍卖、草原承包制度、集体林权制度、小型农田水利体制等一系列改革，农村集体所有制的存在范围、实现形式乃至集体所有制下的产权结构都发生了深刻变化。

　　尽管如此，截至目前农村集体所有制的基本特征依然保存完整：集体所有权由成员集体享有，但成员不能以个人身份享有和行使集体所有权；成员子女、配偶等遵循一定规则自动获得对集体所有权的分享权利，取得成员权不需要支付对价；成员权不可交易、继承，若成员死亡或退出，其成员权自然丧失；土地的集体所有权不可买卖，成员不能请求分割土地集体所有权②。具备这些特征的农村集体所有制，与共有、总有等

---

　　① 周其仁：《中国农村改革：国家与土地所有权关系的变化——一个经济制度变迁史的回顾》，《中国社会科学季刊》（香港）1994年夏季卷；高飞著：《集体土地所有权主体制度研究》，法律出版社2012年版，第60—63页。

　　② 党的十八届三中全会《决定》的提法是"坚持农村土地集体所有权"，党的十八届四中全会《决定》的要求是"创新适应公有制多种实现形式的产权保护制度，加强对……集体资产所有权……的保护"。我们认为，坚持农村土地集体所有权与坚持农村集体所有制是有区别的。现实生活中，土地以外的集体资产的所有权是可以买卖的，乡镇企业改制就是这种情形；也可以出售后在成员间进行货币化分割，一些地方在撤村改居的过程中有这种操作办法。

团体所有权制度并不完全相同，与全民所有、城镇集体所有等公有制也存在很大差异①。表6-1从多个维度对农村集体所有制与其他团体所有制进行了比较。农村集体所有制的这套制度安排，与市场经济条件下的资源跨社区配置、城镇化背景下的农村人口变动不相适应。因此，迫切需要对农村集体所有制特别是土地集体所有制的组织形式、实现方式、发展趋势等重大课题进行研究。

产权是所有制的核心，是一组权利。研究所有制的组织形式、实现方式、发展趋势，核心在于研究产权体系的发展变化。同一所有制下，产权可以细分为各种具体权能，包括占有、使用、收益、处分四大权能；四大权能中的每一项权能，又可进一步细分，如处分权可以细分为出让、出租、转让、转租、抵押、担保、继承、买卖等权能。在人类社会早期发展阶段，所有权与所有权人是紧密结合的，所有者自有自用自营自享。随着经济社会发展，为了提高资源配置效率，所有权的具体权能越来越多地与所有权人发生分离。最典型的是现代企业制度中所有权与经营权分离，经营权演变为法人财产权②。这种分离是基于法律的规定或当事人的约定而产生的，并不导致所有权人丧失其对财产的所有权。

这意味着，在"坚持公有制主体地位""坚持农村土地集体所有权"的前提条件下，土地等农村集体资产的占有、使用、收益、处分权能可以部分地让渡给集体成员或其他外部人员。依让渡的程度和方式的不同，

---

① ［日］小川竹一著，战东升译：《中国集体土地所有权与总有论》，《经济法论坛》2014年第2期。

② 法人财产权是一种非常充分的产权，包括对股东注入的原始出资、公司从事生产经营活动后的增值财产、公司所创造的工业产权、非专利技术和商誉等无形资产在内的公司全部财产享有独立的支配权，即享有占有、使用、收益和处分的权利。伯利和米恩斯揭示了现代企业的所有权和经营权的"两权分离"，史正富等甚至提出了资本所有权、资本经营权即企业所有权、企业经营权的"三权分离"。参见［美］阿道夫·A.伯利、加德纳·C.米恩斯著，甘华鸣等译：《现代公司与私有财产》，商务印书馆2005年版；史正富、刘昶著：《看不见的所有者：现代企业的产权革命》，上海人民出版社2012年版。

表6-1　集体所有与其他团体所有的比较

	集体所有	共有		总有
		共同共有	按份共有	
定义	农民集体所有的不动产和动产，属于本集体成员集体所有	共同共有人对共有的不动产或者动产共享有所有权	按份共有人对共有的不动产或者动产按照份额享有所有权	一个团体（如氏族、部落）对不动产或者动产享有所有权，团体成员的增减变化不影响团体的所有权
实例	农村土地等集体资产	夫妻财产、家庭财产、分割前的遗产；改制前的集体所有制乡镇企业	同居期间共同出资形成的财产；合伙制；农民合作社的公共积累；按照党的十八届三中全会《决定》精神赋予农民对集体资产股份有偿退出权后的股份合作制	德国与瑞士边界附近的一处牧场，源于罗马时代一个将军的封地
成员与团体的权利分割	占有、使用、收益、处分权可以由成员集体统一行使（改革前），也可以在成员集体与成员个体之间分割（改革后）	占有、使用、收益、处分权由共有人共同行使	占有、使用、收益、处分权由共有人共同行使	占有、处分权由团体行使，使用、收益权由成员行使
进入机制	因出生、婚姻等自动成为集体成员，无需支付对价	依法律规定成为共有人，无需支付对价	依约定成为共有人，按照出资额享有份额	因出生、婚姻等自动成为团体成员，无需支付对价
退出机制	成员不得请求分割土地所有权	共同共有人在共有的基础丧失或者有重大理由需要分割时可以请求分割财产	按份共有人可以随时请求分割	成员不得请求分割财产

资料来源：作者整理。

可以有多种集体产权制度安排。集体所有制可以与多种集体产权制度安排相匹配，使推进农村集体产权制度改革成为可能，也使探索更有效率的集体所有制组织形式和实现方式成为可能。改革农村集体产权制度，不是要改变农村集体所有制，而是要选择一种更有效率的产权制度安排，把农村土地等集体资产的占有、使用、收益、处分等各项实际财产权利界定清楚[①]。

第二节　农用地的产权重构

农村集体所有制土地的绝大部分是农用地，包括耕地、林地、草地、养殖水面等。据原国土资源部第二次全国土地调查，全国农村集体土地总面积为66.9亿亩，其中农用地为55.3亿亩。这是农村集体资产的主体部分[②]。农村改革40多年来，农用地的产权结构经历了从所有权与使用权高度统一向所有权与承包经营权分离的重大变革，正在经历承包权与经营权的再次分离。

[①] 甘藏春认为，权能的配置、权能的分化和细化，是下一步改革的难点。刘守英认为，必须通过集体所有制的深化改革，重构农村土地集体所有权、使用权、转让权权利体系，为农民提供完整的、权属清晰的、有稳定预期的土地制度结构。罗必良也认为，由于土地集体所有制不会被改变，产权的细分、产权的交易以及产权的配置就成为中国推进实践创新的基本线索。参见甘藏春：《农地三权分离是改革唯一出路》，财新网，2014年9月23日；罗必良：《理解农民土地产权的实现形式》，财新网，2014年10月1日。

[②] 《顶层设计紧锣密鼓　农村集体产权改革系列意见将出》，《经济参考报》2014年12月2日，第2版。关于第二次全国土地调查结果中集体所有制农用地的具体构成未见公开报道。但据媒体报道，全国集体所有制耕地约18亿亩、林地约27亿亩，据此推算，全国集体所有制草原约10亿亩。我国草原总面积约60亿亩，根据《宪法》和《草原法》，北方草原属于国家所有，南方草山草坡多属于集体所有。内蒙古自治区人大常委会曾向全国人大常委会请求确认内蒙古自治区草原属于集体所有，未获同意。

一、农用地产权结构的历史变迁

从1978年安徽凤阳小岗村率先实行大包干，到1983年底全国97.8%的农村基本核算单位实行包干到户，在短短几年间，我国就建立起了统一经营与分散经营相结合、以家庭承包为主要形式的联产承包责任制。在这种制度安排下，农用地的集体所有权与农户承包经营权开始发生分离，但集体所有权的权能仍很完整：一是发包权，通过承包合同对农户加以约束，并保留一定比例的机动地；二是生产经营计划权，集体向农户下达粮食等大宗农产品种植和统派购计划；三是统一经营权，"办好社员要求统一办的事情，如机耕、水利、植保、防疫、制种、配种等"[1]；四是收益分配权，农户在处分农产品时必须"留足集体的"。此时，农户只是获得有限的生产经营自主权，如自由支配劳动时间、自由处置"上交国家、留足集体"后剩余的农产品及生产经营收益。

从1984年开始，农用地的产权开始在集体所有权与农户承包经营权之间进行新的分割，总的趋势是收缩前者的权能、扩张后者的权能，农用地的各项权能不断由集体让渡给承包户。突出表现在两个方面：一是从承包期限看，在不断延长。1984年中央一号文件明确，集体所有土地可以以15年的承包期承包给农户；1993年中央11号文件规定，在原定的耕地承包期到期之后，再延长30年不变；1998年修订通过的《土地管理法》明确了农民30年的土地使用权；2003年3月1日生效的《农村土地承包法》延续了这一规定；2008年党的十七届三中全会《决定》提出，现有农村土地承包关系要保持稳定并长久不变；党的十九大报告提出，保持土地承包关系稳定并长久不变，第二轮土地承包到期后再延长30年。有关政策、法规强调承包期内不得调整或收回农民承包土地，农户获得了承包期内的实际支配、控制权。有专家认为，承包权实质上是对所有权的分割，承包合同越是长期化、固定化，承包权对所有权的分

---

[1] 1983年中央一号文件。

割程度就越高①。二是从权利性质看，土地承包经营权经历了从债权向用益物权的重大转型。在《农村土地承包法》颁布施行之前，土地承包经营权建立在承包合同的基础上，由合同约定双方的权利与义务，是一种传统民法中的债权；根据《农村土地承包法》，土地承包经营权是国家赋予集体经济组织成员享有的一种支配和排他权利，具有物权的部分特征；《物权法》和《民法典》则明确界定农村土地承包经营权是一种传统民法中的用益物权。在不断分割过程中，土地承包关系实现了从合同约定向国家赋权的重大转变，家庭承包经营实现了从生产经营责任制改革向产权制度改革的重大转变，土地承包经营权实现了从生产经营自主权向用益物权乃至"准所有权"的重大转变，农用地所有权与承包经营权分离的制度框架基本定型。

土地承包经营权是承包权和经营权的混合体。承包权属于成员权，只有集体成员才有资格拥有，具有明显的身份依附性、社区封闭性和不可交易性。经营权属于财产权，既可以附着在承包权上，也可以剥离出去、通过市场化方式配置给有能力的人，具有明显的开放性和可交易性。在人口不流动、土地不流转的情形下，这两种差异较大的权利可以浑然一体、相安无事。但情况已发生很大变化，承包主体与经营主体在逐步分离。2022年全国农民工达到29562万人，其中外出农民工达到17190万人，年末在城镇居住的进城农民工达到13256万人②。就业结构、就业地点的变化，为土地流转创造了条件。据农业农村部统计，截至2021年底，全国家庭承包耕地土地经营权流转面积达5.57亿亩，占全国家庭承包耕地总面积的35.4%③。随着承包农户外出务工增多、土地流转加快、土地融资需求扩张，承包主体与经营主体分离的情况还会进一

---

① 党国印：《论农村集体产权》，《中国农村观察》1998年第4期。

② 国家统计局：《2022年农民工监测调查报告》，国家统计局网站，2023年4月28日。

③ 农业农村部政策与改革司编：《中国农村政策与改革统计年报（2021年）》，中国农业出版社2022年版。

步增多，承包权与经营权继续混为一体会带来法理上的困惑和政策上的混乱。

2013年7月，习近平总书记在湖北考察时指出，深化农村改革，完善农村基本经营制度，要好好研究土地所有权、承包权、经营权三者之间的关系。党的十八届三中全会《决定》强调，赋予农民对承包地占有、使用、收益、流转及承包经营权抵押、担保权能，允许农民以承包经营权入股发展农业产业化经营。落实这一改革要求，需要明确流转、抵押、担保、入股的客体究竟是承包经营权、承包权还是经营权。为此，2013年底召开的中央农村工作会议明确指出，顺应农民保留土地承包权、流转土地经营权的意愿，把农民土地承包经营权分为承包权和经营权，实现承包权和经营权分置并行，这是我国农村改革的又一次重大创新；2014年中央一号文件进一步明确指出，在落实农村土地集体所有权的基础上，稳定农户承包权、放活土地经营权，允许承包土地的经营权向金融机构抵押融资；2016年中共中央办公厅、国务院办公厅印发《关于完善农村土地所有权承包权经营权分置办法的意见》，对所有权、承包权、经营权的权利边界及相互权利关系进行了初步界定。这意味着，把土地承包经营权分设为承包权和经营权，实行所有权、承包权、经营权"三权分置"，是农地产权制度演变的大逻辑。实际上，为在维护承包户权益和促进承包地流转之间寻找平衡点，一些专家和基层干部早在20世纪90年代初就提出过"明确所有权、稳定承包权、放活经营权"的提法，2001年中央18号文件也有意识地使用过"承包地使用权流转"的概念。吉林、山东、云南等地曾一度为规避担保法、物权法关于土地承包经营权不能抵押的法律障碍，从土地承包经营权中分离出"国家补贴收益权""经营收益权""使用权""流转权""流转经营权"，并以其办理银行质押、抵押贷款。

实行"三权分置"，关键是要合理界定农用地所有权、承包权、经营权的权能范围。综合权衡基本国情、路径依赖、改革成本，下一步应按照"落实集体所有权、稳定农户承包权、保护土地经营权"的思

表6-2 农用地的产权重构

| | 所有权 | 承包权 | 经营权 | |
			基于成员权、通过家庭承包获得的原始经营权	通过市场流转获得的继受经营权
占有	监督和管理承包方、经营者，特定情形下收回承包地	70年的排他性控制、支配	70年的排他性控制、支配	合同约定但不超过剩余承包期的排他性控制、支配
使用	特定情形下统一经营	利用承包地从事农业生产经营	利用承包地从事农业生产经营	利用流转土地从事农业生产经营
收益	特定情形下统一经营获得的收益，参与承包地征收补偿费分配	参与承包地征收补偿费分配、获取有偿退出收益	农业生产经营收益、国家农业补贴、流转收益	农业生产经营收益、国家农业补贴
处分	不得买卖	承包期内自愿有偿退还集体经济组织，不得抵押、担保、继承	承包期内可出租、转让、入股、抵押、担保、继承	合同期内可出租、转让、入股、抵押、担保、继承

资料来源：作者整理。

路，进一步明确三者在占有、使用、收益、处分方面的权能边界（见表6-2）。

二、落实集体所有权

自实行家庭承包经营制度改革以来，农用地的集体所有权的权能在全面收缩。在推行和巩固家庭承包经营制度、防范基层干部随意调整和强制流转农户承包地、减轻农民负担、给农民"吃定心丸"的时代背景下，把维护农民土地承包经营权作为主要政策取向是必要的。但对这种农用地产权不断向承包户分割的政策取向，有些人持不同意见，认为限制集体经济组织调整和收回农户承包地、取消土地承包费等做法是错误的[①]。这些人担心，土地承包关系长久不变以后，农用地的集体所有权有名存实亡的可能。也有一些人认为农用地产权向承包户倾斜得还不够，应该实行"国有永佃"，国家只拥有名义上的所有权，农户拥有永久使用权；有些人甚至主张实行农户私有制。

我们认为，农户拥有完整的土地产权直至私有产权，并非必然有利于土地流转和经营规模扩大，甚至有可能成为土地流转和集中的障碍。日本、韩国和我国台湾地区多年来的情况足以证明这一点[②]。就连一些日本农经学者都认为，在坚持土地集体所有的条件下，中国在规模经营的道路上可能将比日本更顺利，原因在于土地集体所有更有利于实行耕者有其田的原则，并且在集中离农者耕地方面，比实行土地私有制有更多的办法[③]。问题的关键在于，既不能重蹈以前那种集体所有、统一经营、集中劳动的覆辙，也不能陷入农户占而不用、闲而不租、荒而不让的困境；既不能把集体所有权的权能搞得过大，也不能一味虚化、淡化集体所有权。现阶段落实集体所有权，着力点应是尊重和落实好集体经济组织在占有、处分方面的权能，发挥其在处理土地撂荒方面的监督作用、在平整和改良土地方面的主导作用、在建设农田水利等基础设施方面的

---

① 韩松认为，改革30年来，着力点放在强化承包经营权的效力，集体所有权被极大地虚化和弱化，由此引发了一系列的农村社会治理问题。贺雪峰也认为，当前农村出现了普遍的人地分离，而农民耕地规模小、土地细碎，现有农地产权安排导致农民耕作极为不便。从事农业生产的农民最迫切的愿望是整合细碎的土地产权，从而形成小块并大块的连片经营。要做到这一点，最基本的办法是强化村社组织为方便农户耕作而调整土地的权利，而不是无限扩大农户对每块具体土地的权利。可惜当前政策受到周其仁教授的误导，正在农村搞土地确权试点，这样的土地确权将导致当前农村细碎分散的土地产权的整合成本极高，以至于土地根本就无法有效耕作。参见韩松：《农村改革与集体所有权的完善》，《江海学刊》2009年第1期。

② 宁吉喆主编：《2013中国经济社会发展形势与对策——国务院研究室调研成果选》，中国言实出版社2013年版，第147—152页。

③ 张路雄：《中国耕地制度存在的问题及不可回避的政策选择》，课题研究报告，2008年12月。

组织作用、在促进土地集中连片和适度规模经营方面的桥梁作用。

落实集体所有权需要注意五点：

一是应保持土地集体所有权主体的稳定。妥善处理土地集体所有权确权过程中遗留的问题，根据改革前基本核算单位情况将土地所有权确权到村民小组或村民委员会或乡镇范围的农民集体，不宜打乱原基本核算单位的边界，防止不同集体所有者之间土地产权的平调①。

二是从实际出发确定集体所有权权利主体的组织形式。经济发达地区可普遍成立村经济联合社、组经济合作社，作为土地集体所有权的产权代表。经济欠发达地区可继续由村民委员会代行村级、组级集体经济组织职能，以利于减轻集体负担，但要以土地所有权边界清晰为前提，这类似于目前普遍实行的"村财乡管"。

三是现阶段不宜通过扩大集体经济组织调整和强制收回农户承包地的权利来体现所有权，也不宜通过收取土地承包费、参与土地流转租金分配来体现所有权。否则，极易发生侵犯农户承包权的问题。

四是在农户承包地被依法征收时，集体所有权可适度参与土地补偿费的分配。

五是应重新认识和对待一些地方集体经济组织行使处分权的做法。比如，"返租倒包"。在以前的"返租倒包"中，村集体普遍实行低进高出，以偏低的价格强制性收回农户承包地，再高价发包给部分农户或工商企业，从中截留土地流转费。在现在的"返租倒包"或"委托流转"中，村集体从原承包户手中把土地租过来，经过整理后，再按一定标准连片分包给适度规模经营者，不仅村集体不截留土地流转费，而且地方政府和村集体还要给予流转奖励。上海市松江区发展家庭农场的做法，就是新形势下的"返租倒包"，在保护承包户权益、促进粮食生产适度规模经营方面取得了明显效果。

---

① 一些地方在推进"小村并大村""新型农村社区建设"中，尤其要注意这一点。

三、稳定农户承包权

在土地私有制国家，为适应所有者与使用者分离的需要，一般实行土地所有权与使用权"两权分离"。我国的特殊性在于，既要适应土地所有者（集体）与所有者成员（农户）分离的客观趋势，又要适应所有者成员（承包户）与土地实际利用者（经营者）分离的一般规律。以成员权为基础，从土地集体所有权中分离出农户承包权，承认农民拥有独立的土地承包权，无论在理论上还是在实践中都具有极其重要的意义。

稳定农户承包权，应把握好以下几点：

一是起点公平只是相对的。承包权是集体经济组织成员平等拥有的一种成员权。承包期长期化与集体成员不断变化是矛盾的，但又不能根据成员变化无休止地调整承包关系。一些地方鉴于二轮承包以来农户之间人地关系变化较大，主张在二轮承包到期后开展延包时，对土地承包关系进行一次调整。是否调整、如何调整，应从实际出发，尊重群众意见。家庭承包的本质，是家庭成员共有承包权。二轮承包以来30年间和到期后再延包30年间的外嫁女、入赘男、离婚妇、新生儿等家庭新老成员，是该家庭已获得的承包权的共有人，不能再简单地称之为"无地人口"。

二是鼓励探索市场化退出机制。对举家外出、又没有劳动力返乡务农的承包户，在自愿前提下，引导其有偿退出承包权。宁夏平罗县利用国家移民资金赎买部分进城落户农民的承包权，再分配给需要安置的移民。法国于20世纪60年代建立了土地整治和农村建设公司，收购土地所有者的土地、农场或荒地，经过整治后再转让给中等规模农场。从1963—1982年，这个公司共收购土地145万公顷，占土地市场的1/5。法律还规定这个公司对土地享有优先购买权，以避免土地市场投机和保护农场的家庭经营特点。荷兰建有土地管理事务所和土地银行，利用国家资金优先购买市场上的土地，经过整治合并后再卖给有经营前途的农民。国内外的这些做法值得借鉴。

三是鼓励创新承包权的实现方式。例如，在农民非农就业比重很高、人均土地面积很小的地方，"确权确利不确地"就是一种较好的承包权实现方式。"确权"，就是确认集体经济组织成员资格，取得资格的人有权享有集体土地承包权；"确利"，就是确定参与土地经营收益分配的具体方式；"不确地"，就是不将具体的地块分割到每家每户。在前两轮推进耕地承包到户过程中，北京、上海、江苏等地有这种做法。在推进集体林权制度改革过程中，广东等地也有这种做法。应实事求是地对待地方的这类探索，不宜"一刀切"地要求所有地方都必须将具体的地块确权到具体的农户。

四是赋予承包权有限的处分权能。承包权建立在成员权基础上，以集体经济组织成员资格为前提，除可以有偿退出即有偿退还集体经济组织外，承包权不能向外部人员流转交易，也不能抵押、担保、继承。

四、保护土地经营权

在土地私有制国家，对从农用地所有权中分离出来的农用地使用权（经营权）究竟应赋予其多大权能、如何规范农地赁租行为，各国做法并不完全相同。但有一些共同特征：禁止转租，建立农地租金的法定定期调整制度，赋予承租人享有对农地改良获得补偿的权利，规定农地租赁合同的法定最短期限[1]。其中，有两点值得我们重视：一是限制农用地使用权再流转。西方国家的民法普遍不允许使用权人转租、转让土地。公元6世纪制定的《法学总论》即罗马私法第五篇中明确规定，"使用权人不能把使用权出卖、出租或无偿让与他人"。《法国民法典》第631条规定，"使用权人不得出租或出让其权利于他人"[2]。《德国民法典》第1080

---

[1] 陈小君等著：《农村土地问题立法研究》，经济科学出版社2012年版，第147页。

[2] 为扩大经营权权能，法国通过引入"可转让租约"赋予农地经营权转让权能。参见刘长全：《以农地经营权配置与保护为重点的农地制度改革——法国经验与启示》，《中国农村经济》2020年第11期。

条规定，"用益权不得转让"，"用益权既不得抵押，也不得用作担保或者再设定用益权"①。《意大利民法典》区分了自耕农租赁与非自耕农租赁，对于前一种情形，规定承租人未经出租人许可不得转让；对后一种情形，直接禁止承租人再转让其租赁的土地。西班牙法律严格禁止农地转租，主要是基于租赁的人身关系性质，允许承租人将所租赁土地的经营权再转让给其他人将会破坏原租赁合同关系的平衡②。我国台湾地区"土地法"第108条也规定，承租人纵经出租人承诺，仍不得将耕地全部或一部分转租他人。二是保护租地农场主利益。西欧、北欧从20世纪50年代开始，通过发展租佃关系来强化租地农场主对土地的占有权和使用权，加速土地流动和集中。美国法律也强调，要使土地占有者有适当的规模和生产潜力，使他们的生产机会达到最佳程度，为土地使用者提供经济机会、安全和稳定。各国鼓励租地农场主的政策包括：（1）延长租期。为增强租地农场主的稳定感，法国的租佃法把租期由第二次世界大战前的不少于3年改为现在的9年，意大利由3年改为15年，荷兰为12年，以色列为不得少于90年。（2）降低租金。荷兰利用土地银行体系从农民那里购买土地后长期低价租给有前途的中农，年度租金只相当于土地买价的2.5%。泰国成立佃户合作社，并由合作社与土地所有者签订20年的租地合同，然后合作社再按同样条件租给佃户，以便维持低租金。比利时、荷兰、法国等国家，租赁价格受国家法律的限制。（3）邻近有先买权和先佃权。不耕种的自有土地，如不出卖，就必须出租，邻近有先买权和先佃权。法国规定，所有农场主都可以要求诉讼法院允许经营邻居2年以上未耕种的地产，在缺乏和解的程序时法院确定租金总额。西欧国家都有类似规定③。

---

① 张路雄：《国外土地制度中一些值得借鉴的问题》，课题研究报告，2009年3月。

② 陈小君等著：《农村土地问题立法研究》，经济科学出版社2012年版，第147页。

③ 刘放生：《农村土地制度考察报告》，乡村发现网，2014年7月23日。

对农用地使用权既限制又保护，看似矛盾，实则为了同一个目标：使租地农场主能够长期稳定经营。限制农用地使用权再流转，意在鼓励长期经营、避免土地投机。强化农用地使用权的占有和收益权能，意在稳定租地经营者的预期、降低农业生产的地租成本。国外的这些做法给我们的启示是，界定土地经营权的权能边界虽无一定之规，但要服务和服从于一国农业发展政策目标。就我国目前情况看，从土地承包经营权中分离出相对独立的土地经营权，目的在于：顺应农民保留土地承包权、流转土地经营权的意愿，顺应促进土地流转集中、逐步扩大农业经营规模的趋势，顺应扩大农村有效抵押物范围、缓解农业贷款难的需要。从这"三个顺应"出发，应当在承包权与经营权之间审慎分割农用地的占有、使用、收益、处分权能，既不能引发承包权利人的不满，又要体现对经营权利人的保护。

保护土地经营权需要把握好以下四点：

一是在占有权方面，应鼓励签订长期流转合同，使经营者有稳定的预期，调动其用地养地、增加农田基础设施建设等长期投入的积极性。据浙江省农业厅课题组2005年对绍兴、金华两市300个大户的调查，在对"当前制约你进一步增加投入的最大因素是哪个"的回答中，回答"土地承包期太短""个人经营能力受限""缺少技术""资金不足"所占比例分别为62.7%、20.0%，9.3%、7.0%，土地承包期平均为6.4年，承包期太短是规模经营农户的最大担心[1]。据河南省统计局2013年对150个种粮大户的问卷调查，普遍反映流转合同期限短影响生产长期投入，70%以上的种粮面积流转期限在6年以下，其中流转期限5年以下的占42.5%，有些甚至一年一签。

二是在使用权方面，应支持经营者对细碎零乱的耕地进行平整，以利于田间管理和机械化作业。很多地方的实践表明，土地整理以后，由

---

① 浙江省农业厅课题组：《种粮大户形成和发展机制研究——来自绍兴、金华两市300个大户的调查与分析》，《浙江现代农业》2006年第1期。

于减少了渠道、田埂、道路等占地，耕地面积会"长出"10%以上。国家农业综合开发、土地整治、高标准基本农田建设、农田水利等专项资金，应支持规模经营者进行土地平整和农田基础设施建设。

三是在收益权方面，应围绕提高规模经营者的综合收益，改革农业直接补贴的分配办法、逐步投向实际务农种粮者，鼓励有条件的地方对土地流转费用进行补贴，还应有意识地控制土地租金水平。随着土地有偿流转现象的增多，农业生产的土地成本概念逐渐清晰，租地经营实际支付的土地成本和承包户自营土地的机会成本都在上涨，共同推动农业生产的土地成本快速上涨。以全国稻谷生产为例，1998—2021年，亩均产值从593.36元上涨到1341.24元、年均上涨3.61%，亩均净利润从155.92元下降到59.99元、年均下降4.07%，亩均土地成本从57.94元上升到249.93元、年均上涨6.56%，利润占产值的比重从36.96%下降到12.27%，土地成本占产值的比重从9.76%上升到18.63%，地租侵蚀利润的趋势非常明显[①]。我国户均耕地面积只有8亩左右，要达到100亩左右的适度经营规模，所经营的土地中90%以上是需要付地租的租赁土地。至于种粮大户和公司制农业经营主体，几乎100%的土地要付地租。在不少地方，靠租地种粮食很难盈利，这是规模经营"非粮化"的重要经济原因。在基层调研中，经常能听到规模经营主体"租金太贵""种不起地"的抱怨。为扶持发展粮食适度规模经营，上海市松江区引导农民将耕地流转给村集体，区政府投资对耕地进行整理、健全配套措施，然后再由村集体发包给部分农户。松江区农业农村委员会2022年出台文件规定："土地流转费事关流转双方的切身利益和家庭农场的稳定发展，必须兼顾公平与合理。要根据本街镇、村的实际情况，确定合理的土地流转费标准。土地流转费一般按每亩500市斤稻谷乘上年度国家稻谷收购价（加上政府差价补贴），折算成货币方式进行收取，各街镇可根据当地实

[①] 根据国家发展和改革委员会价格司编印的历年《全国农产品成本收益资料汇编》计算。

际情况上浮5%—10%。耕作条件较差的复垦地由各街镇根据实际确定流转费下浮标准。"①这类做法值得我们深思。在我国农业现代化进程中，如何平衡好地租收取者与租地经营者的利益，将是一道难题。必须明确，允许承包户转出土地时收取适当费用，有利于调动他们转出土地的积极性，但不宜把增加承包户的土地租金视作增加"农民"财产性收入的重要渠道。

四是在处分权方面，应允许承包户或经营者以农用地经营权进行抵押、担保、入股，但对经营者再次流转土地经营权应予适当限制。土地经营权可分为通过家庭承包获得的经营权和通过市场流转获得的经营权②。前者可称之为原始经营权，后者可称之为继受经营权。对这两种经营权，应差别化地赋予其处分权能：（1）对通过家庭承包获得的经营权，为促进土地流转，应赋予其较大的处分权能。在已经赋予其转包、出租、互换、转让、股份合作等权能的基础上，根据党的十八届三中全会《决定》精神，还应赋予其抵押、担保、入股权能。由于这种经营权与承包权交织在一起，必须明确，被处分的客体是不超过剩余承包期的经营权，而非承包权；从承包户手中获得经营权，不等于获得了集体经济组织成员资格。（2）对通过市场流转获得的经营权，应赋予其相对有限的处分权能。通过市场流转获得农用地经营权，本意在于从事农业生产经营。因此，政策的出发点，应当是促使这种经营权利人一心一意从事农业生产经营活动，而不应鼓励他们再次流转土地。上海市松江区规定，家庭农场经营者不得将所经营的土地再转包、转租给第三方经营。根据目前我国法律和政策，对通过出让方式获得的国有土地使用权，其再流转也

---

① 上海市松江区农业农村委员会：《关于印发〈松江区关于进一步促进家庭农场发展的意见〉的通知》，https://www.songjiang.gov.cn/govxxgk/SHSJ3/2022-01-10/ed615c7f-da2e-446e-85d5-f9eb3e1f40bf.html。

② 云南省提出了"农村土地流转经营权"概念，并颁发《农村土地流转经营权证》。参见邓道勇：《云南农村土地流转经营权抵押在曲靖破冰》，《中国经济时报》2014年5月5日，第7版。

要受到一定限制，如必须完成15%的投资后方可再次转让，以防止"炒地皮"；房屋租赁者不得转租其所租赁的房屋，以防止出现"二房东"。因此，对通过市场流转方式获得的经营权，在赋予其转让、转租、抵押、担保等处分权能时，应附加前置条件。例如，目前一些地方开展的土地经营权抵押，主要受益者是转入土地较多、资金需求较大的租地经营者。为防范经营失败、拖欠土地流转费可能引发的社会风险，有必要建立土地流转风险保障金制度，并把缴纳风险保障金作为抵押的前置条件。

第三节　宅基地的产权重构

根据第三次全国农业普查数据推算，2013年末全国农村宅基地总面积约1.7亿亩，约占农村集体建设用地的54%[①]。这是农村集体资产的重要组成部分，也是农民财产权利的重要来源。在过去几十年的演变过程中，农村宅基地制度的核心内容基本稳定。顺应城乡人口双向流动的大趋势，有必要按照"三权分置"的思路继续深化农村宅基地制度改革，适度、有序扩大其产权结构的开放性。

一、宅基地产权结构的历史变迁

农村宅基地制度是我国特有的一种土地制度。新中国成立后一个时期内，宅基地和农房归农民个人所有。即便1956年发布的《高级农业生产合作社示范章程》要求社员入社必须把私有的土地转为合作社集体所有，但也同时明确"社员原有的坟地和房屋地基不必入社"。1962年《农村人民公社工作条例修正草案》首次明确包括宅基地在内的生产队范围内的土地，都归生产队所有。1963年中共中央发布《关于各地对社员宅

---

①　林远：《"三块地"改革顶层设计呼之欲出》，《经济参考报》2014年12月3日，第2版。

基地问题作一些补充规定的通知》，并转发国务院农林办公室整理的《关于社员宅基地问题》，重申"社员的宅基地，包括有建筑物和没有建筑物的空白宅基地，都归生产队集体所有"，并作出新的规定：宅基地仍归各户长期使用，长期不变，生产队应保护社员的使用权，不能想收就收，想调剂就调剂；宅基地上的附着物，如房屋、树木、厂棚、猪圈、厕所等永远归社员所有，社员有买卖和租赁房屋的权利；社员新建住宅占地无论是否耕地，一律不收地价①。

在1963年以来的几十年间，虽然"集体所有、农户使用"的农村宅基地制度框架保持了基本稳定，但深入分析可以发现，农村宅基地使用权制度还是发生了一系列调整：

一是获得宅基地使用权的资格在逐步收紧。在很长一个时期内，国家并未禁止城镇居民有条件地获得农村宅基地使用权。1982年颁布的《村镇建房用地管理条例》规定，"回乡落户的离休、退休、退职职工和军人，回乡定居的华侨"可以获得宅基地。1986年颁布的《土地管理法》第四十一条规定，城镇非农业户口居民可以使用集体所有土地建住宅，附加条件是须经县级人民政府批准、用地面积不得超过省区市规定标准、参照国家建设征用土地标准支付补偿费和安置补助费。1990年国务院批转国家土地管理局《关于加强农村宅基地管理工作的请示》首次提出，对非农业户口居民，不批准宅基地。1998年修订后的《土地管理法》，将宅基地的申请主体由"农村居民"修改为"农村村民"，删除了城镇非农业户口居民可以使用集体所有土地建住宅的规定。1999年发布的《国务院办公厅关于加强土地转让管理严禁炒卖土地的通知》首次明确提出，"农民的住宅不得向城市居民出售，也不得批准城市居民占用农民集体土地建住宅，有关部门不得为违法建造和购买的住宅发放土地使用证和房产证"。2004年发布的《国务院关于深化改革严格土地管理的决定》，将

---

① 张红宇：《完善农村承包土地和农村宅基地法律法规和政策研究》，清华大学中国农村研究院课题报告，2013年。

禁止的主体范围由"城市居民"扩大为"城镇居民"，明确提出"禁止城镇居民在农村购置宅基地"。

二是获取宅基地使用权的方式经历了从无偿到有偿再到无偿的曲折变化。在人民公社时期，社员新建住宅由集体无偿提供土地。1988年，山东德州率先试行农村宅基地有偿使用。到1992年，全国已有28个省区市、1200多个县、6000个乡镇、约13万个行政村实行了宅基地有偿使用。1993年，国务院召开全国减轻农民负担工作电视电话会议，宣布取消农村宅基地有偿使用费、农村宅基地超占费。此后，虽然国家层面实行免费使用制度，但局部地区仍在实行有偿使用。

三是宅基地使用权的权能在逐步收窄。1963年中共中央发布的《关于各地对社员宅基地问题作一些补充规定的通知》规定，社员有买卖或租赁房屋的权利，房屋出卖后宅基地使用权即随之转移给新房主。但1981年国务院发布的《关于制止农村建房侵占耕地的紧急通知》强调，分配给社员的宅基地，社员只有使用权，不准出租、买卖和擅自转让。1995年颁布的《担保法》第三十七条规定，宅基地使用权不得抵押。2007年颁布的《物权法》第一百五十二条规定，宅基地使用权具有占有、使用权能；第一百八十四条规定，宅基地使用权不得抵押。与完整的用益物权相比，少了收益的权能；与土地承包经营权相比，不仅少了收益的权能，而且少了很多形式的处分权能。《担保法》和《物权法》的这些规定，在2021年开始施行的《民法典》中被保留下来。

经过几十年的发展演变，现行农村宅基地制度的主要特征可概括为："集体所有、成员使用，一户一宅、限制面积，免费申请、长期占有，房地分开、差别赋权"。"集体所有、成员使用"，就是宅基地所有权归农民集体所有，只有集体经济组织成员才有使用资格。"一户一宅、限制面积"，就是集体经济组织成员以家庭为单位、每个家庭可使用一块宅基地，宅基地占地面积和容积率不能超过各地的规定。"免费申请、长期占有"，就是集体经济组织成员可以家庭为单位免费申请使用本集体所有的土地，并无期限地占有和使用宅基地，面积与申请时的家庭人数有关，但不能落实到人头，属于家庭共有使用权。"房地分开、差异赋权"，就是房屋和宅基地实行两套产权制度，农民对房屋拥有完整的占有、使用、收益、处分权，对宅基地只拥有占有、使用和有限的处分权（比如，可转让给本集体经济组织符合新申请宅基地条件的农户，但转让后不得再申请使用宅基地）。这套制度安排，保障了农民居住权，无论穷富都有一块宅基地用于自建住房。但也存在很多问题，免费申请和占有宅基地，导致一户多宅、建新不拆旧等"公地悲剧"普遍发生；随着农村人口外流增多，农房空置现象加剧；农民住房财产权和宅基地使用权权能不充分，农民财产权利受到约束。

党的十八届三中全会《决定》明确要求，"保障农户宅基地用益物权，改革完善农村宅基地制度，选择若干试点，慎重稳妥推进农民住房财产权抵押、担保、转让"。这实际上提出了两个既相互关联又有所不同的改革任务：一是宅基地制度改革，核心是保障农户对宅基地的用益物权，焦点在于是否在已经赋予其"占有、使用"权能的基础上，进一步赋予其"收益"的权能、有限度地赋予其"处分"的权能；二是住房财产权制度改革，核心是扩大交易半径、从集体经济组织内部流转扩大到更大范围内流转，焦点在于是否将城镇居民纳入受让人范围。由于房地难以分离，完成这两项改革任务，必须以宅基地产权重构为基础（见表6-3）。

二、落实集体所有权

农村宅基地所有权归农民集体所有，自1962年以来在法律和政策层面是清晰的。但在集体经济组织成员免费拥有长期占有权、使用权的制度安排下，集体所有权的权能已很微弱。面对"一户多宅"、超标准占用、自发流转等侵权行为，集体经济组织作为土地所有权的行使主体往往束手无策。在扩大农民住房财产权和宅基地使用权权能、农村人口结构变动加快、住房流转交易发生概率上升的背景下，有必要明确和落实宅基地集体所有权权能。

表6-3　宅基地的产权重构

	所有权	使用权	
		基于成员权免费申请获得的初始使用权（资格权）	通过住房继承、赠与、转让获得的继受使用权（使用权）
占有	特定情形下无偿收回宅基地	70年的排他性控制和支配，到期后有家庭成员居住的再免费延长70年使用期	住房存续期内排他性控制和支配，但不得超过原始使用权的剩余使用期；原始使用权的剩余使用期到期后房屋没有损毁的，有偿延长70年使用期
使用	特定情形下利用集体土地为村民统一建住房	按规定建造自住房	居住和维护，适度翻建
收益	参与征地补偿费分配、参与原始使用权流转收益分配	参与征地补偿费分配，获得退还集体经济组织时的补偿费，获得流转给本集体成员的收益，获得随住房财产权一并流转的收益	获得随住房财产权一并流转的收益
处分	不得买卖	第一步，随住房财产权一并继承、赠与和抵押、担保、转让，不得单独继承、赠与和抵押、担保、转让；第二步，允许单独流转	随住房财产权一并继承、赠与和抵押、担保、转让，不得单独继承、赠与和抵押、担保、转让

资料来源：作者整理。

一是进一步明确集体经济组织在占有方面的权能。宅基地集体所有权的占有权能，主要体现在集体可以排他性地收回宅基地。但对什么情形下集体经济组织有权收回宅基地，在国家法律和政策层面缺乏系统、明确的规定。1982年国务院发布的《村镇建房用地管理条例》规定，社员迁居并拆除房屋后腾出的宅基地，由生产队收回。1986年颁布的《土地管理法》废除了这个条例，1998年修订后的《土地管理法》第六十五条规定"因撤销、迁移等原因而停止使用土地的"，"农村集体经济组织报经原批准用地的人民政府批准，可以收回土地使用权"。1990年国务院批转国家土地管理局《关于加强农村宅基地管理工作的请示》提出，"对已经'农转非'的人员，要适时核减宅基地面积"。但宅基地的分配是以家庭为单位，这一要求缺乏可操作性。1995年国家土地管理局发布的《确定土地所有权和使用权的若干规定》提出，"非农业户口居民（含华侨）原在农村的宅基地，房屋产权没有变化的，可依法确定其集体土地建设用地使用权。房屋拆除后没有批准重建的，土地使用权由集体收回"；"空闲或房屋坍塌、拆除两年以上未恢复使用的宅基地，不确定宅基地使用权。已经确定使用权的，由集体报经县级人民政府批准，注销其土地登记，土地由集体收回"。各地也提出了集体经济组织无偿收回宅基地的特定情形。应在梳理国家和地方现有规定的基础上，合理界定、适度强化集体经济组织收回宅基地的权利。

二是进一步明确集体经济组织在使用方面的权能。在城镇规划区内，应提倡集体经济组织按城镇建设规划，统一利用集体土地建设住房，分配给符合条件的本集体经济组织成员。在有条件的农村地区，也应探索集体经济组织统规统建，以替代分户建房的传统做法。

三是进一步明确集体经济组织在收益方面的权能。宅基地在集体经济组织成员占有和使用时，集体经济组织不宜收取土地使用费。但鉴于宅基地使用权是无偿取得的，在宅基地使用权产生流转收益时，集体经济组织作为所有者应参与收益分配：在宅基地被依法征收时，房屋补偿款归农户所有，土地补偿款应在集体与农户之间进行合理分割；在宅基地使用权随住房财产权流转给非本集体经济组织成员时，应允许集体经济组织向出让人或受让人收取一定的宅基地有偿使用费；在宅基地使用权直接流转交易给非本集体经济组织成员时，集体经济组织应参与土地转让收入分配。

三、划断农户成员权

集体经济组织成员只要符合分户条件就可以免费申请宅基地的制度安排，在一定的历史条件下有其合理的一面，但这实际上是新分得宅基地的成员侵占其他未新分宅基地成员的土地财产权。长期占有和使用宅基地、没有明确的使用年限，既与农村人口变化的大趋势不吻合，也不利于城乡土地使用权利制度的统一。在宅基地的财产价值日益彰显的新背景下，继续实行这种制度既不公平，也不利于提高土地资源利用效率。应选取一个时点，划断农户成员权，在赋予集体经济组织成员70年宅基地使用权的基础上，实行宅基地使用权"生不增、死不减，入不增、出不减"。实行这种改革的社会风险是可控的：从人口净流入的城中村、城郊村来看，多数地方事实上已多年没有再分配宅基地，很多地方规定城镇规划区内停止分配宅基地，这些地方今后不再分配宅基地不会引发新的社会矛盾；从人口净流出的一般农村来看，房屋空置率较高，新分户家庭的居住问题可以通过村内房屋和宅基地流转解决；在人口负增长的时代背景下，今后符合新分户条件的家庭不会很多。如果短期难以形成共识，可先在城郊地区试行划断农户成员权的改革。

四、审慎拓展使用权

根据《民法典》规定，宅基地使用权权能明显小于土地承包经营权权能。在人口不流动、房地不流转的情形下，仅赋予宅基地使用权占有、使用权能，问题并不突出。然而，随着农村人口流动越来越多，宅基地财产价值不断上升，特别是贯彻落实党的十八届三中全会《决定》关于"保障农户宅基地用益物权，改革完善农村宅基地制度，选择若干试点，慎重稳妥推进农民住房财产权抵押、担保、转让"的要求，拓展宅基地使用权权能、扩大农房和宅基地交易半径势在必行。推进这项改革，必须把握好提高农房和宅基地可交易性与防范城市资本到农村炒作农房、圈占宅基地之间的平衡。应根据宅基地使用权获得途径的不同，实行差别赋权：对基于成员权依法免费申请获得的宅基地原始使用权，可赋予其较充分权能；对通过各种流转方式获得的宅基地继受使用权，只应赋予其相对有限的权能。

第一，在占有权能方面。对基于成员权免费申请获得的原始使用权，可赋予其70年的排他性控制和支配的权利；70年使用权到期后，如果家庭成员仍有在农村居住的，可免费延长一个使用周期。对通过流转方式获得的继受使用权，赋予其房屋存续期内的排他性控制和支配的权利，但不得超过剩余使用期；剩余使用期到期后，宅基地所有者有权收回宅基地，也可由继受使用权权利主体优先有偿使用。

第二，在使用权能方面。对基于成员权免费申请获得的原始使用权，在取得建设规划许可的条件下，可维护、改造宅基地上的现有房屋，也可利用宅基地重新建设住房。对通过流转方式获得的继受使用权，可以使用和维护宅基地上的现有房屋，也可以进行适度翻建。

第三，在收益权能方面。对基于成员权免费申请获得的原始使用权，可通过有偿流转获取收益，有权获得国家征收时给予的土地补偿费，有权获得国家安排的农房改造扶持资金，有权获得重大自然灾害造成损失时国家给予的救助。对通过流转方式获得的继受使用权，不能产生任何收益。

第四，在处分权能方面。对基于成员权免费申请获得的宅基地原始使用权，允许其有偿退回给集体经济组织，对随宅基地使用权一并退回的房屋应给予适当补偿；现阶段，允许宅基地使用权随住房财产权一并出租、转让给集体经济组织内部成员和符合条件的外部人员，允许宅基地使用权随住房财产权一并继承、赠与和抵押、担保，但宅基地使用权不得单独继承、赠与和抵押、担保、转让；从长远看，放宽农民住房财产权转让的受让人范围，允许宅基地使用权单独转让。对通过流转方式获得的宅基地继受使用权，允许随住房财产权一并抵押、担保、转让，但不得单独抵押、担保、转让。

第四节　农村集体经营性建设用地的产权重构

根据《土地管理法》，农村集体建设用地包括三种类型：一是村民建设住宅经依法批准使用本集体经济组织农民集体所有的土地；二是乡

（镇）村公共设施和公益事业建设经依法批准使用农民集体所有的土地；三是农村集体经济组织兴办企业或者与其他单位、个人以土地使用权入股、联营等形式共同举办企业经依法批准使用本集体经济组织农民集体所有的土地，也就是农村集体经营性建设用地。截至2013年底，全国农村集体建设用地面积为3.1亿亩，其中经营性建设用地面积为4200万亩，占农村集体建设用地的13.5%[①]。对这4200万亩存量农村集体经营性建设用地的产权体系进行重构，是深化农村土地制度改革的重点内容。

一、农村集体经营性建设用地产权结构的历史变迁

改革开放之后、党的十八届三中全会之前，在农村集体经营性建设用地制度设计上有两次重大调整：

第一次是1998年修订《土地管理法》后集体建设用地使用权流转的范围大大收窄。此前，1986年通过的《土地管理法》第三十六条规定，全民所有制企业、城市集体所有制企业同农业集体经济组织共同投资举办的联营企业，需要使用集体所有的土地的，可以按照国家建设征用土地的规定实行征用，也可以由农业集体经济组织按照协议将土地的使用权作为联营条件。这意味着，农村集体经济组织可以用集体土地使用权与国有企业、城市集体企业共同投资举办联营企业。1988年修正后的《土地管理法》第二条第四款规定，国有土地和集体所有的土地的使用权可以依法转让。这使集体土地使用权除可作为与国有企业、城市集体企业的联营条件之外，还可以在其他情形下向其他投资主体转让。但1998年修订后的《土地管理法》第四十三条规定"任何单位和个人进行建设，需要使用土地的，必须依法申请使用国有土地"，第六十三条规定"农民集体所有的土地的使用权不得出让、转让或者出租用于非农业建设"。这意味着，国有企业、城市集体企业和其他投资主体需要使用农村集体土

---

① 《顶层设计紧锣密鼓　农村集体产权改革系列意见将出》，《经济参考报》2014年12月2日，第2版。

地的，必须先由县市政府将其征收为国家所有，再由国家向其出让或划拨土地使用权。以1998年修订后的《土地管理法》为分界线，农村集体经营性建设用地使用权流转的空间陡然收窄。

第二次是2004年农用地转用的年度计划实行指令性管理后集体农用地转为集体建设用地的可能性大大降低。1986年通过的《土地管理法》第三十九条和1988年修正后的《土地管理法》第三十九条均规定，乡（镇）村企业建设需要使用土地的，必须持县级以上地方人民政府批准的设计任务书或者其他批准文件，向县级人民政府土地管理部门提出申请，按照省、自治区、直辖市规定的批准权限，由县级以上地方人民政府批准。1998年修订后的《土地管理法》为严格耕地保护，引入了土地用途管制制度，但第六十条仍规定，农村集体经济组织使用乡（镇）土地利用总体规划确定的建设用地兴办企业或者与其他单位、个人以土地使用权入股、联营等形式共同举办企业的，应当持有关批准文件，向县级以上地方人民政府土地行政主管部门提出申请，按照省、自治区、直辖市规定的批准权限，由县级以上地方人民政府批准。此时，虽然农村集体经济组织将农用地转为集体建设用地必须由县级以上人民政府批准，但通道仍是打开的。2004年国务院发布的《关于深化改革严格土地管理的决定》（国发〔2004〕28号）明确规定："农用地转用的年度计划实行指令性管理"；"改进农用地转用年度计划下达和考核办法，对国家批准的能源、交通、水利、矿山、军事设施等重点建设项目用地和城、镇、村的建设用地实行分类下达，并按照定额指标、利用效益等分别考核"；"农村集体建设用地，必须符合土地利用总体规划、村庄和集镇规划，并纳入土地利用年度计划"。自此之后，土地指标成为宏观调控的重要工具，国家通过每年下达新增建设用地计划指标的方式调控全社会基本建设投资规模，在"银根"之外多了个"地根"工具。虽然理论上下达给各地的计划指标中包含了分配给农村集体经济组织用于兴办企业和安排农民宅基地的部分，但在土地指标极度紧缺的背景下，农村集体经济组织很难拿到指标安排农民宅基地，遑论用于兴办企业。这意味着，2004年以后，依法新增农村集体经营性建设用地的可能性微乎其微。

在以上法律制度和政策框架下，农村集体经营性建设用地具有如下特征：一是从土地使用权的取得看，存在大量模糊地带。除规定必须符合乡（镇）土地利用总体规划和土地利用年度计划，并经县级以上地方人民政府批准外，对农村集体经济组织兴办乡镇企业占用农民集体所有的土地特别是兴办乡和村集体企业占用村民小组土地，是否实行有偿使用、使用年限是多少等，均没有明确规定。对乡（镇）、村集体企业以外由本集体经济组织成员兴办的农村个体、私营企业如何取得集体土地使用权，同样缺乏明确规定。制度的模糊必然导致土地使用的混乱。在当时历史条件下，乡（镇）、村集体经济组织兴办企业，往往无偿、无期限占用属于村民小组农民集体所有的土地，这实际上是一种平调，为矛盾和纠纷埋下了隐患。在20世纪90年代初期的乡镇企业改制过程中，对如何处置土地资产，更是一笔糊涂账。二是从土地使用权的权能看，与农用地、国有建设用地差异较大。除农村集体经济组织可与其他单位、个人以土地使用权入股、联营等形式共同举办企业外，集体建设用地使用权不得出让、转让、出租和抵押，几乎就是"集体所有、集体使用"。而且，集体土地的使用权不得出让、转让或者出租用于非农建设，乡（镇）、村企业的土地使用权不得单独抵押。这种画地为牢式的土地资源配置，与市场配置资源的一般规律不相适应。于是，法律又作出例外规定，即：符合土地利用规划并依法取得建设用地的企业，因破产、兼并等情形致使土地使用权依法发生转移的除外；以乡（镇）、村企业的厂房等建筑物抵押的，其占用范围内的土地使用权同时抵押。即便在这两个例外情形下农村集体建设用地的土地使用权权能有所扩大，但仍明显小于农用地的承包经营权权能和通过出让取得的国有建设用地的土地使用权权能。总之，农村集体建设用地具有"集体所有、集体使用"（经营性建设用地）和"集体所有、成员使用"（宅基地）的特征，不得单独出让、转让或者出租用于非农业建设，也不得单独抵押。

二、扩大农村集体经营性建设用地产权权能的改革探索

随着农村个体私营经济的发展，城乡和地区之间资本流动的增多，农村非农产业资源配置方式的转型，特别是20世纪90年代中期乡镇企业改制后，农村集体建设用地的占有、使用、流转情况发生了很大变化，农村集体建设用地使用权流转的实际情形已远远超出法律的边界[①]。虽然1998年修订后的《土地管理法》第六十三条规定"农民集体所有的土地的使用权不得出让、转让或者出租用于非农业建设"，但突破这一禁止性规定的政策信号不时发出，实践中的突破性做法更是大范围存在。2003年中共中央3号文件《中共中央、国务院关于做好农业和农村工作的意见》明确提出，"各地要制定鼓励乡镇企业向小城镇集中的政策，通过集体建设用地流转、土地置换、分期缴纳土地出让金等形式，合理解决企业进镇的用地问题"。2004年国务院28号文件《国务院关于深化改革严格土地管理的决定》则发出了互相矛盾的信号。一方面，重申"禁止农村集体经济组织非法出让、出租集体土地用于非农业建设"，"禁止城镇居民在农村购置宅基地"，这是在维护1998年以后形成的禁止集体建设用地使用权流转的制度安排；另一方面，却又提出"在符合规划的前提下，村庄、集镇、建制镇中的农民集体所有建设用地使用权可以依法流转"，这是在有限度地承认集体建设用地使用权流转的现实。2008年党的十七届三中全会通过的《中共中央关于推进农村改革发展若干重大问题的决定》提出，"在土地利用规划确定的城镇建设用地范围外，经批准占用农村集体土地建设非公益性项目，允许农民依法通过多种方式参与开发经营并保障农民合法权益"，"逐步建立城乡统一的建设用地市场，对依法取得的农村集体经营性建设用地，必须通过统一有形的土地市场、以公

[①] 国土资源部土地利用司调研组：《土地市场制度建设调研分报告之一　创新制度　规范流转——集体建设用地流转调研报告》，《国土资源通讯》2002年第3期；孟祥舟：《对浙江省农村集体建设用地流转的若干思考》，《中国房地产》2013年第8期。

开规范的方式转让土地使用权，在符合规划的前提下与国有土地享有平等权益"。

原国土资源部早在1999年就在一些地方部署集体建设用地流转试点。很多地方以党中央、国务院的文件为政策依据，陆续制定了集体建设用地流转管理办法（见表6-4）。2005年广东省率先以省政府令的形式发布《广东省集体建设用地使用权流转管理办法》，2006年、2008年湖北省和河北省也先后以省政府令的形式发布《湖北省农民集体所有建设用地使用权流转管理试行办法》《河北省集体建设用地使用权流转管理办法（试行）》。2009年、2010年，湖南省、上海市先后以政府办公厅转发的形式发布相关办法。江苏省尽管没有在全省推行集体建设用地流转试点，但1996年苏州市就出台了集体建设用地使用权流转办法；1999年国土资源部将苏州市作为全国集体建设用地使用权流转的试点；2002年省政府批准昆山和海门为全省集体建设用地使用权流转试点单位；2006年又新增宿迁为试点单位；之后无锡、南京等地也在开展集体建设用地使用权流转。

三、重构农村集体经营性建设用地产权体系的总体思路

党的十八届三中全会《决定》要求，"在符合规划和用途管制前提下，允许农村集体经营性建设用地出让、租赁、入股，实行与国有土地同等入市、同权同价"。这些原则性规定经过在全国33个县（市）区试点后，被纳入2019年8月修正的《土地管理法》。这在法理上至少意味着两点：在城镇规划区外，农村集体经营性建设用地使用权的权能大大拓展，可以出让、租赁、入股，也可以抵押，不再局限于"集体所有、集体使用"和兼并、破产、地随物走等例外情形；在城镇规划区内，集体经营性建设用地使用权可以与国有土地使用权一样通过出让、租赁、入股和抵押等方式流转，不必都要被征收为国家所有。

表6-4 党的十八届三中全会前部分地区集体建设用地使用权流转探索

发文时间	发文方式	发文名称	适用范围	突破性措施	禁止性措施
1996年	苏州市政府文件	苏州市农村集体存量建设用地使用权流转管理暂行办法	苏州市城区规划区、县级市人民政府所在地的镇以及国家、省级开发区范围外的集体建设用地	集体建设用地(不含农民建房宅基地)的使用权通过有偿、有限期转让(包括作价投入和交换等)、出租等方式流转	流转的集体建设用地,不得用于举办大型娱乐和高档房地产开发项目
2002年	安徽省政府文件	安徽省集体建设用地有偿使用和使用权流转试行办法	省国土资源主管部门批准的试点乡(镇)	集体建设用地使用权可以转让、抵押、出租,农村村民宅基地使用权可以进行流转	集体建设用地使用权流转不得用于经营性房地产开发
2005年	广东省政府令	广东省集体建设用地使用权流转管理办法	全省	集体建设用地使用权可以出让、转让、转租和抵押;兴办各类工商业,包括国有、集体、私营企业、个体工商户、外资投资企业、股份制企业、联营企业等,可以使用集体建设用地;村民住宅建设用地使用权可随地上建筑物、其他附着物转让、出租和抵押	通过出让、转让和出租方式取得的集体建设用地不得用于商品房地产开发建设和住宅建设
2006年	湖北省政府令	湖北省农民集体所有建设用地使用权流转管理试行办法	全省	集体建设用地使用权可以出让、转让、出租、转租、抵押、入股以及其他经双方协商一致的流转行为	严禁将集体建设用地用于房地产开发和住宅建设
2008年	河北省政府令	河北省集体建设用地使用权流转管理办法(试行)	城市和镇规划区以外地区	集体建设用地使用权可以出让、出租、转让、转租和抵押	集体建设用地不得用于商品住宅开发

续表

发文时间	发文方式	发文名称	适用范围	突破性措施	禁止性措施
2008年	湖南省政府办公厅文件	湖南省集体建设用地管理暂行办法	全省	集体建设用地使用权可以出让、出租、作价出资（入股），可以使用集体建设用地兴办各类工商企业	商品房开发和城镇居民住宅建设禁止使用集体建设用地
2010年	上海市政府办公厅文件	转发市规划国土资源局市农委关于开展农村集体建设用地流转试点工作若干意见的通知	全市凡符合土地利用总体规划和城乡规划、依法取得的农村集体建设用地使用权，原则上均可流转	农村集体建设用地使用权可以通过租赁、出让、转让、入股等形式流转，商业、旅游业、服务业等经营性项目；可以抵押	禁止使用农村集体建设用地进行商品住宅开发建设

资料来源：作者整理。

表6-5　农村集体建设用地的产权重构

所有权	初始使用权				继受使用权		
	划拨	出让	出租	入股	转让	转租	入股
占有　流转合同期满后无偿收回土地使用权	无期限排他性控制、支配权利	最高不超过同用途国有土地使用权出让年限的排他性控制、支配权利	最高不超过20年的排他性控制、支配权利	最高不超过同用途国有土地使用权出让年限的排他性控制、支配权利	最高不得超过初次出让合同约定年限的余年限的排他性控制、支配权利	最高不超过20年和出让合同约定年限的剩余年限的最高者性控制、支配权利	最高不得超过初次出让合同约定年限的余年限的排他者性控制、支配权利

续表

	所有权	初始使用权					继受使用权	
		划拨	出让	出租	入股	转让	转租	入股
使用	利用本集体经济组织所有土地从事工商业旅游,但不得用于商品房房开发	建设乡、村公共设施和公益事业	建设符合规划和用途管制、合同约定的工商业旅游等经营性项目,不得用于商品住房开发	建设符合规划和用途管制、合同约定的工商业旅游等经营性项目,不得用于商品住房开发	建设符合规划和用途管制、合同约定的工商业旅游等经营性项目,不得用于商品住房开发	建设符合规划和用途管制、合同约定的工商业旅游等经营性项目,不得用于商品住房开发	建设符合规划和用途管制、合同约定的工商业旅游等经营性项目,不得用于商品住房开发	建设符合规划和用途管制、合同约定的工商业旅游等经营性项目,不得用于商品住房开发
收益	生产经营收益、出让金、租金和分红收入、征地补偿费收入	不得牟利	生产经营收益、出让金、转让金、租金和分红	生产经营收益	生产经营收益	生产经营收益	生产经营收益	生产经营收益
处分	经本集体2/3以上成员或2/3以上代表同意,可出让、出租和抵押集体建设用地使用权	不得流转	可转让、转租、入股、抵押,但未经所有者同意,未按约定让出让完成建设的除外	不得流转	不得流转	可再转让、再转租、再入股,但未经所有者同意的除外	不得流转	不得流转

资料来源:作者整理。

然而，原则性规定在实际执行中仍将面临困难[1]，需要按照"体现所有权、拓展使用权"的思路，对集体经营性建设用地的产权重构进行设计（见表6-5）。

1. 在占有权能方面

集体经济组织作为土地所有权的行使主体，有权对土地使用权利人的使用、流转行为进行监督，有权在流转合约到期后收回土地使用权、按合同约定处置地上附着物。除农村公益性建设用地外，通过初次流转获得土地使用权的权利人，有权在合同约定但不超过同用途国有土地使用权年限的期限内，实际控制和支配土地。通过再次流转获得土地使用权的权利人，有权在合同约定但不超过剩余年限的期限内，实际控制和支配土地。

2. 在使用权能方面

所有权权利人、通过初次流转获得使用权的权利人、通过再次流转获得使用权的权利人，都可以在符合规划和用途管制的前提下，利用集体土地从事工业、商业、旅游等经营性活动，最大限度地发挥土地的使用价值。但能否用于商品住房开发，需要审慎决策。综合权衡部分地区在集体建设用地流转方面的实践探索、"小产权房"与商品住房购买者的巨大利益差异、土地出让收入在城市建设中发挥的作用及替代性工具的缺乏、与现行政策的落差、集体建设用地入市改革的出发点等因素，现阶段不宜放开集体土地用于商品住房开发的限制。

3. 在收益权能方面

党的十八届三中全会《决定》要求，"保障农民公平分享土地增值收益""建立兼顾国家、集体、个人的土地增值收益分配机制，合理提高

---

[1] 尽管经过了33个县（市、区）的改革试点，也根据试点积累的经验于2019年8月对《土地管理法》进行了修正，但2022年9月6日召开的中央全面深化改革委员会第二十七次会议在审议《关于深化农村集体经营性建设用地入市试点工作的指导意见》时，依然强调农村集体经营性建设用地入市改革必须审慎稳妥推进。

个人收益"。这不仅是指导征地制度改革的重要原则，也是指导集体经营性建设用地流转收益分配的重要原则。从先行者的实践探索看，政府、集体经济组织、土地使用权人如何分配集体经营性建设用地使用和流转产生的收益，没有一定之规。

在政府参与收益分配方面，大致可分为五种类型：一是政府不参与收益分配，但收取"工作经费"。重庆市垫江县政府办公室2010年发布的文件规定，农村集体土地所有者出让、转让、出租农村集体建设用地使用权所取得的土地收益应当纳入农村集体财产统一管理，但集体经济组织应向县土地行政主管部门按土地流转收益总额的2%缴纳工作经费。二是政府只参与初次流转的收益分配。例如，昆明市2010年的管理办法规定，集体建设用地使用权首次流转的土地收益，90%归土地所有权人，10%由县级财政行政主管部门统筹。又如，湖北省嘉鱼县规定，集体经营性建设用地初次流转的收益，县、乡镇、村按30%、20%和50%的比例分成，县、乡镇提取的土地收益作为城乡统筹建设配套资金，专项用于当地农村公共基础设施建设和兴办社会公益事业。再如，深圳市2013年底出让的一宗集体工业用地中，出让收入的70%归深圳市土地收益基金，30%归原集体经济组织的继受组织，另将所建物业的20%划归该继受组织。三是政府只参与再流转的增值收益分配。例如，上海市政府办公厅2010年发文规定，农村集体经济组织通过农村集体建设用地使用权或指标流转取得的收益，主要用于基础设施和公益设施建设、该集体经济组织成员的社会保障和发展生产等；土地使用者以转让、转租等方式依法流转农村集体建设用地使用权发生增值的，应当向政府缴纳一定比例的增值收益。四是政府既参与初次流转的收益分配，也参与再次流转的增值收益分配。苏州市政府在1996年出台的办法中规定：（1）集体建设用地第一次流转时，流转方必须向政府缴纳土地流转收益，缴纳标准按苏州市政府确定的最低保护价的30%收取。集体建设用地出租或按年租制方式流转的，流转方每年向政府按年租金30%的标准缴纳土地收益。流转方向政府缴纳的土地流转收益，实行市、县级市（郊区）和乡（镇）

政府三级分成。苏州市政府定额按每平方米收取1.5元人民币，其余按县级市（郊区）30%、乡（镇）政府70%的比例分成。（2）集体建设用地第一次流转后的再次流转，流转方必须向政府缴纳土地流转增值费。增值额在20%以内的免缴增值费，超值部分按30%收取增值费。集体建设用地增值费，实行县级市（郊区）和乡（镇）政府二级分成，分成比例依次为30%、70%。（3）土地管理部门按集体建设用地流转总额的2%收取业务费。属县级市（郊区）政府审批的业务费全部留于县级市（郊区）土地管理部门；报经苏州市人民政府审批的，市土地管理局收取流转总额0.5%的业务费，其余1.5%由县级市（郊区）土地管理部门收取。五是以税收形式参与增值收益分配。广东省政府2005年发布的省长令规定，集体建设用地使用权转让发生增值的，应当参照国有土地增值税征收标准，向市、县人民政府缴纳有关土地增值收益。

在集体土地所有者与土地使用权人之间，土地收益的分配格局是：（1）初次流转已普遍实行有偿使用。集体土地所有者在一定年限内将集体建设用地使用权以出让、租赁、作价出资（入股）、联营等形式让与土地使用者，由土地使用者向集体土地所有者支付土地有偿使用费。（2）对再次流转产生的增值收益如何在所有者与使用者之间进行分配，多数地方没有明确的意见。少数地方提出主要归土地使用权人，例如，昆明市2010年发布的管理办法规定，集体建设用地转让和转租收益，应当主要归集体建设用地使用权人，出让、出租合同另有约定的依照约定。也有少数地方提出共享，如江苏省盐城市2010年发布的办法规定，集体建设用地使用权再次流转形成的土地增值收益，主要归土地所有者和使用权人所有。

如何分配集体经营性建设用地流转收益，事关国家、土地所有者、土地使用者的利益。需要注意三点：（1）提高所有权在收益分配中的地位。与承包地、宅基地按成员资格均分到户不同，多数集体成员并没有占有、使用集体经营性建设用地。因此，在分配集体经营性建设用地产生的收益时，应突出所有权的地位，实行有偿使用。有偿使用收入纳入集体资产管理和分配，由集体经济组织成员共享。（2）由市场决定流转价格。利用城市国有土地使用权交易平台，增加集体土地使用权流转交易服务功能，真正实现"两种产权、同一市场、统一规则"。防止村干部在集体土地使用权流转交易中寻租。（3）规范地方政府参与收益分配的方式和比例。已经实行集体建设用地流转的地方，当地政府从中获取土地收益的做法五花八门。地方政府只能以税收的形式参与集体土地使用权流转收益分配，不宜再按比例分成。

4. 在处分权能方面

应建立与国有土地同等的处分权利体系。集体土地所有者可以通过出让、出租、作价入股、联营等多种方式流转集体土地使用权，也可以抵押集体土地使用权。集体土地使用权利人可以转让、转租集体土地使用权，但要满足以下条件：（1）初次流转后必须完成一定的建设投资量才能再次流转，以防止"炒地皮"；（2）再次流转后的用途，必须符合初次流转时与土地所有者约定的原用途。

第五节　集体非土地经营性资产的产权重构

除土地以外，实行农民集体所有的[①]，还包括物业、设备、股权、现金等经营性资产，以及供水设施、学校、卫生室、养老机构、办公场所等非经营性资产。对这些非土地经营性资产，如何在坚持集体所有制的条件下进行产权重构，在集体所有权与"集体资产股份权能"之间寻找

[①] "农民集体所有"与"农村集体经济组织所有"（或"村民委员会所有"）是两个不同概念，"农民集体"是集体所有权的权利主体，"农村集体经济组织"（或"村民委员会"）是集体所有权的行使主体。参见高飞著：《集体土地所有权主体制度研究》，法律出版社2012年版；王利民、周友军：《论我国农村土地权利制度的完善》，《中国法学》2012年第1期。

新的平衡点①，同样是全面深化农村改革的重要任务。

一、股份合作制改革的演进及存在的问题

在20世纪90年代前期的乡镇企业改制和农村集体产权制度改革过程中，为在"市场化改革"与"发展集体经济"之间折衷调和，把股份制和合作制的优点结合起来，曾倡导采用股份合作制的模式，并要求企业经营者不得"持大股"、防止"一股独大"。但在后来的改制实践中，对经营性企业（主要是制造业企业）实行股份合作制改革的地方，还是无法坚守合作制的元素，最终走向了典型的股份制或个人独资企业。对经营管理水平要求不高、经营回报相对稳定、市场竞争不很激烈、承担着为社区公共服务提供资金职能的集体资产，主要是厂房、店铺、写字楼、宾馆等集体物业，股份合作制这一制度模式得到了广泛采用②。据原农业部统计，在党的十八届三中全会前，全国有14个省份下发了指导农村集体经济产权制度改革的专门文件，对量化集体资产范围、成员资格界定、股权设置、股权管理等内容作出具体规定。截至2012年底，全国已有27个省份开展了改革试点工作，完成改制的村达到23092个，占全国总村数的3.8%。

各地在清产核资、界定成员、折股量化、按股分配、治理结构等方面的做法大同小异。从20多年的运作实践来看，股份合作制的主要问题是：第一，缺乏法人地位。按股份合作制模式组建的集体经济组织，既难以归入企业法人，也难以归入机关法人、事业单位法人、社团法人，

---

① 2014年9月29日中央全面深化改革领导小组第五次会议审议通过、2014年11月22日农业部等部门联合印发《积极发展农民股份合作赋予农民对集体资产股份权能改革试点方案》，总的目标方向是，探索赋予农民更多财产权利，明晰产权归属，完善各项权能。

② 广东珠三角地区，一些村甚至把农用地承包经营权、建设用地使用权作为集体资产，与其他在集体土地上"长出来"的非土地经营性资产（主要是厂房、仓库等物业）一并纳入股份合作制改革范围。但全国多数实行股份合作制改革的地方，并未将土地等资源性资产纳入。

与现行农民专业合作社法人也有很大不同。如何注册登记、取得法人地位，目前各地做法五花八门，给其开展经营活动、参与市场竞争带来很多困扰和不便。第二，治理结构难以规避内部人控制问题。尽管成立了股东会、监事会，实行一人一票，但持有股份的普通集体成员对集体资产的总量、分布、经营状况等的信息掌握有限，村干部在集体资产经营和处置中掌握的权力过大，"小官大贪"现象在一些地方较为普遍。第三，集体股缺乏人格化代表。一些地方只将部分集体资产折股量化给集体成员，保留了一定比重的不可分割的集体股。集体股的所有者代表为集体经济组织，实际上就是村干部，这为最终变成"干部经济"留下了隐患。第四，成员边界难以锁定。"农民集体所有"，在理论、法律和实践中均遇到一个棘手问题，就是什么人有权成为集体成员。随着集体资产不断增值、分红金额越来越大，要求加入和抵制加入的博弈造成"外嫁女"等一系列社会问题[1]。第五，可持续性尚未遭遇真正检验。在绝大多数地方，实行股份合作制的集体经济组织，其主要收入来自"出让土地、建厂收租、以地生财"，缺乏其他投资能力。集体成员负盈不负亏，只关心当下的分红，不关心长远发展[2]。实行股份合作制的20多年间，我国房价和物业费处于上升期，即使在内部人控制问题相当严重的情况下，也可以实现成员分红逐年有所增长，股份合作制的制度效率问题并没有得到实践的严格检验。一旦房价和物业费下降，分红减少，成员的不满

---

[1] 广东省佛山市南海区为解决"外嫁女"问题，于2008年5月成立了"解决农村外嫁女及其子女权益问题工作领导小组办公室"，简称"外嫁办"，由来自农村工作部、检察院、法制局、妇联等单位的34人组成。对南海"外嫁女"问题的由来及剖析，参见柏兰芝：《集体的重构：珠江三角洲地区农村产权制度的演变——以"外嫁女"争议为例》，《开放时代》2013年第3期。

[2] 刘守英著：《直面中国土地问题》，中国发展出版社2014年版，第45页。

就会滋长①。

　　所有这些问题归结到一点，就是集体资产产权在集体所有权与成员股份权之间如何分割，尤其是如何拓展和完善成员股份的权能。党的十八大报告曾要求，"依法维护农民土地承包经营权、宅基地使用权、集体收益分配权"。在此基础上，党的十八届三中全会《决定》进一步明确要求，"赋予农民对集体资产股份占有、收益、有偿退出及抵押、担保、继承权"。在非土地集体资产上②，赋予集体成员的权利，从"一权"拓展为"六权"（即从"收益分配权"拓展为"占有、收益、有偿退出及抵押、担保、继承权"），不仅是赋予农民更多财产权利的需要，也是在探索农村集体所有制实现形式上迈出的重大步伐。总的思路应当是：以保

---

　　① 为维护出租屋市场，广东省东莞市一些村社集体经济组织缺乏城市更新、产业升级的动力，宁愿维持劳动密集的低端产业，也不愿发展用人较少的高端产业。参见刘玉海：《重塑东莞》，《21世纪经济报道》2014年3月22日。当为应对国际金融危机冲击而淘汰劳动密集型企业，以及后来的"扫黄"，导致外来人口减少，物业租赁收入下降时，为维持向村民承诺的分红水平，一些村社集体经济组织甚至不惜举债。参见李明峰：《东莞转型：走出"租赁经济"》，《第一财经日报》2009年6月4日。2012年3月6日，在全国两会广东代表团分组审议时，中共中央政治局委员、广东省委书记汪洋谈及村（社区）集体经济发展问题时说，"靠借债分红，不愿意忍受转型的阵痛，不下决心转型，再这样发展下去，有些村可能会变成东莞的'希腊'"。参见段思午、刘若筠：《东莞密集出台农村改革政策》，《南方日报》2012年8月31日。

　　② 对党的十八届三中全会《决定》关于"赋予农民对集体资产股份占有、收益、有偿退出及抵押、担保、继承权"的改革要求是否适用集体土地，存在不同解读。我们认为，集体成员具有这"六权"后，集体产权与共有产权已非常接近，而在共有产权下共有关系结束时共有人可以请求分割共有产权。在我国土地不能私有化、不能请求分割土地所有权的现阶段，土地集体所有不可能演变共有，只有对非土地集体资产才有可能赋予集体成员这"六权"。

表6-6 非土地经营性集体资产的产权重构

权能	所有权	集体资产股权		
		基于成员资格获得的股权	通过抵押、担保、继承等方式获得的股权	
			集体成员通过转让、抵押、担保、继承等方式获得的股权	非集体成员通过抵押、担保、继承等方式获得的股权
占有	对集体股，无期限控制、支配；对成员股的有偿退出和抵押、担保、继承进行审核	有参与股权分配的权利；对确权到户的股份，无期限控制、支配	对流转获得的股份，无期限控制、支配	对流转获得的股份，无期限控制、支配
使用	利用集体资产从事生产经营			
收益	凭集体股参与分红，提取公积金、公益金	按股分红，解体时按股分割剩余净资产	按股分红，解体时按股分割剩余净资产	按股分红，解体时按股分割剩余净资产
处分	出租、出售、抵押、担保	有偿退出和抵押、担保、继承	有偿退出和抵押、担保、继承	出租、出售、抵押、担保、继承

资料来源：作者整理。

障农民集体成员权利①、赋予农民更多财产权利为目标，以股份合作制为载体，规范集体所有权权能，拓展集体成员股份权能（见表6-6）。

二、规范集体所有权权能

在占有权能方面。在股份合作制框架下赋予集体成员股份更多具体权能后，集体产权近似按份共有产权，集体资产的占有权已在很大程度

---

① 党的十八届三中全会《决定》的提法是"保障农民集体经济组织成员权利"，但笔者认为，根据原《物权法》第五十九条（现行《民法典》第二百六十一条）关于"农民集体所有的不动产和动产，属于本集体成员集体所有"之规定，集体所有权的权利主体是"成员集体"，"集体经济组织"只是集体所有权的代表或行使主体，因此"保障农民集体成员权利"比"保障农民集体经济组织成员权利"更为贴近《物权法》和《民法典》的本意。

上让渡给了集体成员。集体所有权对已折股量化到人的集体资产的排他性控制和支配力较低，在行使占有权时应注意把握好以下几点：（1）处理好"成员集体"与"农村集体经济组织"的委托代理关系。与承包地、宅基地不同，集体经营性资产需要日常经营管理，因而需要一个组织载体来承担这个职责。但要明确的是，集体资产的所有权主体，是"成员集体"，而不是"农村集体经济组织"。集体资产只能由"成员集体"占有。明确这一点，有利于防止把集体资产变为"组织"、甚至"干部"占有。（2）保障农村集体经济组织的法人地位。农村集体经济组织是集体所有权的行使主体，自然也是集体所有权所享有的占有权的行使主体。（3）集体经济组织在行使占有权时应以成员集体利益为出发点。所有集体资产，包括历史积累、外部捐赠、国家惠农政策形成的集体资产，在本质上属于成员集体所有，都应折股量化到集体成员，不宜由集体经济组织长期持有不可分割的集体股。集体经济组织也不宜通过调整股权分配，来体现对集体资产的实际控制和支配。

在使用权能方面。与承包地、宅基地的使用权能大部分界定给了集体成员不同，非土地集体经营性资产不宜由集体成员分散使用，宜作为一个整体由集体所有权的代表，即集体经济组织统一经营管理。集体所有权享有的使用权能较大，受其委托的集体经济组织在行使使用权能时应当有严格约束：（1）投资领域以低风险的物业为主。绝大多数集体经济组织对一般性竞争领域，特别是市场竞争激烈的制造业，应当审慎投资，避免重蹈以前一些地方发展集体企业"办一家垮一家"的覆辙。（2）进入竞争性领域应有适当的防火墙。有条件的地方，集体经济组织可以作为出资人，以独资项目公司的方式对外投资，也可以通过合资发展混合所有制经济。作为母体的集体经济组织继续保留集体所有制的基本特征，作为子公司的对外投资企业可以实行现代公司制、以出资额为限承担有限责任，做到"内方外圆""内公外私"。苏州等地有这种经验，值得总结和借鉴。（3）逐步引进职业经理人。已实行股份合作制改革的集体经济组织，无论称作"股份合作社""股份合作联社"还是"公司"，主要由具备股东身份的本集体成员特别是村组干部经营管理。随着资产总量的扩大、资产配置的多元化，以及集体成员的老龄化，缺乏合格的经营管理人才的问题相当突出。这些地方应当逐步引进职业经理人，以提高集体资产经营管理水平。

在收益权能方面。集体经济组织代理"成员集体"使用集体资产获得的净收益，应按股份分配给集体成员。为了长远发展，集体经济组织可以按章程提取公积金，但要努力做到公积金保值增值。为了集体利益，集体经济组织可以按章程提取公益金。在保留部分集体股的地方，也可以用集体股的分红收入充抵公积金、公益金。问题在于，不少地方集体经济组织承担着教育、治安、环卫、社保、计生、优抚、基建等公共服务职能，迫使集体所有权享有过大的收益权能，挤占了集体成员股份权的收益权能。应推进"政经分离"改革，将集体经济组织承担的公共服务职能移交政府，从而限制集体所有权的收益权能。

在处分权能方面。应理性看待部分人关于集体资产"干部所有"的批评和"吃尽分光、干部健康"的主张，对增值潜力较大、透明度较高的物业等集体资产不宜急于变现、货币化分配。在集体成员已完全市民化、集体土地已全部征收、集体经济组织承担的公共服务职能已全部移交政府的情形下，如果集体成员有要求，也可以对集体资产进行清盘，并撤销集体经济组织[①]。当前需要特别注意的是，集体资产通过出租、出让、转让等方式发生所有权或使用权转移的，应进行资产评估，并在有形市场公开进行，避免暗箱操作。

三、拓展集体成员股份权能

在没有实行股份合作制改革的情形下，集体成员对集体资产享有的

---

① 北京市朝阳区原奥运村乡的6个村在土地被全部征收、村民全部转居后，相应撤销了村民自治组织和村级集体经济组织。上海市浦东新区在城市化地区，一般不再保留组级、村级集体经济组织。

权益是间接的，主要通过各种集体福利分享集体资产收益。在党的十八届三中全会前部分地方开展的股份合作制改革实践中，通过折股量化到人，集体成员对集体资产享有的权益有了数量概念，在占有和收益方面更加直接，但集体成员所获股权的权能仍很不完整，仅仅是参与收益分配的凭证。按照赋予农民更多财产权利的改革要求，需要对集体成员所获股权的权能进行全面拓展。

在占有权能方面。实行股份合作制改革，将集体资产折股量化到集体成员，是赋予集体成员占有权的现实路径。从已经实行折股量化到人的地方的实践经验来看，需要注意以下几点：（1）股权不仅应是量化的，而且应是没有期限的。（2）股权分配需要考虑多种因素。改制时，应选择一个时间节点，以此时点为准，在坚持性别平等的前提下，综合考虑取得成员权的年限、对集体资产形成的贡献等因素，确定每个成员的持股数量。（3）妥善应对特殊群体的利益诉求。改制后，可以实行股权固化，做到"生不增、死不减"和"人不补、出不退"；可以对新取得成员权的人口，通过无偿配股、增资购股等方式分配股份；也可以对改制时取得的"社区股"和改制后取得的"社会股"实行差别赋权，前者既有分红权又有投票权，后者仅有分红权。（4）提高股权证的法律效力。股权证是占有权的象征，做法不规范将留下许多后患。特别是一些地方将股份合作经济组织登记为公司，为规避公司法关于股东人数的限制，采取了代持的做法，即数个人的股份登记在一个人名下。对这类做法应及时予以规范。

在使用权能方面。与承包地、宅基地不同，为了保持生产力的完整性，集体经营性建设用地和非土地经营性资产的使用权无法量化分割到每个集体成员、由每个集体成员直接行使。这是由这两种资产的专属性较强、可分割性较低决定的。在这种情况下，完善成员股份权的使用权能，主要是完善成员对集体经济组织在使用集体资产时的民主管理、民主决策、民主监督的权利。

在收益权能方面。凭所持股份参与集体资产收益分配，是集体成员的基本权利，也是股份合作制改革的重要出发点。但应注意防止两种倾向：（1）分红占集体资产收益的比重过低。有些地方将大部分集体资产收益用于投资或兴办社区公益事业，股东分红很少。这种做法不利于体现股份合作制改革给农民带来的利益。（2）分红只能增加不能减少。虽然多数地方集体资产以低风险的物业为主，但即便租赁收入也不可能只增不减。如果对集体成员作出过高承诺，一旦集体资产经营收益下降，有些地方就会借债分红。这会留下极大后患。应加强风险意识的宣传普及，让农民认识到经营会有好有坏，分红也会有高有低。

在处分权能方面。在党的十八届三中全会前的农村股份合作制改革实践中，多数地方成员股份权能仅限于份额占有、收益分配、参与管理，处分权能极不完整，只有少数地方可以有偿退出、内部转让、家庭内部继承、抵押担保①。党的十八届三中全会《决定》提出的赋予农民对集体资产股份的六大权能中，有四项权能，即有偿退出、抵押、担保、继承，属于处分权的范畴。赋予这四项权能，使成员股份权具有了很大的可转让、可变现性，比赋予占有、收益权能所涉及的问题更复杂，应当慎重稳妥推进。（1）对内部成员持股比重应有明确规定。在实行股份合作制改革、进行股权初始配置时，成员间持股比重差异不大。但当成员有偿退出所持股权时，既可以由集体经济组织出资赎回，也可以由其他成员购买。在后一种情形下，部分成员所持股权可能增加较多，形成股权向部分成员集中的局面，从而对股份合作经济组织的治理结构造成冲击。如果要保留股份合作经济的基本形态，就应当对单一成员的持股比重作出限制。（2）对外部人员持股应有严格规范。赋予成员对集体资产股份

---

① 2014年5月，笔者在北京市朝阳区原奥运村乡调查了解到，2007年撤乡改制、成立股份合作经济组织"北京世纪奥辰科工贸经济开发总公司"时，全部集体资产评估值为20.5亿元，有资格分配股权的集体成员为14000多人，除已死亡成员只能兑现、959名成员选择继续持股外，其他多数集体成员选择了有偿退出，即按股份账面价值出售给集体，共涉及19.5亿元。当时集体账面现金6亿多元，不得不以集体资产作抵押贷款13亿元用于支付成员的有偿退出。

抵押、担保、继承权，主要问题在于股权有可能转移给了外部人员。在抵押、担保时，抵押权利人有可能是本集体其他成员，如果发生转移，那还是在内部流转；如果抵押权利人是外部人员，一旦发生转移，就流向了外部人员。合法继承人有可能是本集体其他成员，也有可能是外部人员。从发展方向看，股份合作经济的股权向外部人员开放有利于提高股权交易的效率。但要考虑到股份合作经济的特殊治理结构，遵循逐步开放的原则。现阶段，可允许因抵押、担保、继承而发生的外部人员进入，但要明确获得股权并不意味着获得了完整的集体成员权，对外部人员因抵押、担保、继承而获得的股权的权能应作适当限制。比如，遵循权利义务对等原则，对没有履行民主管理、民主决策、民主监督职责的外部股的投票权应作适当限制。（3）对股权作价应综合考虑多种因素。有偿退出、抵押、担保以及一些地方存在的内部转让，都涉及股权如何合理定价的难题。必须看到，在清产核资过程中，资产评估很粗糙，集体物业、经营性建设用地使用权等资产的市场发育不充分、无法准确定价，股权账面价值一般低于其实际价值；集体资产的形成和收益中，包含有减免税费等国家惠农政策的贡献，这个因素也无法由市场定价；由于信息不对称，有些农民对集体资产的真实价值不了解；随着城市化发展，地价、房价、物业租金不断上涨，集体资产不断增值。如果对这些方面考虑不够就仓促推进股权转让，很有可能导致今后"找后账"，影响社会稳定[①]。

第六节　共性问题与推进策略

在坚持农村集体所有制的前提下，推进"三块地、一块产"的产权制度改革，涉及国家、集体、农民之间利益关系的调整，涉及农村社会

---

① 北京市朝阳区原奥运村乡撤乡改制时，大部分农民选择了有偿退出，等到发现房价和物业租赁费快速上涨、集体分红丰厚时，回过头来要求补偿。

结构和治理体系的转型，涉及宪法和法律法规的修订。改革过程中会遇到带有共性的难点，需要用一定的策略来化解。

一、以还权于民为取向，解决好国家对农村集体资产赋权不足的问题

推进农村集体产权制度改革，不仅要在集体与成员之间重新分割集体产权的各项权能，而且也要调整国家与农村集体的权能边界。只有国家对农村集体资产充分赋权，才有更多的财产权利可在集体与成员之间进行分割。在现行体制下，国家通过土地征收制度限制了农村集体分享土地城镇化所产生的增值收益由集体资产收益支付本该由国家财政支付的农村社区公共产品成本，这些做法是否恰当值得商榷。解决这方面的问题，要树立还权于民的理念，赋予农村集体更多财产权利：（1）在国家与农村集体之间合理分配土地增值收益。进一步缩小征地范围，让更多符合规划和用途管制要求的农村集体经营性建设用地，能够通过出让、租赁、入股的方式上市流转交易，真正实行与国有土地同等入市、同权同价。进一步完善征地价格形成机制，综合权衡新用途、经济发展水平等因素，合理确定土地征收补偿标准。（2）推进"政经分离"，把农村集体经济组织承担的公共产品供给职能剥离出去。在对农村集体资产经营收益依法征税的前提下，把城市治安、环卫、市政管网等各项基础设施和公共服务延伸到农村社区，使集体资产经营收益更多地用于分红。

二、以有利于提高资源配置效率和城镇化健康发展为标准，审慎改造集体所有制的社区封闭性

深化农村集体产权制度改革的一个突出特点，是要扩大农民对各类集体产权的处置权，流转交易的对象范围势必要突破原来的集体经济组织成员边界。虽然在"三权分置"的框架下，赋予承包经营权抵押、担保、入股权能，抵押、担保、入股的客体是经营权，不至于导致承包权流向外部人员，但承包权的退出和继承问题并未得到解决，未来仍存在

流向外部人员的可能性。推进农民住房财产权抵押、担保、转让，在房地不可分离、受让人范围扩大到本集体以外人员的情况下，势必导致宅基地使用权一并流向外部人员。赋予农民对集体资产股份有偿退出、抵押、担保、继承权，使外部人员持有集体资产股份的概率大大提高。同时，由于土地承包关系长久不变和"生不增、死不减"，以及一些地方在股份合作制改革中实行股权固化和"进不增、出不减"，新增成员不再自动拥有对集体资产的各项权能①。集体所有制的核心特征是成员权，即取得成员资格的人天然拥有对集体资产的各项权能，只有本集体成员才能获得土地承包权、宅基地使用权等权利。按照党的十八届三中全会《决定》推进农村集体产权制度改革，势必使成员权的内涵发生深刻变化，使集体产权更加近似共有产权。集体所有制从诞生之日起就在不断调整完善，在城镇化快速推进和农村人口流动加剧的时代背景下，逐步破除集体所有制的社区封闭性是必然趋势。但要使这个过程平稳有序，防止农民过早失去集体产权，防止大资本到农村圈占土地等资源。

三、兼顾差异性，按"三分开"的思路推进农村集体产权制度改革

农村集体资产类型多样，包括土地等资源性资产、厂房等经营性资产、学校等公益性资产；各类集体资产产权制度改革进展不一，承包地的各项权能在集体与成员之间的分割较为清晰，而宅基地的各项权能如何在集体与成员之间进行分割尚无明确思路；各地农村发展不平衡，有些地方除土地外没有其他集体资产、土地增值空间很小，有些地方经营性资产较多、土地增值潜力较大；集体产权制度与农村社会治理体制关系紧密。面对这种局面，农村集体产权制度改革必须实施差异化战略，按"三分开"的思路稳步推进：一是土地与非土地资产分开。由于土地

---

① 叶兴庆、李荣耀：《进城落户农民"三权"转让的总体思路》，《农业经济问题》2017年第2期。

不能实行私人所有，各类集体土地的产权制度改革重在寻找更有效的集体所有制实现形式，在国家、集体、成员之间重新分割占有、使用、收益、处分权能。非土地经营性集体资产的可变现、可分割、可交易性更高，可以实行灵活多样的改制模式，对物业、集体经营性建设用地使用权等以租赁经营为主、收益稳定而透明的集体资产，可实行股份合作制改革，在维持集体统一经营与明晰成员权利之间达成新的平衡；对征地补偿费等现金资产，可以直接分配给集体成员；在土地已全部城市化、集体成员已全部市民化、社区公共产品已全部由政府承担，集体成员对集体资产管理意见较大的地区，集体所有制的存在逻辑不复存在，改革的尺度可以更大些。二是农区与城郊地区分开。农区主要是对各类土地资产和农民住房财产进行确权登记颁证，完善承包地经营权流转制度，建立集体成员认定制度。城郊地区集体资产产权制度改革任务较重，既要对非土地经营性资产进行全面清产核资、折股量化到人，也要对各类土地资产进行改革，而且土地产权制度改革的侧重点也有别于一般农区。三是集体经济组织与社区自治组织分开。非土地经营性资产较少的地方可暂缓设立集体经济组织，但城郊地区必须设立集体经济组织，作为集体产权的行使主体赋予其特殊法人地位，对作为集体产权权利主体的"农民集体"负责。农村社区自治组织由该社区常住人口依法组成，仅负责该社区公共事务，不再参与集体资产的经营管理。集体经济组织成员依成员权制度认定，自治组织成员依《村民委员会组织法》认定，在人口流动的情况下二者不完全重合。

四、防止改革碎片化

党的十八届三中全会《决定》以及后来出台的多个文件提出了多项农村集体产权制度改革任务，如赋予集体经营性建设用地在符合规划和用途管制条件下与国有土地同等权能，赋予农民对承包地占有、使用、收益、流转及承包经营权抵押、担保权能，赋予农民住房财产权抵押、担保、转让权能，赋予农民对集体资产股份占有、收益、有偿退出及抵押、担保、继承权。这些具体改革任务分别由不同政府部门负责制定改革方案，有利于利用各部门前期工作基础、发挥各自职能作用，但在这些具体改革任务之上缺乏总体思路和顶层设计，也有可能导致互相之间衔接不够。应像国有资产、国家自然资源资产改革一样，对农村集体资产改革也要有一个明确的总体思路。在农村集体产权制度改革过程中，尤其要对各项具体改革任务之间的内在联系、需要解决的共性问题、牵一发而动全身的"牛鼻子"等进行整体性、系统性研究①。

---

① 叶兴庆：《准确把握农村集体产权制度改革的方法论》，《中国发展观察》2015年第2期。

第七章

创新农业农村现代化
协同推进机制

全面推进乡村振兴、加快农业农村现代化、加快建设农业强国是确保实现第二个百年奋斗目标的重大任务。中央多次强调，"要坚持农业现代化和农村现代化一体设计、一体推进"①。这为新发展阶段推进和拓展中国式农业农村现代化提供了重要遵循。在新发展阶段高质量推进和拓展中国式农业农村现代化，既需要处理好农业农村现代化与国家现代化的关系，把坚持农业农村优先发展的方针落到实处；也需要处理好农业现代化与农村现代化的关系，实现两者协调统一、相互促进。农业现代化与农村现代化有其各自的规律，但两者之间又有紧密的逻辑关联②。为此，一方面应遵循农业现代化与农村现代化各自的规律采取针对性举措；另一方面也应从农业现代化与农村现代化既各有其规律又相互关联的情况出发，坚持"两个一体"③。

---

① 2018年9月，在十九届中央政治局第八次集体学习时，习近平总书记明确指出，"要坚持农业现代化和农村现代化一体设计、一并推进，实现农业大国向农业强国跨越"。2020年7月，习近平总书记在吉林考察时再次强调，"要坚持农业现代化和农村现代化一体设计、一体推进，推进公共服务向乡村延伸"。2021年中央一号文件强调，"坚持农业现代化与农村现代化一体设计、一体推进"。为行文方便，本章将农业现代化与农村现代化一体设计、一体推进简称为"两个一体"。

② 李周、温铁军、魏后凯等：《加快推进农业农村现代化："三农"专家深度解读中共中央一号文件精神》，《中国农村经济》2021年第4期。

③ 孙贺、傅孝天：《农业农村现代化一体推进的政治经济学逻辑》，《求是学刊》2021年第1期。

第一节　农业现代化与农村现代化评价指标体系

坚持"两个一体"的关键，是清醒认识农业现代化与农村现代化各自进展到了什么程度、两者的耦合度与协调度如何，找准两者的耦合点并围绕这些耦合点做好统筹谋划、协同推进。为此，本章构建了农业农村现代化评价指标体系，选取可获得的省级数据指标对2020年全国31个省区市的农业现代化与农村现代化的实现程度以及两者之间的协调耦合度进行测算评估。针对评价分析发现的农业现代化和农村现代化协调性较差的问题，本章进一步剖析农业现代化与农村现代化的逻辑关联，从关联耦合点中寻找实现"两个一体"的关键着力点，并提出推进"两个一体"的思路和措施。

习近平总书记2016年7月20日在宁夏视察工作时讲话指出："发展现代农业，关键是要构建三个体系，即现代农业产业体系、生产体系、经营体系。"2018年9月21日，习近平总书记在主持中共十九届中央政治局第八次集体学习时指出："农村现代化既包括'物'的现代化，也包括'人'的现代化，还包括乡村治理体系和治理能力的现代化。"本章以习近平总书记对农业现代化和农村现代化的重要论述为根本遵循，将农业现代化和农村现代化解构为六个现代化维度，即农业现代化包括农业产业体系现代化、农业生产体系现代化、农业经营体系现代化，农村现代化包括农村基础设施和公共服务现代化、农村居民思想观念和生活质量现代化、农村治理体系和治理能力现代化。在对这六个维度的内涵特征进行系统分析的基础上①，确定各维度的具体考量方面。农业产业体系现代化主要从粮食安全保障、供需匹配、产业链深化以及生产效率四个方

---

① 国务院发展研究中心农村经济研究部课题组：《新发展阶段农业农村现代化的内涵特征和评价体系》，《改革》2021年第9期。

面进行考量，农业生产体系现代化主要从科技创新、设施装备、集约高效和绿色发展四个方面进行考量，农业经营体系现代化主要从新型经营主体带动、社会化服务发展和适度规模经营三个方面进行考量；农村基础设施和公共服务现代化主要从水电路基础设施、人居环境（厕所、生活污水和生活垃圾）以及教育、医疗和养老公共服务三个方面进行考量，农村居民思想观念和生活质量现代化主要从受教育程度、收入水平、消费结构和生活条件四个方面进行考量，农村治理体系和治理能力现代化主要从综合服务、法律服务、乡风文明和纠纷调处能力四个方面进行考量。

借鉴有关专家建立的农业农村现代化评价指标体系[1]，考虑实证评价分析的可行性，本章确立了农业农村现代化评价指标选取的三个原则。首先，要充分考虑数据的可获得性，能够从国家统计部门和涉农部委现有的各类统计中直接获得，或以这些数据为基础进行计算。其次，要保持时间的统一性，各指标分省数据要尽可能更新至2020年，最大限度地接近当下情况。最后，为了消除不同省区市农业生产结构、农村生活方式、自然资源禀赋等方面的差异，在选取指标时全部采用比例型指标并将指标做标准化处理。基于以上三个原则，本章最终在农业现代化与农村现代化的六个细分维度下确定了33个指标构成农业农村现代化评价指标体系，参考国家相关发展规划确定的目标以及世界农业强国的共性特征，进一步确立中国2035年农业农村实现基本现代化的目标值（见表7-1）。

在农业产业体系现代化方面，设置了"粮食播种面积与2016—2019年粮食平均播种面积的比值""畜牧业和渔业占农林牧渔业总产值比重""农产品加工业产值与农林牧渔业总产值的比值""农业劳动生产率""单

---

① 辛岭、刘衡、胡志全：《我国农业农村现代化的区域差异及影响因素分析》，《经济纵横》2021年第12期；张俊婕：《中国农业农村现代化发展水平的时空特征及障碍因子分析》，《经济体制改革》2022年第2期。

表7-1　农业农村现代化评价指标体系

| 一级指标 | 二级指标 | 三级指标 | | 权重 | 方向说明 | 2035年基本现代化目标值 |
		序号	指标名称（单位）			
农业现代化	农业产业体系现代化	1	粮食播种面积与2016—2019年粮食平均播种面积的比值	1/30	正向指标	1
		2	畜牧业和渔业占农林牧渔业总产值比重（%）	1/30	正向指标	45
		3	农产品加工业产值与农林牧渔业总产值的比值	1/30	正向指标	3.5
		4	农业劳动生产率（万元/人，2020年不变价格）	1/30	正向指标	15
		5	单位耕地面积种植业产值（万元/亩，2020年不变价格）	1/30	正向指标	1.3
	农业生产体系现代化	6	每万名第一产业从业人员中科技活动人员数（人）	1/30	正向指标	7
		7	劳均农业机械动力（千瓦/人）	1/30	正向指标	7
		8	农田灌溉用水有效利用系数	1/30	正向指标	0.59
		9	单位面积农药使用量负增长率（%，以2015年为基期）	1/30	负向指标	30
		10	单位面积化肥使用量负增长率（%，以2015年为基期）	1/30	负向指标	20
	农业经营体系现代化	11	农民合作社辐射带动农户比例（%）	1/24	正向指标	30
		12	农业企业带动农户比例（%）	1/24	正向指标	20
		13	农业生产托管服务深度（亩次/亩）	1/24	正向指标	0.9
		14	耕地适度规模经营户比例（%）	1/24	正向指标	10
农村现代化	农村基础设施和公共服务现代化	15	农村自来水普及率（%）	1/54	正向指标	92
		16	农村道路硬化比例（%）	1/54	正向指标	75
		17	农村居民年人均用电量（千瓦时/人·年）	1/54	正向指标	2500
		18	农村无害化卫生厕所普及率（%）	1/54	正向指标	90
		19	农村生活污水处理率（%）	1/54	正向指标	90
		20	农村生活垃圾处理率（%）	1/54	正向指标	96
		21	农村义务教育阶段教师本科及以上学历比例（%）	1/54	正向指标	83
		22	农村每千人口卫生技术人员数（人）	1/54	正向指标	7.5
		23	每个行政村拥有的农村社区养老机构和设施数	1/54	正向指标	0.7

一级指标	二级指标	三级指标		权重	方向说明	2035年基本现代化目标值
		序号	指标名称（单位）			
农村现代化	农村居民思想观念和生活质量现代化	24	农村人口中高中及以上学历占比（%）	1/30	正向指标	24
		25	农村居民人均可支配收入（2020年价格，万元）	1/30	正向指标	3.5
		26	农村居民恩格尔系数（%）	1/30	负向指标	25
		27	农村居民教育文化娱乐支出占比（%）	1/30	正向指标	12
		28	农村居民每百户家用汽车拥有量（辆）	1/30	正向指标	60
	农村治理体系和治理能力现代化	29	村综合服务站的行政村普及率（%）	1/30	正向指标	95
		30	村规民约的行政村普及率（%）	1/30	正向指标	98
		31	"农村文明家庭"农户占比（%）	1/30	正向指标	10
		32	法律顾问、法律服务工作的行政村普及率（%）	1/30	正向指标	90
		33	土地承包及流转纠纷村级调解成功率（%）	1/30	正向指标	100

注：①农业机械化程度在国家层面一般用"主要农作物耕种收综合机械化率"衡量，但分省层面缺乏公开数据，因而以"劳均农业机械动力"替代。

②"亩次"表示单位面积接受多次托管服务的累计次数，如1亩地接受耕、收两次托管服务的，托管服务为2亩次。

③农村生活污水处理率因现有分省指标无法统计到村的生活污水处理率，该指标的实际取值为乡镇政府驻地市政生活污水处理率。

位耕地面积种植业产值"5项指标。前三项指标主要体现粮食安全、畜牧业和农产品加工业在现代农业中的重要地位。《"十四五"全国种植业发展规划》要求稳定播种面积，着力提高单产，到2025年，粮食播种面积稳定在17.5亿亩以上。设置"粮食播种面积与2016—2019年粮食平均播种面积的比值"是为了评价各省份粮食播种面积的变化情况，按照中央关于各省份粮食播种面积只增不减的要求，将此指标2035年基本现代化目标值定为1。参考发达国家与国内发达地区的水平，将"畜牧业和渔业占农林牧渔业总产值比重"和"农产品加工业产值与农林牧渔业总产值的比值"2035年基本现代化目标值分别设定为45%和3.5。后两项指标主要是体现生产效率，参考目前国内生产率较高地区的水平，将"农业劳动生产率"和"单位耕地面积种植业产值"的2035年基本现代化目标值按2020年不变价分别设定为15万元/人和1.3万元/亩，大体上在2020年全国平均水平的基础上分别提高70%和60%。

在农业生产体系现代化方面，设置了"每万名第一产业从业人员中科技活动人员数""劳均农业机械动力""农田灌溉用水有效利用系数""单位面积农药使用量负增长率""单位面积化肥使用量负增长率"5项指标。"每万名第一产业从业人员中科技活动人员数"衡量的是农业科技支撑水平，参考国内农业科技支撑较有力地区水平，将其2035年基本现代化目标值设定为7，力争到2035年全国农业科技活动人员数新增10万人左右。"劳均农业机械动力"反映农业机械化水平，参考目前国内农业机械化较发达地区水平，将其2035年基本现代化目标值设定为7千瓦/人，力争到2035年全国劳均农业机械化水平提升两成以上。"农田灌溉用水有效利用系数"反映农业水资源利用效率，参考《"十四五"全国农业绿色发展规划》每五年提高0.01的要求，将其2035年基本现代化目标值设定为0.59。"单位面积化肥使用量负增长率"和"单位面积农药使用量负增长率"反映农业绿色发展导向，2015年以来，农业农村部组织开展化肥农药使用量零增长行动，2020年三大粮食作物化肥、农药利用率从2015年的35.2%和36.6%分别提高到了40.2%和40.6%。根据农业农村部关于力争化肥、农药利用率到2025年再各增加3个百分点的工作要求，按此趋势到2035年可再各增加4个百分点，若假设种植面积不变，则2035年单位面积化肥和农药使用量较2015年将下降25%左右。同时，参考化肥和农药减量领先省份的下降幅度，将2015—2035年单位面积化肥和农药使用量的负增长率目标分别设定为20%和30%。

在农业经营体系现代化方面，设置了"农民合作社辐射带动农户比例""农业企业带动农户比例""农业生产托管服务深度""耕地适度规模经营户比例"4项指标。设置这些指标主要是考虑到在大国小农的起点上推进农业现代化，必须把实现小农户与现代农业有机衔接作为重要政策取向。考虑到农民合作社和农业产业化龙头企业在带动农户方面具有一定的交叉互补性，参考目前国内较高水平地区情况，将"农民合作社辐射带动农户比例"和"农业企业带动农户比例"的2035年基本现代化目标值分别设定为30%和20%。参考托管服务较发达地区水平，将"农业生产托管服务深度"的2035年基本现代化目标值设定为0.9亩次/亩。考虑南北方差异，将北方50亩以上和南方10亩以上确定为适度规模经营的门槛，参考适度规模经营发展较好地区的情况，将"耕地适度规模经营户比例"的2035年基本现代化目标值设定为10%。

在农村基础设施和公共服务现代化方面，设置了"农村自来水普及率""农村道路硬化比例""农村居民年人均用电量""农村无害化卫生厕所普及率""农村生活污水处理率""农村生活垃圾处理率""农村义务教育阶段教师本科及以上学历比例""农村每千人口卫生技术人员数""每个行政村拥有的农村社区养老机构和设施数"9项指标。按照实现农村现代化生活的基本要求，这些指标的2035年基本现代化目标值主要参考目前城市和发达地区农村的水平来确定。参考目前国内领先地区水平，将"农村自来水普及率""农村道路硬化比例""农村居民年人均用电量""农村无害化卫生厕所普及率"和"农村生活垃圾处理率"的2035年基本现代化目标值分别设定为92%、75%、2500千瓦时/人·年、90%和96%。尽管村庄的生活污水收集处理仍有一定难度，但由于"农村生活污水处理率"采用的是乡镇政府驻地市政生活污水处理率的数据，乡镇政府驻地作为农村居住和服务中心，其基本现代化的标准应接近城镇水平达到90%。根据教育部2021年发布的《中华人民共和国教师法（修订草案）》（征求意见稿），取得中小学教师资格应当具备高等学校师范专业本科或者其他相关专业本科毕业及以上学历，参照目前城市水平，将"农村义务教育阶段教师本科及以上学历比例"的2035年基本现代化目标值设定为83%。参照目前国内领先地区农村水平，并按照逐步接近城市水平的要求，将"农村每千人口卫生技术人员数"的2035年基本现代化目标值设定为7.5人。按照农村养老服务基本覆盖的要求，将"每个行政村拥有的农村社区养老机构和设施数"的2035年基本现代化目标值设定为0.7个，以实现平均1—2个村庄就能有一处养老机构或设施。

在农村居民思想观念和生活质量现代化方面，设置了"农村人口中高中及以上学历占比""农村居民人均可支配收入""农村居民恩格尔系数""农村居民教育文化娱乐支出占比""农村居民每百户家用汽车拥有量"5项指标。参考目前国内领先地区水平，将"农村人口中高中及以上学历占比"的2035年基本现代化目标值设定为24%。按照城乡居民收入与经济增长同步、城乡居民收入差距不断缩小的要求，将"农村居民人均可支配收入"的2035年基本现代化目标值按2020年价格设定为3.5万元。参考联合国以居民恩格尔系数划分生活水平的标准，将"农村居民恩格尔系数"的2035年基本现代化目标值设定为25%。参考目前城市和该指标领先地区农村水平，将"农村居民教育文化娱乐支出占比"的2035年基本现代化目标值设定为12%。农村因地域广阔、分散且公共交通不够发达而对家用汽车有更强的需求，发达国家农村居民家用汽车拥有水平一般高于城镇居民，参考与中国国情相近的东亚发达国家日本的汽车拥有水平，将"农村居民每百户家用汽车拥有量"的2035年基本现代化目标值设定为60辆。

在农村治理体系和治理能力现代化方面，设置了"村综合服务站的行政村普及率""村规民约的行政村普及率""'农村文明家庭'农户占比""法律顾问、法律服务工作的行政村普及率""土地承包及流转纠纷村级调解成功率"5项指标。参考目前国内领先地区水平，将村综合服务站、村规民约、法律顾问和法律服务的行政村普及率的2035年基本现代化目标值分别设定为95%、98%和90%。"农村文明家庭"作为评选称号，有一定的评选标准和总量限制，作为标杆不宜过多，因此参考全国平均水平将"'农村文明家庭'农户占比"的2035年基本现代化目标值设定为10%。按照"小事不出村"的要求，将"土地承包及流转纠纷村级调解成功率"的2035年基本现代化目标值设定为100%，目前部分地区此指标已达到100%。

指标权重按平均权重确定。在一级指标中，农业现代化和农村现代化权重各占50%；在二级指标中，层内的三维度指标按各三分之一确定；在三级指标中，则按层内指标数量将层内的权重进一步平均分配。各细分指标在整体评价体系中的权重见表7-1。

第二节 农业现代化与农村现代化
实现度与协调耦合度

坚持"两个一体"，很重要的一点，是要搞清楚各省区市农业农村现代化已经进展到什么程度、农业现代化与农村现代化的进展是否协调，以及实现度、协调耦合度的地区差异。这既有利于清醒认识到推进和拓展中国式农业农村现代化所处的起点，也有利于找准短板弱项、明确努力方向。

一、各省区市农业现代化与农村现代化基本实现度评价

以本章第一节构建的指标体系为基础，收集各省区市2020年的数据对农业农村基本现代化的实现程度进行评价[①]。

第一步，将各指标进行标准化处理，包括2020年全国及各省区市的

---

① 大部分数据来源于《中国统计年鉴》《中国农村统计年鉴》《中国农村政策与改革统计年报》《中国农村合作经济统计年报》《中国城乡建设统计年鉴》《中国人口和就业统计年鉴》，另有少部分数据来自农业农村部。受数据可得性限制，第3项指标采用2018年数据，第18项指标为2017年数据，第20、21、23项指标为2019年数据，以上指标虽年度绝对值会有变化，但各省之间排序的变动微小，故代替使用对结果影响不大。其余指标均为2020年情况。第11—13项指标中缺失西藏数据，用农业农村情况基本类似的青海替代。具体方法参见国务院发展研究中心农村经济研究部课题组：《中国农业现代化与农村现代化协调发展战略研究》，《农业经济问题》2023年第4期。

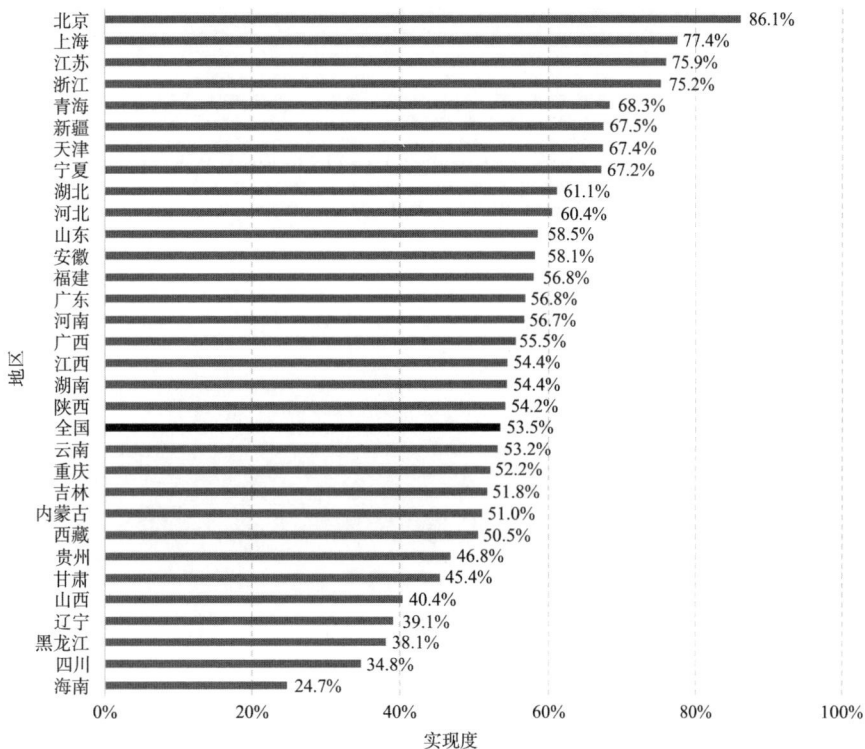

图7-1　2020年各省区市农业农村基本现代化实现度

农业农村现代化指标和2035年农业农村基本现代化目标值。

第二步，根据表7-1中确定的权重，对标准化处理后的各指标进行加权平均得出2035年基本现代化目标值指数和全国及各省区市的农业农村现代化综合指数、农业现代化综合指数、农村现代化综合指数。需要说明的是，由于在标准化的过程中包括了2035年基本现代化的目标值，这里计算的农业农村现代化综合指数不用于评价全国及各省区市2020年的农业农村现代化水平，仅作为计算农业农村现代化实现度的一个中间步骤。

第三步，瞄准2035年农业农村基本现代化目标，计算全国及各省区市农业农村基本现代化、农业基本现代化和农村基本现代化的实现度（见图7-2至图7-3）。农业农村基本现代化实现度等于农业农村现代化综

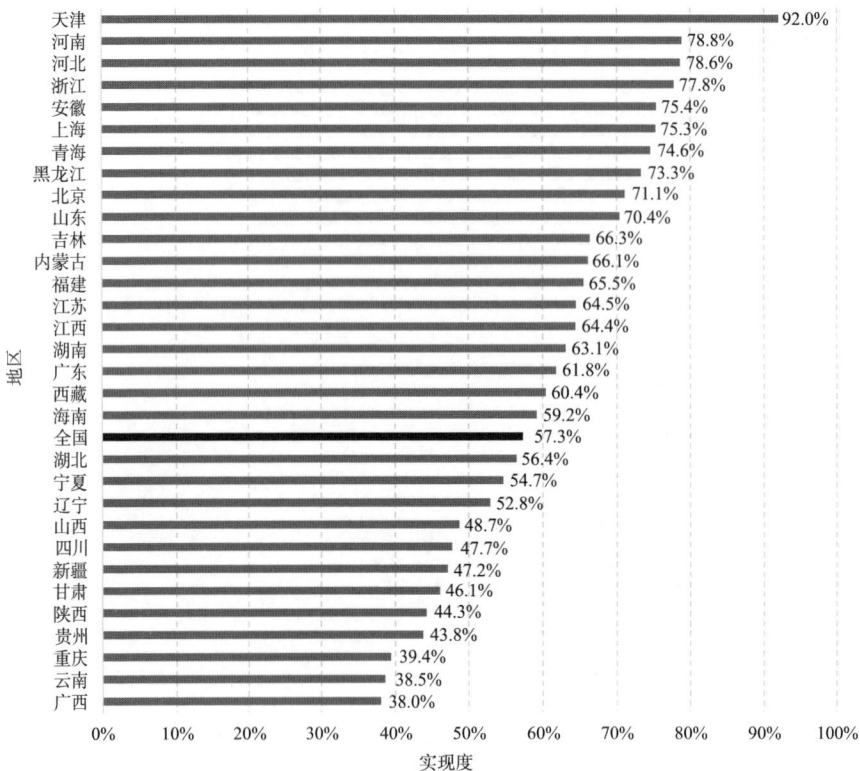

图7-2　2020年各省区市农业基本现代化实现度

合指数与2035年农业农村基本现代化目标值指数之比。由于大部分指标的2035年基本现代化目标值是参考领先省区市水平，因此最发达省区市的农业农村现代化水平可能会高于基本现代化目标值，即完成度达到甚至超过100%。实现度值越高表明越接近基本现代化目标。

从农业农村基本现代化的整体实现度来看，2020年全国平均水平为53.5%，绝大多数省区市在50%以上。北京、上海、江苏、浙江处于第一方阵，都超过了75%，其中北京高达86.1%。贵州等7个省份低于50%，其中海南最低为24.7%。从农业基本现代化与农村基本现代化两方面实现度的对比来看，农业基本现代化的实现度普遍高于农村基本现代化的实现度。在全国整体层面，农业基本现代化57.3%的实现度高于农村基本现代化53.5%的实现度。具体到省区市的层面来看，绝大多数省区市的农业

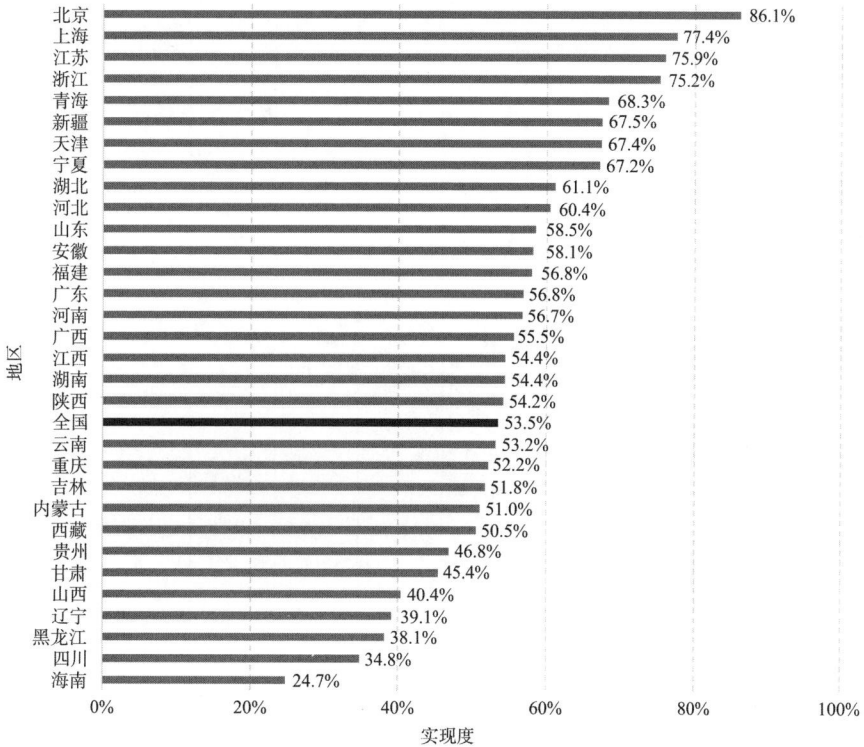

图7-3　2020年各省区市农村基本现代化实现度

注：鉴于牧区和农区生产生活方式的差异，对地域广阔、人口稀少的牧区在农村现代化指标值方面进行了差异化处理，具体方法是根据内蒙古、青海、西藏和新疆牧业产值比重，将其农村现代化指数分别乘1.2、1.3、1.3和1.1。

基本现代化实现度也超过农村基本现代化实现度。10个省区市农业基本现代化的实现度超过70%，但除北京、上海、江苏和浙江以外的省区市农村基本现代化的实现度都低于70%。如图7-4所示，45度斜线下方的省区市为农业基本现代化实现度大于农村基本现代化实现度，上方为农村基本现代化实现度大于农业基本现代化实现度。其中，天津和浙江等20个省区市的农业基本现代化实现度超过农村基本现代化实现度；北京和上海等11个省区市的农业基本现代化实现度滞后于农村基本现代化实现度。

大部分省区市农业基本现代化与农村基本现代化实现度存在明显不

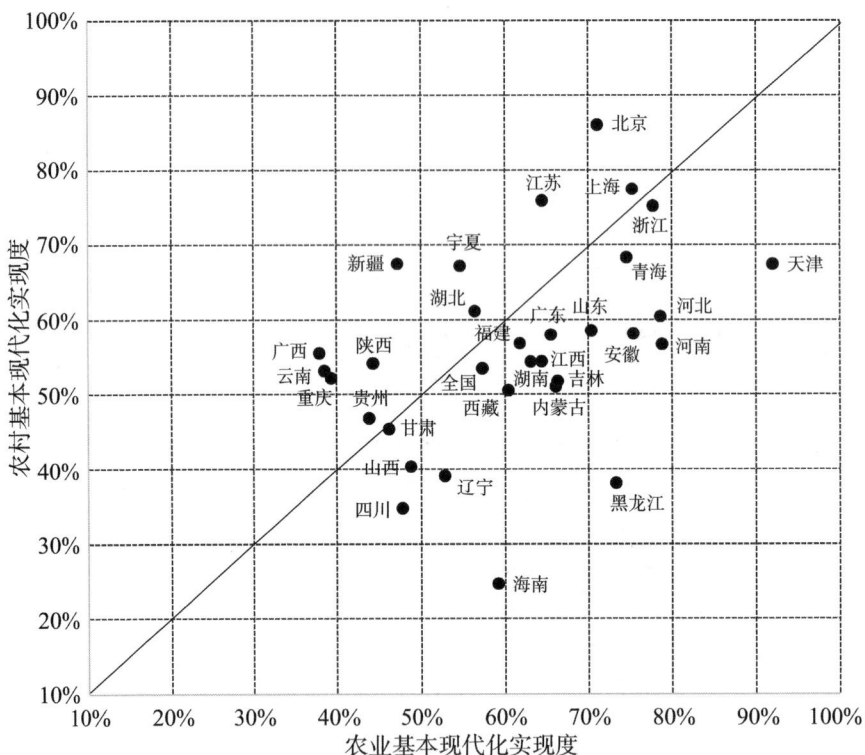

图7-4　2020年各省区市农业基本现代化与农村基本现代化实现度的匹配度

平衡。从农业现代化发展快于农村现代化的地区看，农业基本现代化实
现度与农村基本现代化实现度差值最大的前五个省区市分别为黑龙江、
海南、天津、河南和安徽，其中差距最大的黑龙江达35.2个百分点。从
农村现代化发展快于农业现代化的地区看，农村基本现代化实现度与农
业基本现代化实现度差值最大的前五个省区市分别为新疆、广西、北京、
云南和重庆，其中差距最大的新疆为20.3个百分点。

二、各省区市农业现代化与农村现代化协调耦合度评价

按照农业现代化与农村现代化一体设计、一体推进的要求，两者之
间应形成耦合协调的相互促进关系。为评价两者发展的耦合协调性，本
节测算了全国和各省区市农业现代化与农村现代化之间的耦合度，计算

步骤如下[①]：

第一步，先对全部指标进行标准化处理。和前文计算实现度不同的是，这里的计算不包括2035年农业农村基本现代化目标值，选用的方法同样是极差法。

第二步，根据表7-1中确定的权重，对标准化处理后的各指标进行加权平均得出全国和各省区市的农业现代化综合指数和农村现代化综合指数[②]（见表7-2）。这里的农业农村现代化综合指数可用于评价2020年全国和各省区市的农业农村现代化水平。

第三步，参考学术界计算耦合度的基本方法[③]，计算农业现代化与农村现代化的耦合度。

从耦合度的测算结果来看（见表7-2），中国农业与农村发展的协调性仍有待改善。全国层面上农业现代化与农村现代化属于勉强协调，大多数省区市处于协调状态下的磨合适应阶段，仍需要进一步加强一体设计、一体推进来提高发展的耦合协调性。黑龙江、宁夏等16个省区市处于勉强协调水平，河北、浙江等13个省区市处于初级协调水平，只有天津和北京2个市达到了中级协调水平，没有一个省区市达到高度协调水平。结合前面的分析，北京、天津和浙江既是农业农村基本现代化实现度最好的地区，也是农业现代化与农村现代化耦合度最高的地区；既达

---

① 具体方法参见国务院发展研究中心农村经济研究部课题组：《中国农业现代化与农村现代化协调发展战略研究》，《农业经济问题》2023年第4期。

② 农业农村现代化综合指数＝（农业现代化综合指数＋农村现代化综合指数）÷2。

③ 逯进、朱顺杰：《金融生态、经济增长与区域发展差异——基于中国省域数据的耦合实证分析》，《管理评论》2015年第11期；刘超、陈祺弘：《基于协同理论的港口群交互耦合协调度评价研究》，《经济经纬》2016年第5期；田雪莹：《基于熵值法的中国城镇化水平测度》，《改革》2018年第5期；刘亚雪、田成诗、程立燕：《世界经济高质量发展水平的测度及比较》，《经济学家》2020年第5期；刘云菲、李红梅、马宏阳：《中国农垦农业现代化水平评价研究——基于熵值法与TOPSIS方法》，《农业经济问题》2021年第2期。

表7-2　2020年各省区市农业现代化与农村现代化耦合度

	农业现代化综合指数	农村现代化综合指数	耦合度	协调程度
全国	0.32	0.46	59.9%	勉强协调
天津	0.51	0.59	74.2%	中级协调
北京	0.40	0.75	70.1%	
河北	0.45	0.53	68.3%	初级协调
浙江	0.43	0.65	68.2%	
安徽	0.43	0.50	67.9%	
江苏	0.36	0.65	67.4%	
上海	0.41	0.66	66.7%	
山东	0.40	0.50	64.6%	
福建	0.36	0.49	64.4%	
江西	0.36	0.47	62.7%	
河南	0.45	0.49	62.0%	
湖北	0.32	0.53	61.9%	
广东	0.34	0.49	60.9%	
吉林	0.38	0.45	60.8%	
湖南	0.36	0.47	60.5%	
黑龙江	0.41	0.33	59.5%	勉强协调
宁夏	0.31	0.58	58.2%	
青海	0.41	0.76	57.7%	
内蒙古	0.37	0.51	57.4%	
贵州	0.25	0.41	55.2%	
辽宁	0.30	0.34	54.0%	
四川	0.27	0.30	53.9%	
甘肃	0.26	0.39	53.2%	
云南	0.22	0.46	52.8%	
陕西	0.25	0.47	52.4%	
山西	0.28	0.35	51.9%	
西藏	0.34	0.58	51.8%	
新疆	0.27	0.59	51.4%	
重庆	0.22	0.45	51.1%	
广西	0.21	0.48	50.4%	
海南	0.32	0.21	50.0%	

表7-3　耦合度值解释

协调阶段	耦合度	阶段细分	协调水平
低水平耦合阶段	0%—30%	0%—20%	严重失调
		20%—30%	重度失调
拮抗阶段	30%—50%	30%—40%	轻度失调
		40%—50%	濒临失调
磨合适应阶段	50%—80%	50%—60%	勉强协调
		60%—70%	初级协调
		70%—80%	中级协调
高水平耦合阶段	80%—100%	80%—100%	高度协调

注：学界关于耦合度的阶段划分基本达成共识，此表内容主要参考刘超、陈祺弘：《基于协同理论的港口群交互耦合协调度评价研究》，《经济经纬》2016年第5期。

到了农业现代化与农村现代化的全国领先水平，又实现了两者良性地相互促进、协调发展，可以视作全国农业农村现代化的标杆。安徽和河北虽然农业现代化和农村现代化水平不如上述3个省区市，但农业农村发展较为平衡，也基本实现了农业农村现代化的协调发展。中级协调的2个省区市和初级协调的13个省区市中，11个省区市都是农业基本现代化实现度高于农村基本现代化实现度，只有4个省区市农村基本现代化的实现度高于农业基本现代化的实现度。总体来看，农村现代化仍是"两个一体"发展的短板。相对而言，农业基本现代化实现度较高的地区，农业和农村发展的协调度较高，农业现代化对农村现代化的带动较为明显，在适应发展需要的同时配套完善相应的农村基础设施、公共服务和治理体系，即可实现两者协调发展。而农村现代化带动农业现代化的机理则相对复杂，受到的客观条件约束也较多，要建立起农村现代化带动农业现代化的发展机制还需要更有力的科技支撑与组织创新、更有效的资源要素整合。

第三节 新发展阶段农业现代化与
农村现代化的逻辑关联

　　农业作为一个产业部门，其现代化要遵循结构转型、技术升级、要素重组、经营重塑等一般规律。农村作为一种空间和社会网络，其现代化要遵循空间重划、设施建设、治理改进、人口调整、观念变革等基本规律。这两个现代化在一定程度上可以独自前行，但两者之间存在逻辑关联，长期分割可能造成相互掣肘，找准耦合点并紧扣耦合点，加大推进力度则能够相互促进。农业现代化的发展能够为农村现代化提供物质基础保障，农村现代化的推进又可以为农业现代化创造有利的基础条件。农业与农村在地理空间上交叉分布，在发展所需的基础设施上可以高度共享，在发展所需的投入要素上有共同需求，在生态环境上会相互带来正外部效应或负外部效应。这些逻辑关联点就是农业现代化与农村现代化的耦合点。农业现代化与农村现代化一体设计、一体推进就是要围绕这些耦合点做好统筹谋划、系统布局、协同推进，为两个现代化的协调发展创造共同的基础条件、做好并行保障，建立健全农业现代化与农村现代化相互促进的有效机制。

一、空间规划是"两个一体"的重要载体

　　推进农业现代化，需要加强高标准农田建设，通过土地综合整治促进碎片化的土地集中连片，优化农业区域布局。推进农村现代化，需要逐步调整优化村镇体系，重新布局村落内部结构。科学的空间规划可以为农业现代化与农村现代化的合理布局提供指引，以土地集中连片整治提升农业现代化的生产条件，以村庄集中居住提高基础设施和公共服务水平。科学的空间规划可以促进形成合理的生产、生活、生态空间结构，通过生产与生活空间的适度分离，提高农业生产效率和村庄

生活品质。

二、基础设施是"两个一体"的重要保障

农业现代化的发展需要支持生产体系和产业体系提升的生产性基础设施作保障，农村现代化的发展也需要支持生活便捷化和舒适度提升的生活性基础设施作保障。农业生产性基础设施与农村生活性基础设施相当程度上是互联互通、难以割裂的。通达顺畅的农村路网、物流体系、通信网络，稳定可靠的供水、供电、供气管网，是农业现代化与农村现代化的共同需求，是农业生产和农民生活可以共享的重要设施，是做到"两个一体"的必然要求。

三、生态环境是"两个一体"的重要根基

良好的生态环境既是发展绿色农业、生态农业等高附加值现代农业的重要基础，也是建设宜居、宜业乡村的重要基础。农业与农村共处一个生态系统，生态环境是农业现代化与农村现代化共生共荣的重要基础。统筹推进农业产地环境与农村居住环境建设，可以形成相互支撑、相得益彰的良性循环。推进农业景观化、生产循环化、产品绿色化，治理好种养业面源污染，有利于提升农村的休闲观光价值和居住品质。推进农村厕所改造、垃圾和生活污水治理、村容村貌整治，有利于防止农村生活污染物对农业生产的负面影响。

四、人口优化是"两个一体"的重要支撑

推进农业现代化既需要进一步减少农业劳动力总量和占比，又需要优化农业劳动力结构，培养职业农民，让年轻人愿意务农。推进农村现代化既需要进一步减少乡村人口总量和占比，又需要优化乡村人口结构，培养和引进教育、卫生、文化、科技等人才，让部分市民能够下乡。年轻一代务农者对生活品质的要求越来越高，农村现代化程度越高越有利于吸引年轻人务农，在乡村居住生活的人对就业质量的要求也会越来

高，农业现代化程度越高越有利于年轻人留乡入乡务农。人是连接农业现代化与农村现代化的重要桥梁和纽带，应统筹考虑农业现代化与农村现代化对优化农村人口结构的需求，为做到"两个一体"提供人才支撑。

五、产业综合体是"两个一体"的重要平台

农业现代化是产业融合的现代化，需要建立完整的配套产业体系，实现农业产业集群化、多元化发展，农业产业体系是乡村产业综合体的重要构成。农村现代化需要多元化的产业支撑乡村多元价值的实现、提供多元化的乡村就业、丰富多样的乡村生活，发展科技、物流、信息、金融等生产性服务业提升农业发展动能，发展文化、娱乐、餐饮、康养等生活性服务业提高农村生活质量，发展各类新产业、新业态、新商业模式提升乡村活力。田园综合体、现代农业园区、农产品加工集聚区、特色小镇等是农业现代化与农村现代化的重要交汇点，在做到"两个一体"中可以发挥重要的平台功能。

六、集体经济是"两个一体"的重要牵引

在大国小农的起点上推进农业现代化，既需要尊重小农户的主体地位，维护承包农户的合法权益，又需要顺应农户分化的大趋势，促进土地流转集中、发展适度规模经营。在城乡二元结构的起点上推进农村现代化，既需要加大公共资源对农村的配置，又需要发挥农民和村落共同体的主体作用，提高乡村振兴的内生性，促进共建共治共享。坚持农村土地集体所有制，发展土地股份合作社等新型农村集体经济，可以克服农村土地流转市场失灵问题。深化农村集体产权制度改革，发展股份经济合作社等新型农村集体经济，可以克服靠分散的小农户共建村落基础设施、共治村落社会所存在的共识形成难、议事效率低、交易成本高等难题，集体经济的发展壮大还能为农村道路、环境卫生等公共服务提供强有力保障。新型农村集体经济的发展，可以为"两个一体"发挥重要的牵引和带动作用。

第四节　促进农业现代化与农村现代化
协调发展的机制创新

应把握好农业现代化与农村现代化相互依存、相互促进、相互牵制的逻辑关系和协同演进的规律，利用好两者之间的关联带动机制，推动两者协同发展。

一、做好乡村空间规划

长期以来，中国村庄发展主要是自然演变，农户家庭分散经营下农业生产缺乏整体功能布局的协调，农民建房选址随意性较大、没有考虑对产业发展和生态的影响，因而大部分村庄布局较为凌乱，给产业的发展、基础设施和公共服务的覆盖、生活品质的提升、生态环境的保护均带来困难。应顺应自然地理走向、经济发展趋向、人口迁移动向和人文情感倾向等村庄演变趋势，立足于农业农村现代化发展的需要，加快推进县域国土空间规划的编制，科学划定县域内一二三产业、居住生活、生态等空间，为编制"多规合一"的实用性村庄规划提供指引。按照城乡融合、有序带动的原则，综合考虑承载空间、发展潜力、辐射能力、交通物流、生态保护、人文联系等因素确定中心镇、中心村，统筹生产和生活需求合理布局基础设施和公共服务，构建功能错位、保障有效、带动有力、整体协调的县乡村联动发展格局。按照顺应规律、梯度推进的原则，平衡好保护与利用、当前和长远、局部与整体的关系，产业和村庄布局应与特色资源、生态保护以及历史文化等融合协调，推进发展优先序和时度效与人口变迁、经济社会发展的需求相适应，片区划分和重点选择应有利于发挥辐射带动、协作联动的作用。按照尊重意愿、因地制宜的原则，对不同发展水平、资源禀赋条件、地理区位条件、历史文化传统的村庄分类施策，对于能明确定位的应突出特色、强化功能配套、协同并行推进，对于不能明确定位的应保持历史耐心、适时动态调整，建立村庄规划的留白机制，预留一定机动建设用地指标，为村庄长远发展预留空间。

二、推进全域土地综合整治

中国人均耕地资源少、土地细碎化严重，尤其是山区丘陵地带不足一亩的地块比比皆是，这已成为制约中国农业现代化发展的突出障碍。应在县域国土空间规划的引领下，以若干毗邻村或乡镇为单元，推进全域土地综合整治，切实推动农村生产、生活、生态空间布局的优化调整，建立起"两个一体"的空间载体基础。应统筹耕地质量提升、土地节约集约经营、山水林田湖草整体保护以及建设用地优化配置与高效利用，以高标准农田建设项目为依托集中连片改造耕地、补充耕地面积、培肥耕地地力以及完善排灌、机耕道等农田设施综合配套，以生态修复、环境保护和地质防灾工程为依托对山水林田湖草进行系统修复、综合治理、绿化美化，以建设用地增减挂钩、耕地占补平衡项目为依托推进闲置低效建设用地盘活利用、空间优化和新产业新业态用地高效保障。

三、协同推进生产和生活基础设施建设

农业生产和农村生活具有不同的需求特征，长期以来这两方面的基础设施建设是各自推进的。但农村新产业新业态的发展使村庄以生活需求为基础设计的基础设施保障乏力问题凸显，比如农村电网载荷低、乡村道路窄、路网不健全和停车场缺乏等成为农村电商、乡村旅游等新产业新业态发展的重要制约因素。以向村庄延伸覆盖为目标的道路和网络基础设施布局，也日益制约农业产业向机械化、智能化方向的升级，比如田间运输、农业机械上路以及农业物联网设施应用等均受到制约。应统筹好农业生产和农村生活用途，做好水、电、路、网等基础设施的并行保障。在用水方面，应立足于生产生活协同保障优化引水工程，强化节水目标，统筹推进农田水利建设与农村生活污水治理，促进农村生产

生活用水循环利用。在用电方面，优先推进产业发展快的村庄的电网扩容升级，适应农村一二三产业融合发展需要推动农村电网相应延伸覆盖，加大对边远地区电网延伸的补助支持，确保不因用电成本过高影响产业发展。在道路方面，推进机耕道与主干道路的衔接连通，在推进农村道路向自然村延伸的同时，兼顾向产区、向地头延伸，保障农资和农产品运输的便利性。在网络方面，针对数字乡村、智慧农业以及农村电商等新产业新业态发展需求，推进农村网络的覆盖和升级，发展卫星互联网实现网络对广袤农业产区的覆盖。

四、构建多元化的现代乡村产业体系

当前，大部分地区乡村产业结构单一，以单一的农业为主，二三产业发展滞后。一方面，缺乏专业化生产性服务业支撑的单一农业难以实现现代化装备、设施、技术以及组织化水平的提升，难以建成现代化农业产业体系；另一方面，单一的农业难以有效提升农户家庭收入水平，也难以为农村创造便利化、多样化的现代化生活条件。应统筹推进生产与生活产业体系的综合配套、协同发展，推动乡村产业多元化发展，创造良好的事业平台、稳定的创收渠道和舒适的生活环境，以高收益的现代化产业和高品质的现代化生活条件强化对人才的吸引，通过人才结构的优化不断提升农村产业的现代化水平。应结合资源禀赋和产业基础，合理布局特色优势产业，以现代农业产业园区、现代农业示范区等为载体，围绕主导产业聚集要素资源，前向强化先进设施、装备、技术、种子、社会化服务等支撑，后向延伸加工、生物制造、贸易、物流、电商等产业链，横向拓展休闲旅游、文创娱乐、教育体验、生态康养等多元价值，构建多层次产业交叉融合创新、多元化市场需求创造发掘和农业多功能价值整合优化的产业集群。应推进"产镇融合""产村融合"发展，发挥镇、村人口聚集、物流集散和服务中心作用，考虑随产业发展所带来的人口增长及人口构成的变化，有序布局医院、学校、交通、住房、商贸、文娱、金融等配套设施与服务，以多元化生活服务业强化对乡村人口美好生活的有力支撑，使村庄社会与产业协同互促发展。

五、营造宜居宜业和美生产生活生态环境

农村生活污水收集处理率低，卫生厕所普及率仍不高，厕所粪污处置还缺乏便利性、长效性，农业废弃物的资源化利用还存在较多堵点，这些不仅严重影响农村生态环境，而且明显制约农村生活条件现代化。应统筹农业绿色生态发展和农村环境综合整治，以生态环境建设带动生态农业、乡村旅游等生态型产业的现代化发展，以人居环境建设营造生态宜人、舒适宜居的农村现代化生活环境，以生态产业增值收益、生态补偿收益、碳汇交易收益等提高农村居民收入和生活水平。在垃圾处理方面，应以一定辐射半径为基础合理布局生物质能源、生物发酵等处理设施，完善收集处理和有机肥施肥服务体系，打通循环链条，推进农业废弃物和农村生物质垃圾、畜禽粪污和农村厕所粪污资源化利用的一并处理。在生态修复治理方面，协同推进农业产地和村庄生态环境治理，系统安排农田灌溉水系和村庄水系控污、清淤、疏浚等综合治理，在保障农产品产地环境安全的同时实现农村生活环境的生态安全。在环境美化绿化方面，一体推进农田林网和村庄绿化美化工程，以农业生产的景观化、村庄环境的景区化、农居生活的休闲化为目标，支持打造农业产业、村落文化和自然生态和谐融合发展的美丽乡村。

六、加强资金投入的有机协同

农村资金较为匮乏，农村金融服务下沉难，农村资金被"抽吸"外流的现象依然突出，农业经营主体因得不到充分的融资支持，向现代农业升级的进程缓慢。农村建设投入欠账较多，村庄环境治理和基础设施财政投入不足，政策性金融支持不充分，制约了农村现代化水平的提升。农业现代化和农村现代化的发展均需要财政和金融投入的支持，而且财政和金融政策是能够促进资源整合和协同发展的横向政策，可以通过项目的协同安排、投向的配套联动促进"两个一体"发展。财政资金应统

筹安排农业和农村建设项目，在农业产业和农村建设项目资金的整合上赋予地方一定的自主权，在农业产业项目投入建设的同时，配套跟进道路、电网、供水、生态治理等农村建设项目投入，从而在对产业给予充分保障的同时使产业和农村环境得到并行发展。金融应对农业产业项目和农村建设项目整体打包支持，农村基础设施、生态治理等建设项目没有直接经济收入难以获得金融支持，但农村环境的建设可以提升产业项目的生产效率和生态附加值，应以项目长期的综合收益为基础进行评估给予中长期的贷款、债券募资等支持。提高财政、金融与产业资本投入的协同性，增强相关职能部门与金融部门的信息透明度和沟通及时性，推进项目资源信息库共建共享，建立起农业农村发展项目全生命周期、全链条环节、全构成部分的分工协作和联合投入机制，更有力地推动农业农村资源的有效整合、价值的充分挖掘、潜能的有序开发。

七、消除资源要素合理配置的体制性障碍

农业现代化和农村现代化的协同发展仍面临农业与农村资源整合、城乡要素资源自由流动与等价交换的障碍，实现"两个一体"需要有效的资源整合机制、组织协调机制和联合治理机制。应深化农村改革进一步释放农村资产活力，创新组织形式促进实现协同效应和整合效应。在土地制度改革方面，应统筹推进农村承包地、宅基地和集体经营性建设用地改革，在承包地和宅基地"三权分置"的基础上，强化对承包地经营权和宅基地使用权投资利用的保护，打通通过腾退清理宅基地、土地整理等获得的存量建设用地转变为集体经营性建设用地的通道，以农村土地资源的盘活和整合为农业现代化和农村现代化空间上的协同创造条件。在农村金融改革方面，完善农村土地和农业资产抵押融资制度，建立农业农村政策性中长期贷款制度，打通农村资源变资产、资产变资金的通道。在利益联结机制方面，继续探索土地经营权入股、集体资产股份合作、财政产业项目资金入股等长效利益联结机制，提升集体资产管理水平，提高与外部经营者合作的规划统筹和谈判议价能力。在城乡融

合方面，完善集体经营性建设用地入市制度，逐步提高土地出让收益用于农业农村发展的比例，增强城乡人口双向流动的开放性，加大对返乡、下乡人才的支持力度，探索长期扎根农村的人才加入农村集体经济组织、获得相关权益的具体办法，让外来人才能够进得来、留得住。

八、因地制宜、因势利导推进"两个一体"

中国不同地区农业与农村的发展程度差异较大、两者发展的平衡和协调程度也差异较大，应基于农村资源禀赋条件选择适合的农业现代化与农村现代化一体化发展路径。农业现代化与农村现代化的一体设计、一体推进是相对的，不同领域、不同地区、不同阶段应有所侧重，形成梯次推进格局。农业资源禀赋好的地区可选择优先发展农业现代化，延伸农业产业链、拓展多元价值，走农业现代化带动农村现代化发展路径。但纯农业产区比较收益较低、带动能力较弱，需要建立一定补偿机制或投入支持机制促进农村现代化发展，尤其是粮食主产区普遍存在农村现代化发展滞后问题，需要加大投入补齐农村发展短板。山地丘陵地区由于农业发展受制于地形和交通条件，需要基础设施先行破除发展障碍，宜选择先行打造农村发展环境，走农村现代化带动实现农业现代化的发展路径。尤其是贫困地区只有道路交通、仓储物流、网络等基础设施完备后，特色农产品才能卖得出和卖出好价格；只有生态修复治理和人居环境有效整治后，生态环境优势才能充分发挥，乡村旅游等新产业新业态才有发展空间。城郊村和二三产业发达的专业镇则应走以城带乡、以工补农的路径，依靠财政投入反哺、产业资本下乡投资、基础设施和公共服务延伸发展，在强有力规划引领和投入保障下统筹农业现代化和农村现代化。部分城郊村和专业强镇集体土地的经营性收入较高、集体经济比较发达，集体经济可以通过经营板块的整体谋划、内部收益分配的调节来统筹农业现代化和农村现代化的协调发展。

第八章

创新农业农村体制机制的
前沿领域

在现代化新征程接续推进和拓展中国式农业农村现代化，需要不断推进农业农村体制机制创新。随着全面深化改革的持续推进，农业农村体制机制创新的系统性、协同性要求将不断提高，战略性、前瞻性要求也会不断提高。应坚持科学的改革方法论，以系统观念应对各种可能出现的新情况新问题，以问题导向和目标导向相结合应对各种趋势性结构性变化。在本书前面各章或多或少涉及的改革领域中，耕地用途管制、农村宅基地转让、农民进城和农村制度型开放是需要重点关注的前沿领域。

第一节　耕地利用中政府与市场的边界

农业农村工作中社会关注度最高的话题之一，是正在进行的耕地"非粮化"整治①。这是严守耕地红线、保障国家粮食安全必须采取的举措。为使这一举措稳慎落地，降低社会摩擦成本，需要把握好耕地利用中政府和市场的边界，究明蕴含其中的道理、法理和情理，增强耕地"非粮化"整治的正当性和社会认可度。

一、希望解决的问题与解决过程中产生的新矛盾

2020年以来开展耕地"非粮化"整治，是为了解决两个突出问题：

第一，新冠疫情全球大流行使国际形势的不稳定性不确定性更加凸显，我国粮食海外供应链存在中断的危险。虽然自2004年以来我国粮食产量持续增加，但粮食需求以更快速度增长，导致粮食进口量快速增加，部分品种对外依存度已超过安全上限。2020年初新冠疫情全球大流行后，部分国家粮食出口物流关键环节严重受阻，部分国家甚至采取措施限制粮食出口。2022年初乌克兰危机爆发后，全球粮食安全形势更加严峻。这警示我们，必须站在统筹发展和安全的全局，抓好国内粮食生产，把饭碗端在自己手上。

第二，农业结构调整和国土绿化导致大量耕地转为其他农用地，危及耕地红线这个国家粮食安全的根基。根据第三次全国国土调查（简称"三调"），2019年底全国耕地面积为19.18亿亩，与10年前的第二次全国土地调查（简称"二调"）结果相比，净减少1.13亿亩。在非农建设

---

① 为行文方便，本章把林地和园地等其他农用地恢复为耕地、防止耕地流向林地和园地等其他农用地、引导耕地种植粮食等统称为耕地"非粮化"整治，不涉及对耕地"非农化"即将耕地转作建设用地的整治。

占用耕地落实占补平衡、推进土地整治和开垦后备资源增加耕地等情况下，耕地面积依然净减少的主要原因是农业结构调整和国土绿化导致大量耕地转为林地、园地等其他农用地。从"二调"到"三调"的10年间，全国耕地净流向林地和园地分别达到1.12亿亩和0.63亿亩[①]。如果不刹住这个势头，到2035年就守不住18.65亿亩的耕地保有量目标。

以上两个突出问题的叠加，促使中央下决心采取断然措施整治耕地"非粮化"。2020年11月，国务院办公厅发文，就防止耕地"非粮化"提出明确要求。2021年11月，自然资源部、农业农村部和国家林业和草原局联合发文，就严格耕地用途管制提出具体规定。2021—2023年中央一号文件以更高层级文件的形式重申防止耕地"非粮化"的政策立场。在这些举措中，最受社会关注的包括：一是追究领导责任的举措，要求实行耕地保护党政同责，严格考核、一票否决、终身追责[②]；二是治理存量问题的举措，虽然中央及有关部门要求从实际出发、稳妥进行[③]，但为完成下达的耕地保有量和永久基本农田保护目标任务，一些地方不得不层层传导压力、层层分解耕地恢复年度任务；三是治理增量问题的举措，要求明确耕地利用优先序，对永久基本农田、一般耕地，乃至高标准农

---

① 《第三次全国国土调查主要数据成果发布》，《人民日报》2021年8月27日，第17版。

② 例如，2022年中央一号文件明确，"把耕地保有量和永久基本农田保护目标任务足额带位置逐级分解下达，由中央和地方签订耕地保护目标责任书，作为刚性指标实行严格考核、一票否决、终身追责"。

③ 例如，国务院办公厅印发《关于防止耕地"非粮化"稳定粮食生产的意见》（国办发〔2020〕44号）提出，"摸清情况，从实际出发，分类稳妥处置，不搞'一刀切'"。又如，自然资源部、农业农村部、国家林业和草原局联合发布的《关于严格耕地用途管制有关问题的通知》（自然资发〔2021〕166号）提出，"应根据实际情况，稳妥审慎处理，不允许'简单化''一刀切'，统一强行简单恢复为耕地"。

田、粮食生产功能区的种植品种提出具体要求①，并且要求建立耕地"进出平衡"制度②。

在贯彻落实的过程中，一些地方执行走样，产生新的矛盾和问题。主要包括：不顾耕作层已遭破坏、难以复耕的实际，导致在水泥路面、广场填土种粮；不顾苗木、林果等生长周期和生产现状，导致经营者损失惨重；不顾丘陵山区地块细碎、耕作不便、难以流转的实际，导致无人接手耕种；不顾土地流转合同尚未到期，导致集体经济组织甚至政府违约。这些问题经短视频平台广为传播，一度引发严重负面舆情。中央对此高度重视③，有关部门已及时纠正，要求设置过渡期。复耕的过渡期，也是制度设计的窗口期。只有在窗口期内抓紧完善相关制度和政策，才能确保过渡期结束后复耕工作不会再次引发矛盾和问题。

---

① 例如，国务院办公厅印发《关于防止耕地"非粮化"稳定粮食生产的意见》（国办发〔2020〕44号）提出，"永久基本农田是依法划定的优质耕地，要重点用于发展粮食生产，特别是保障稻谷、小麦、玉米三大谷物的种植面积"，"一般耕地应主要用于粮食和棉、油、糖、蔬菜等农产品及饲草饲料生产"，"各地区要把粮食生产功能区落实到地块，引导种植目标作物，保障粮食种植面积"。又如，《土地管理法实施条例》第十二条规定，"耕地应当优先用于粮食和棉、油、糖、蔬菜等农产品生产"。再如，2022年中央一号文件提出，"高标准农田原则上全部用于粮食生产"。

② 例如，自然资源部、农业农村部、国家林业和草原局发布的《关于严格耕地用途管制有关问题的通知》（自然资发〔2021〕166号）提出，"对耕地转为其他农用地及农业设施建设用地实行年度'进出平衡'，即除国家安排的生态退耕、自然灾害损毁难以复耕、河湖水面自然扩大造成耕地永久淹没外，耕地转为林地、草地、园地等其他农用地及农业设施用地的，应当通过统筹林地、草地、园地等其他农用地及农业设施用地整治为耕地等方式，补足同等数量、质量的可以长期稳定利用的耕地"。该文件还提出，"积极支持在可以垦造耕地的荒山荒坡上种植果树、林木，发展林果业，同时，将在平原地区原地类为耕地上种植果树、植树造林的地块，逐步退出，恢复耕地属性"。

③ 习近平总书记2022年12月23日在中央农村工作会议上的讲话中指出，"治理'非粮化'政策性很强，要统筹考虑粮食生产和重要农产品保障、农民增收的关系，留出一定过渡期，加强政策引导"。

二、耕地"非粮化"整治的道理、法理和情理

耕地"非粮化"整治一度出现诸多问题，有基层操作层面的原因，也有认知偏差、制度缺失的原因。解决好认知和制度层面的问题，需要研究清楚耕地"非粮化"整治蕴含的道理、法理和情理。

（一）道理是否服人

顺利推进耕地"非粮化"整治，需要向利益相关者和社会公众讲清楚开展这项工作的道理，表明其必要性和正当性，以争取理解和支持。

第一，讲清楚保障国家粮食安全是维护全体人民利益的需要。粮食是一种特殊商品，既要在从生产到消费的整个产业链条中遵守市场法则，又要从其在全体人民日常生活中不可或缺、收入和价格弹性低的特性出发，发挥政府在整个再生产过程中的干预作用。在人多地少的资源禀赋下，实行土地用途管制、保障有足够的耕地资源用于生产粮食，属于政府干预的合理范围，符合全体人民共同利益。

第二，讲清楚土地资源在不同用途之间的转换存在市场失灵。在土地资源配置中，无疑要发挥市场的决定性作用。然而，与劳动力、资金等要素相比，土地在不同用途之间的转换存在巨大的摩擦成本。例如，靠市场机制可以将一块耕地转为建设楼房，但将一块建有楼房的土地转为耕地，靠市场机制几乎是不可能实现的。这表明，规划和用途管制对土地资源配置至关重要。

第三，讲清楚土地财产权具有相对性。即便在土地私有制下，也没有绝对的土地所有权，更没有绝对的土地用益物权。例如，我国台湾地区"土地法"规定，农民虽然拥有完整的土地产权，但其权利行使要受土地用途编设和管制约束，只能在规定期限内行使规定用途范围内的权利。又如，根据2014年《农业法案》，美国联邦政府为保护草地、农田、非工业的私人林地或湿地，按市场价格的一半向符合条件的实体提供成

本分摊资金，以购买农业用地的地役权①。在我国农村，无论是土地集体所有权，还是用益物权性质的土地承包经营权、宅基地使用权、建设用地使用权，其权利的行使都受到不同程度的限制。

（二）法理是否充分

在依法治国时代，对土地实行规划和用途管制、对土地财产权实行一定限制，需要有充分的法理依据。目前不同维度的土地用途管制，其法理依据的充分程度存在差异，导致实施难度也存在差异（见表8-1）。

第一，限制农用地转为建设用地的法律制度非常完备。《土地管理法》第四条规定，"国家实行土地用途管制制度""严格限制农用地转为建设用地"；第四十四条规定，"建设占用土地，涉及农用地转为建设用地的，应当办理农用地转用审批手续"。在具体实施中，不仅通过编制土地利用总体规划规定土地用途，而且对新增建设用地实行年度计划管理。

第二，限制耕地转为林地、园地等其他农用地的法律制度有一定基础。《土地管理法》第三十条规定，"国家保护耕地，严格控制耕地转为非耕地"；第三十七条规定，"禁止占用永久基本农田发展林果业和挖塘养鱼"；第三十八条规定，"禁止任何单位和个人闲置、荒芜耕地"。《土地管理法实施条例》第十二条规定，"严格控制耕地转为林地、草地、园地等其他农用地"。这些规定涵盖了需要整治的耕地转为其他农用地的大部分情形，但未涵盖转用于花卉苗木、草皮、茶叶等特定情形，而且以倡导性为主，缺乏土地利用规划等操作性工具。

第三，限制耕地种植非粮农作物的法律制度几为空白。仅《土地管理法实施条例》第十二条规定，"耕地应当优先用于粮食和棉、油、

---

① ［美］詹姆斯·L.诺瓦克、詹姆斯·W.皮斯、拉里·D.桑德斯著，王宇、胡武阳、卢亚娟译：《美国农业政策：历史变迁与经济分析》，商务印书馆2021年版，第261页。

表8-1 三种土地用途管制的多维度比较

	土地用途管制	耕地用途管制	耕地种植用途管制
管制目的	控制农用地转为建设用地（"非农化"）	控制耕地转为其他农用地（"非粮化"）	控制耕地种植非粮食作物（"非粮化"）
管制文件	《土地管理法》第四条	1.《土地管理法》第三十、三十七条 2.《土地管理法实施条例》第十二条 3. 自然资源部、农业农村部、国家林业和草原局《关于严格耕地用途管制有关问题的通知》（自然资发〔2021〕166号）	1.《土地管理法实施条例》第十二条 2. 2022年中央一号文件 3. 自然资源部、农业农村部、国家林业和草原局《关于严格耕地用途管制有关问题的通知》（自然资发〔2021〕166号）
管制内容	国家实行土地用途管制制度。国家编制土地利用总体规划，规定土地用途，将土地分为农用地、建设用地和未利用地。严格限制农用地转为建设用地，控制建设用地总量，对耕地实行特殊保护。使用土地的单位和个人必须严格按照土地利用总体规划确定的用途使用土地	1. 国家保护耕地，严格控制耕地转为非耕地；禁止占用永久基本农田发展林果业和挖塘养鱼 2. 严格控制耕地转为林地、草地、园地等其他农用地 3. 永久基本农田不得转为林地、草地、园地等其他农用地及农业设施建设用地；严格管控永久基本农田以外的一般耕地转为其他农用地	1. 耕地应当优先用于粮食和棉、油、糖、蔬菜等农产品生产 2. 耕地主要用于粮食和棉、油、糖、蔬菜等农产品及饲草饲料生产，永久基本农田重点用于粮食生产，高标准农田原则上全部用于粮食生产 3. 永久基本农田以外的一般耕地主要用于粮食和棉、油、糖、蔬菜等农产品及饲草饲料生产；在不破坏耕地耕作层且不造成耕地地类改变的前提下，可以适度种植其他农作物
管制工具	年度建设用地计划指标，占补平衡	年度"进出平衡"	下达年度粮食生产任务
土地权利人利益让渡	土地非农化增值收益	耕地用于林果业、渔业养殖等的增值收益	耕地用于种植经济作物的增值收益

续表

	土地用途管制	耕地用途管制	耕地种植用途管制
土地权利人获得的补偿	保障被征地农民原有生活水平不降低、长远生计有保障	建立耕地保护补偿制度	对粮食生产实行多种补贴
土地权利人接受度	高	中	低
公共利益属性	高	中	低
公众支持度	高	中	低
执行难度	低	中	高

资料来源：作者整理。

糖、蔬菜等农产品生产"[①]。目前这5种农产品合计已占我国农作物种植面积的93％，这一规定实际能够发挥的作用有限。目前政策性文件所希望达到的"高标准农田原则上全部用于粮食生产""永久基本农田重点用于粮食生产"等耕地种植用途管制目标，不能以这一规定为法理依据。尤其需要注意的是，目前政策性文件关于"永久基本农田重点用于粮食生产"的要求，与《土地管理法》第三十三条对永久基本农田的界定存在逻辑非一致性，特别是在棉、油、糖、蔬菜主产区这一矛盾更加突出。

（三）情理是否到位

推进耕地"非粮化"整治等关系农民和地方切身利益的工作，不仅要明道理、循法理，还要讲情理。有温度的情理，比抽象的道理、机械的法理，更容易获得农民和地方的理解支持。在这方面，需要把

----

① 自然资源部、农业农村部、国家林业和草原局印发的《关于严格耕地用途管制有关问题的通知》（自然资发〔2021〕166号）提出，一般耕地除主要用于粮食和棉、油、糖、蔬菜等农产品生产外，还包括饲草饲料生产。

准三点：

第一，对农民合理利益关切尊重够不够。从前期整治中反映出的问题看，有些农民要求等种植的花卉苗木出售后再复耕，有些农民希望土地流转合同到期后再复耕，也有些农民因前期投入大、希望得到一定补偿。还有一些地方反映，有些山坡耕地只有转为茶园、果园才能继续得到利用，有些耕地转用后已形成当地特色产业，"一刀切"式地要求复耕会导致耕地撂荒、特色产业发展受阻。对这些诉求和反映，如果不能作出合乎情理的回应，就难以顺利开展工作。

第二，对地方合理利益关切尊重够不够。一些地方反映，推进"非粮化"土地复耕，如果不给农民补助，很难做通农民工作；如果给农民补助，需要的资金数额令地方难以承受。例如，广东省某市规划确定的2020年耕地保有量目标为360万亩，目前耕地实有面积约260万亩，缺口近100万亩。若要弥补耕地保有量缺口，总费用估算约210亿—350亿元[①]。地方希望对存量问题的处理给予更长的过渡期。

第三，对已经赋予农民的生产经营自主权尊重够不够。质疑耕地"非粮化"整治的人，一个重要理由是，赋予农民生产经营自主权是农村改革的重大成就和基本经验，早在农村改革初期中央就强调要积极发展

---

① 根据《广东省耕地恢复潜力调查评价工作方案》，通过即可恢复、工程恢复耕地等开展土地整治工程恢复为耕地，恢复成本主要包括工程建设费用、地表青苗（或养殖水产）补偿费用、后期种植管护补贴三部分。据初步估算，开发补充耕地（旱地）的青苗等补偿4000—8000元/亩，施工6000—12000元/亩，租地1000—1500元/亩/年，后期管护800—1000元/亩/年，以6年计算，费用达20800—35000元/亩。

多种经营、禁止向农民下达指令性生产计划①。这些钟情于农村市场化改革的人，对在社会主义市场经济体制改革逐步深入、粮食生产能力大幅提升的当下，推行退林还耕、重新下达粮食生产任务，在感情上难以接受。对持这类意见的人，如果不做过细的说服工作，就难以形成广泛的共识。

三、稳慎推进耕地"非粮化"治理

中央对推进耕地"非粮化"整治已作出总体部署。在贯彻落实中应讲究策略，特别是对存量问题的治理应慎之又慎，对用于粮食以外食物生产、脱贫地区帮扶产业的"非粮化"地块的治理更应柔性化。

一是理性看待复耕地块的粮食生产能力。将"二调"时是耕地、"三调"时转为其他农用地的地块逐步恢复为耕地，目的是发展粮食生产。但通过"非粮化"整治所"找回来"的耕地，并非都适宜种植粮食，勉强用来种粮并不会带来明显增产效果。况且农业农村部门以2020年实际种植面积为基数向各省区市下达粮食种植面积，仅就完成此任务而言，只要遏制住耕地"非粮化"增量即可，并不需要额外增加耕地面积。提高现有耕地单产具有异曲同工之效，应把抓粮食生产的着力点放在促进

---

① 例如，党的十一届三中全会原则通过的《中共中央关于加快农业发展若干问题的决定（草案）》，对过去20年农业发展的经验教训进行了深刻总结，强调"我们一定要正确地、完整地贯彻执行'农林牧副渔同时并举'和'以粮为纲，全面发展，因地制宜，适当集中'的方针"，"要有计划地逐步改变我国目前农业的结构和人们的食物构成，把只重视粮食种植业、忽视经济作物种植业和林业、牧业、副业、渔业的状况改变过来"。又如，《中共中央、国务院转发国家农委〈关于积极发展农村多种经营的报告〉的通知》（中发〔1981〕13号），首次提出"决不放松粮食生产，积极开展多种经营"的方针。再如，1985年中央一号文件提出，"任何单位都不得再向农民下达指令性生产计划"。农民和农业经营者的生产经营自主权甚至得到了法律保护。例如，《农村土地承包法》第十七条规定，承包方"依法享有承包地使用、收益的权利，有权自主组织生产经营和处置产品"；第三十七条规定，"土地经营权人有权在合同约定的期限内占有农村土地，自主开展农业生产经营并取得收益"。

种业创新、加强高标准农田建设、提高农业气候韧性等上。

二是给予"倒挂"地区实现耕地保有量目标一定灵活性。对实有耕地面积低于规划确定的耕地保有量目标的"倒挂"地区而言，如何逐步恢复补充耕地、以免在过渡期结束后缴纳高额费用，是其急于推进耕地"非粮化"整治的压力所在①。为给倒挂程度高的地方留出时间复耕，可将完成复耕任务的截止时间延至2035年。对产业已经形成规模、恢复为耕地经济代价过大甚至影响脱贫攻坚成果的地区，以及即可恢复为耕地、通过工程措施可以恢复为耕地的后备资源不足的地区，可探索以县为单位在异地出资恢复补充耕地，并计入本地耕地保有量。

三是提高耕地"进出平衡"的可操作性。防止出现耕地"非粮化"增量，要用好以县为单位实行耕地"进出平衡"这个主要抓手。需要注意的是，把林地、园地等其他农用地转为耕地的"进"者，与把耕地转为林地、园地等其他农用地的"出"者，为不同市场主体，甚至不在同一个村、同一个乡镇。"进"者因放弃高收益用途而受损的收益、复耕所需的改造投入，与"出"者因转向高收益用途而增加的收益，虽然理论上在一个县域内可以平衡，但在市场主体层面无法平衡。这就要求县级政府对不同市场主体利益进行调节，可考虑参照耕地转为建设用地的"占补平衡"做法，对"出"者收取一定费用，用于对"进"者的补助。可考虑参照"占补平衡"指标管理，建立"进出平衡"指标库，对年度内实现耕地进出平衡后仍有节余的，可以跨区域有偿调剂使用或结转下一年度使用。

四是注重用经济手段引导农民遵守耕地用途管制。防止出现耕地"非粮化"增量，要把准农业结构调整这个主要矛盾和农民增收这个矛盾的主要方面。应加快落实《土地管理法实施条例》关于"建立耕地保护

---

① 据西南某省份反映，该省份"三调"实有耕地330.76万公顷，规划确定的2020年保有量目标为436.4万公顷，即便扣除上一轮规划目标的一些不合理因素，在新一轮规划期内至少需恢复耕地100万公顷。如果2025年之后，国家按照恢复任务数扣除规划期内已恢复量征缴补偿费，初步估计每年至少需要上缴中央财政120亿元。

补偿制度"的要求，根据世贸组织《农业协定》附件2第12款"环境计划下的支付"规则，整合现行生产者补贴、耕地地力保护补贴等政策，对承担耕地保护任务的农户给予一定补贴；应改变按承包面积发放补贴的传统做法，改按"三调"查明耕地面积发放补贴，对撂荒和改变用途的不再补贴。南方地区水田保护承受的压力更大，而水田具有更为明显的生态功能，可借鉴钱江源国家公园地役权做法①，先行探索建立水田保护补偿制度。当然，现阶段单纯靠财政补齐耕地按规定用途利用与"非粮化"的收益差距不现实，农民不可避免要为耕地用途管制作出一定牺牲，但应尽可能逐步降低这种牺牲。可通过发展社会化服务降低生产成本、粮经轮作、延长产业链提升价值链等途径，提高耕地特别是粮田的综合收益。

五是慎用法律手段实现耕地用途管制目标。不同维度的土地用途管制，其公共利益属性存在差异，适用法律手段的必要性、正当性也有所不同。可考虑在将要出台的《耕地保护法》中，对耕地转为林地、园地等其他农用地的行为，作出比《土地管理法实施条例》更具体的约束性规定。但对耕地用于种植粮食以外作物的行为，应主要通过经济手段来引导，不宜通过法律条文来规范。

第二节　顺应立论基础的边际变化
深化农村宅基地制度改革

为落实党的十八届三中全会《决定》，2015年起在全国33个县（市、

---

① 钱江源国家公园林地、农田地役权改革涵盖4个乡镇、21个行政村、64个自然村，3199户、10644位村民，农民在土地所有权和经营权不变、按合同约定限制利用的条件下，可获得一定经济补偿。参见《钱江源国家公园：以地役权改革探索实现生态经济社会效益三方共赢》，https://baijiahao.baidu.com/s?id=1741937987913340657&wfr=spider&for=pc，2022年8月23日。

区）开展了一轮农村宅基地制度改革试点。在此基础上，2020年中央决定在全国104个县（市、区）和3个设区市启动新一轮农村宅基地制度改革试点，试点工作到2022年底结束。再次仅在局部地区试点，主要是由于各方面存在较大认识分歧。在新一轮全面深化的过程中谋划好农村宅基地制度改革，需要准确把握这一制度立论基础的边际变化，促进形成改革共识。

一、对农村宅基地制度改革的认识分歧

现行农村宅基地制度的主体框架由1956年颁布的《高级农业生产合作社示范章程》和1961年颁布的《农村人民公社工作条例（草案）》奠定。根据前者，合作社有责任为带地入社的社员新建住宅提供土地；根据后者，入社前即已存在、归社员所有的宅基地归集体所有，房屋永远归社员所有。60多年来，除在取得环节经历过一些调整外，"集体所有、成员使用，一户一宅、限定面积，无偿取得、长期占有，房地有别、梯度赋权"的制度框架较为稳定。这套中国独有的农村宅基地制度，使同一个农村集体土地所有权单位内的成员家庭无论能力大小、收入高低都能均等地拥有一块土地自建住房，迄今已为2亿多农村集体经济组织成员家庭提供了基本居住保障[①]。

随着工业化城镇化程度提高，现行农村宅基地制度暴露出严重问题：一是阻碍村落布局形态的优化。在土地可以自由买卖的条件下，农耕文明时代形成的、与传统农业生产方式相适应的村落布局，进入工业文明时代后受区位等因素影响会发生深刻变化，有的村落会收缩甚至消亡，有的村落会扩张甚至演进为城镇。但根据我国农村宅基地制度，农村集体经济组织成员家庭只能在本集体经济组织免费申请获得宅基地，难以

---

① 根据第三次全国农业普查，2016年末，全国23027万农户中的99.5%拥有自己的住房。

跨村域自建住房。全国农村有约350万个集体土地所有权单位[1]，这意味着把全国农村划分为约350万个网格，每个农民家庭只能在自己所属网格内免费申请宅基地建房。"画地为牢"的结果是农耕文明时代形成的村落布局被固化，与工业化城镇化进程中的人口流动和经济活动半径变化脱轨。为优化乡村空间布局，提高农村建设用地和基础设施使用效率，近年来一些地方实行"撤村并居"，但行政推动容易引发新的社会矛盾。二是退出通道不畅。对外出成员家庭，既强调保护其宅基地使用权，又鼓励其依法自愿有偿退出。但将受让方限制在本集体经济组织内符合申请宅基地条件的成员家庭，与本集体经济组织成员家庭可以免费申请宅基地，在逻辑上不能自洽。退给集体经济组织，多数地方的集体经济组织没有经济实力进行补偿。三是进入机制缺失。相对退出集体经济组织而言，政策上对进入集体经济组织更为谨慎。迄今除新出生、婚嫁和政策性移民外，没有其他合法进入集体经济组织、获得成员资格的途径。这种进入门槛，比城市户籍制度门槛更为严苛，把相当多的非本集体经济组织成员挡在外面。

如何看待和解决上述问题，认识分歧明显，解决思路迥异。强调宅基地财产属性的，必然看重开放性，倾向于扩大宅基地使用权和农房财产权流转范围。强调宅基地保障属性的，必然固守封闭性，倾向于将宅基地使用权和农房财产权流转限制在本集体经济组织内。

强调宅基地财产属性的人，主张用改革的办法解决问题，赋予9亿农

---

① 有人认为，全国农村有约300万个集体土地所有权单位，参见陈文胜编著：《论道大国"三农"——对话前沿问题》，中国农业出版社2021年版，第31页。但根据全国开展承包经营权确权情况，发包方共356.94万个（其中，以组发包的336.91万个，占94.39%；以村发包的20.03万个，占5.61%；以乡镇发包的有9个）。本文将发包方理解为集体土地所有权单位。

村集体经济组织成员更充分的财产权益①。只有放活宅基地使用权和农房财产权，扩大转让的受让人范围，才能形成充分竞争市场，有效发现价格，彰显宅基地价值，增加退出者的财产性收入；才能使有意愿和经济实力的农民走出本村、到集镇或中心村建房，使区位条件更好村落的人口集聚功能得到发挥，促进村落布局优化；才能疏通市民下乡堵点，优化乡村人口和社会结构。

强调宅基地保障属性的人，主张用完善相关管理制度的办法解决问题，主要是调整宅基地审批办法，拓展住有所居的实现方式，清理违法违规占用的宅基地，鼓励依法自愿有偿退出。持这种意见的人认为，宅基地是免费取得的、农房具有保障性住房属性，《民法典》也仅赋予宅基地使用权占有和使用权能；保留外出家庭宅基地使用权，可以令其进退有据，增强其应对经济波动的韧性，避免流离失所；允许城市居民利用农村宅基地建房，将导致资本下乡圈占土地，冲击耕地红线。因而，他们不赞成扩大宅基地使用权和农房财产权转让的受让人范围，也不赞成开展农房财产权（含宅基地使用权）抵押贷款②。

---

① 按 2021 年全国 46.7% 的户籍人口城镇化率推算，2021 年全国农村户籍人口为 7.5 亿人。但已取得城镇户籍的人口中相当部分仍是农村集体经济组织成员，拥有农村土地承包经营权、宅基地使用权和集体收益分配权。据农业农村部数据，2021 年底农村集体产权制度改革阶段性任务完成后，确认农村集体经济组织成员 9.2 亿人。

② 为实施上一轮农村宅基地制度改革试点，全国人大常委会先后于 2015 年 2 月、2017 年 11 月和 2018 年 12 月作出决定，授权国务院在北京市昌平区等农村宅基地制度改革试点地区行政区域暂时调整实施有关法律规定。据媒体报道，为实施新一轮农村宅基地制度改革试点，《关于授权国务院在北京市昌平区等农村宅基地制度改革试点地区行政区域暂时调整实施有关法律规定的决定（草案）》于 2022 年 6 月 21 日提请十三届全国人大常委会第三十五次会议审议。该草案的核心内容是在试点地区暂时调整实施《民法典》关于集体所有宅基地的使用权不得抵押的规定，允许以农民住房财产权（含宅基地使用权）抵押贷款。但因认识分歧较大，该次会议未对该草案进行表决。参见《全国人大常委会拟授权国务院在北京市昌平区等农村宅基地制度改革试点地区行政区域暂时调整实施有关法律规定》，《法治日报》2022 年 6 月 23 日，第 4 版。

二、深化农村宅基地制度改革应准确把握其立论基础的边际变化

运行了60多年的农村宅基地制度，经历过城乡二元体制森严、人口不流动的发展阶段，也经历过城乡二元结构深刻转换、农村人口大规模流动的发展阶段。在前一个发展阶段，农村宅基地制度未受到任何大的挑战。在后一个发展阶段，农村宅基地制度的不适应性逐步显现。在未来现代化进程中，这种不适应性将进一步增强。应准确把握这种不适应性背后的、现行农村宅基地制度得以建立的基础的边际变化。

（一）农村宅基地的保障属性在减退

现行农村宅基地制度最重要的立论基础是农村宅基地具有保障属性。这一属性决定了农村宅基地在取得、占有、使用、流转等方面只能按现行制度运行。但农村宅基地的保障属性正在快速减退：

从依存性看，正被日益多元化的住有所居所削减。在农村集体经济组织成立后一个时期，新增成员家庭完全靠从本集体经济组织申请获得宅基地建设住房。随着农村集体经济组织成员流动半径扩大、代际分化加剧，对农村宅基地的依存性在下降。一方面，新生代农村集体经济组织成员家庭新增居住需求的实现途径日益多元化。例如，根据第三次全国农业普查，2016年末，全国有1997万农户拥有商品房，占普查农户的8.7%。我们在一些地方调查发现，约1/3的农村居民购买了商品房，县城购房者中约一半为农村居民。另一方面，农村住房闲置严重。根据对农村住房用电数据的分析，全国农村住房约1/4闲置，其中近半数常年闲置。越来越多的新生代农村集体经济组织成员家庭不再把申请农村宅基地建房作为满足增量住房需求的唯一途径，越来越多的新老农村集体经济组织成员家庭长期闲置农村住房，使农村宅基地的保障属性明显降低。

从公平性看，正被日益严重的"一户多宅""多子多宅"现象所侵

蚀。"一户一宅"所蕴含的公平性，是农村宅基地具有保障属性的又一重要体现。在农村集体经济组织刚成立时，宅基地分配相对公平。经过60多年的积淀，目前不公平性已积累到相当程度。因房屋继承、建新不拆旧等原因形成的"一户多宅"现象较为普遍。据第一轮33个试点县（市、区）之一的江西省余江县（现为余江区）统计，在2015年启动试点时，全县7.3万个农户中，"一户多宅"农户达2.9万户，占39.7%①。另外，子女结婚后单立门户即可免费申请宅基地，使入社以来多子家庭历史累计占有的宅基地面积大于少子家庭。这本质上是一种类型成员对另一种类型成员土地财产权益的侵占。

从可持续性看，部分地方正面临无宅基地可分的困境。符合"一户一宅"条件的新增成员家庭可以免费申请宅基地，是宅基地保障属性的最直观体现。但由于新增建设用地指标有限，全国不少地方特别是城郊地区需要排队等待，有些地方甚至已多年未分宅基地。

（二）农村宅基地的财产属性在彰显

由于农村宅基地制度建立在宅基地具有保障属性的基础上，法律赋予农户获得的宅基地使用权的权能极为有限。从《物权法》到《民法典》，虽然对宅基地使用权均给予用益物权保护，但仅赋予其占有、使用权能，而同为用益物权的农村土地承包经营权具有占有、使用、收益权能。根据这一赋权，成员家庭可以排他性地利用某宗集体土地兴建自住房屋，但不能利用其获取收益。这如同城镇居民获得保障性住房后只能自住，不得出租、出售，也不得利用其开展经营活动。在这个意义上，农村宅基地使用权确实不是一种财产权。

然而，无论在政策和法律法规文本中还是基层实践中，宅基地使用权的收益权能在逐步显现。从政策和法律法规文本看，2017年中央一号

---

① 钟荣桂、吕萍：《江西余江宅基地制度改革试点经验与启示》，《经济体制改革》2018年第2期。

文件提出，"探索农村集体组织以出租、合作等方式盘活利用空闲农房及宅基地，增加农民财产性收入"。2019年修正后的《土地管理法》规定，"鼓励农村集体经济组织及其成员盘活利用闲置宅基地和闲置住宅"。2021年1月自然资源部等部门印发的《关于保障和规范农村一二三产业融合发展用地的通知》提出，"在符合国土空间规划前提下，鼓励对依法登记的宅基地等农村建设用地进行复合利用，发展乡村民宿、农产品初加工、电子商务等农村产业"。2022年11月农业农村部发布的《农村宅基地管理暂行办法（征求意见稿）》提出，农村集体经济组织及其成员可以"利用闲置宅基地和闲置住宅开展经营性活动"。

从基层实践看，利用宅基地获取收益的主要途径包括：一是从事农家乐、民宿、电商等经营活动。这是最普遍的途径。二是宅基地转换为集体经营性建设用地后入市。部分地方将闲置宅基地、公益性建设用地转换为集体经营性建设用地，然后入市用于建保障性租赁住房等多种用途。三是合作建房。农民出宅基地、外来人员出资金，双方合作建房后按约定比例进行面积分割。例如，云南省大理市、四川省泸县、贵州省湄潭县等地在农村宅基地制度改革试点中，探索农户以合法宅基地与社会资本合作建房，农户分得房屋使用的土地登记为宅基地使用权，投资方分得房屋使用的土地登记为一定年限的集体经营性建设用地使用权。四是通过票据化实现资产化。浙江省诸暨市规定，宅基地权利人将宅基地复垦为耕地后可获得政府核发的地票，该地票可由政府回购、出售给市域内符合宅基地申请条件的农村集体经济组织成员、在指定的楼盘购买商品房时抵扣购房款项、用于贷款质押。山西省泽州县探索建立房票制度，农民退出宅基地后可领取房票，获得在全县范围内购买住房的优惠凭证。五是出租甚至出售农房。由于房地不可分离，出租、出售农房实际上连带出租、出售了宅基地使用权。

（三）非农村村民对乡村居住功能的需求在扩大

农村宅基地制度在取得环节经历过一些变化。早期限于新建住房的社员可申请取得，1982年颁布的《村镇建房用地管理条例》将取得者范围扩大到"农村社员，回乡落户的离休、退休、退职职工和军人，回乡定居的华侨"，1986年颁布的《土地管理法》甚至允许城镇非农业户口居民使用集体土地建住宅。以1999年国务院办公厅发布的《关于加强农村土地转让管理严禁炒卖土地的通知》为分界线，城镇居民不得购买农民住宅、不得占用农民集体土地建住宅。做这种调整，主要是为了应对农村"建房热"对耕地保护和城镇住房制度改革带来的巨大冲击。这无疑是正确的。但"一刀切"式的禁止性规定，也堵死了部分人回乡落户、定居的合理需求。随着城镇化发展到一定程度和农村人居环境逐步改善，特别是随着互联网时代分布式办公场景增多①，城市周边交通便利、房价较低、风景秀丽的乡村地区对部分城市居民的吸引力越来越大，到乡村居住、生活、工作的人逐步增多。

三、因时因势深化农村宅基地制度改革

深化农村宅基地制度改革，"三权分置"仍然是包容性最强、共识度最高的大思路②。现在需要做的，是把所有权、资格权、使用权各自的权能内涵界定清楚③，并根据变化了的实际情况和将来可能的变化趋势规范各自权能的实现方式。应围绕明晰权利主体、重塑行使主体、充实权能

---

① 据国际数据公司（IDC）和联想集团发布的《"超时空"智慧办公白皮书》显示，随着企业内部数字化程度不断加深，在固定工作时间以固定工位为中心的集中办公模式正在发生改变，企业迎来了时间灵活、地点分散的"超时空办公"时代。

② 2018年中央一号文件首次提出，探索宅基地所有权、资格权、使用权"三权分置"，落实宅基地集体所有权，保障宅基地农户资格权和农民房屋财产权，适度放活宅基地和农民房屋使用权。

③ 《民法典》意义上的"宅基地使用权"与"三权分置"框架下的"宅基地使用权"在权能属性和权能内容上有较大差异，如同"土地承包经营权"与"三权分置"框架下的"土地经营权"的差异。笔者曾多次建议，鉴于资格权的表述容易引发歧义，宅基地"三权分置"，应是集体所有权、原始使用权、继受使用权的分置，或者集体所有权、成员使用权、流转使用权的分置。

内容，界定和行使集体所有权；围绕维护新增成员家庭居住权、保障流转成员家庭追溯权，界定和行使资格权；围绕扩大转让范围、实现真实价值，界定和行使使用权。应在总结前两轮试点经验的基础上，全面深化农村宅基地制度改革。

一是拓展集体所有权的权能内容。农民集体是宅基地集体所有权的权利主体，农村集体经济组织是宅基地集体所有权的行使主体。农村集体经济组织受农民集体委托，除依法通过自营、以使用权入股或联营等方式盘活利用闲置宅基地和闲置住宅外，应有权对成员家庭超标准占用但无法分割退出的部分、非集体经济组织成员因继承房屋而占用的宅基地收取有偿使用费，并纳入集体资产管理。

二是拓展新增成员家庭资格权的实现方式。在国土空间规划确定的城市开发边界内、其他新增农村集体建设用地空间小的地区，"一户一宅"的资格权实现方式难以为继。对这类地区符合宅基地申请条件的新增成员家庭，应以多种方式保障其住有所居。具体途径包括由农村集体经济组织统一建保障性住房、货币化补偿等。同时，允许有条件的地区实行宅基地有偿分配，促使符合申请条件的成员家庭要么向集体经济组织购买宅基地使用权，要么购买村内闲置宅基地或闲置住房；允许有条件的地区固化宅基地资格权，以改革时点为限，今后不再赋予新的资格权。

三是拓展存量成员家庭在流转环节的权益保障方式。资格权以前主要体现在原始取得环节，今后将越来越多地体现在退出和流转环节。应赋予资格权具有收益权能和流转权能。对将闲置宅基地依法自愿有偿退给集体经济组织的成员家庭，可保留其集体成员身份和今后返村申请宅基地的权利。对将闲置宅基地和闲置住房流转给第三方的，应由集体经济组织鉴证、明确流转年限，确保其到期后具有收回宅基地的权利。

四是拓展宅基地使用权的放活方式。在限定面积、确保自用、禁止建别墅大院和私人会所的前提下，按照对现行宅基地制度和耕地红线冲击可控的原则，确定放活宅基地使用权的优先序：允许非本集体经济组织成员对通过继承获得的房屋进行翻建，房屋所占用的宅基地可继续无期限免费使用；允许城市教师、医生、科研人员、文化工作者回原籍农村落户，以市场化方式转入闲置宅基地使用权或闲置住房财产权（含宅基地使用权）；允许投资达到一定规模、居住生活达到一定年限或者对集体经济发展、村庄公共事务作出较大贡献的返乡回乡下乡就业创业人员在原籍地或就业创业地落户，以市场化方式转入闲置宅基地使用权或闲置住房财产权（含宅基地使用权）；允许县域内符合宅基地申请条件的集体经济组织成员跨村域转入宅基地使用权或农房财产权（含宅基地使用权）；允许城镇居民与农村村民利用存量宅基地合作建房，按约定分割所建住房，城镇居民获得住房所占用的土地使用权登记为集体经营性建设用地使用权。

此外，应修改《民法典》相关条款：比照第三百三十一条关于土地承包经营权权能的规定，修改第三百六十二条，追加赋予宅基地使用权收益权能；删除第三百九十九条第（二）款关于宅基地使用权不得抵押的规定，允许以农民住房财产权（含宅基地使用权）抵押贷款。

第三节　中国式农民进城道路前瞻

农民从农业转向非农产业、从农村转向城镇是一国现代化进程中最大的结构性变化。这个变化持续的时间，短则几十年，长则超百年。这个变化的基本特征，是一国现代化基本特征的重要组成部分。讲好已经发生的中国式农业农村现代化故事，需要讲清楚中国农民进城的发展历程；走好接下来的中国式农业农村现代化道路，也需要解决好农民进城面临的突出问题。

一、迈入现代化进程以来中国农民进城的四个阶段

中国迈入现代化进程时是一个典型的农业国。1952年全国农村人口占总人口的87.5%，全国农业增加值占国内生产总值的50.5%。在大部分

表8-2　不同时期全国城镇常住人口增长情况

时期	实际增长人数（万人）	自然增长		机械增长	
		增长人数（万人）	占实际增长比重（%）	增长人数（万人）	占实际增长比重（%）
1950—1957年	4184	1275.1	30.48	2908.9	69.52
1958—1983年	12325	6884.5	55.86	5440.5	44.14
1984—2005年	33938	7940.9	23.40	25997.1	76.60
2006—2022年	35859	5437.9	15.16	30421.1	84.84

注：自然增长人数＝上年城镇常住人口数×当年全国人口自然增长率，机械增长人数＝实际增长人数－自然增长人数。

资料来源：作者根据历年《中国统计年鉴》数据计算。

时期主要靠内生力量加快现代化建设的时代背景下，中国农民进城服务和服从于国家整体发展战略的需要，大致可以分为四个阶段（见表8-2）：

第一阶段为1950—1957年，虽然受到阻止，但农民依然可以自由进城。新中国成立后，农民分到小块土地，没有了地租负担，生产积极性得到调动，大部分可以维持基本生活。但受城市更好收入和生活的吸引，部分农民自发往城市流动和迁徙。一方面，虽然分到小块土地的农民积极发展农业生产，但农业生产的增量部分主要被农民用于改善自身生活，可当作商品出售的农产品增量有限；另一方面，大量农民进城导致城市人口快速增加，城市农副产品供应承受的压力明显加大。这种局面迫使政府不得不出台措施阻止农村人口向城市"盲目流动"。1953年4月，政务院发出《关于劝止农民盲目流入城市的指示》，规定未经劳动部门许可或介绍，城市用人单位不得擅自去农村招收工人。1954年3月，内务部与劳动部发出《关于继续贯彻"劝止农民人口盲目流入城市"的指示》，重申严格限制农民流向城市。1956年12月，国务院发出《关于防止农村人口盲目外流的指示》，强调城市用人单位不得从农村私自招工。1957年3月和9月，国务院接连发出《关于防止农村人口盲目外流的补充指示》和《关于防止农民盲目流入城市的通知》。尽管如此密集地发出限制农民进城的政策指令，农民进城的步伐却并未停止。从1949年到1957年，全国城镇常住人口从5765万人快速增加到9949万人，8年间累计增加4184万人；其中，自然增长1275.1万人、占增量的30.48%，机械增长2908.9万人、占增量的69.52%。同期，全国常住人口城镇化率由10.64%上升到15.39%，年均提高0.59个百分点。

第二阶段为1958—1983年，户籍制度、统购统销制度和人民公社制度为农民进城树立了一道难以逾越的高墙。为更严格地控制人口流动和迁徙，1958年1月全国人大常委会通过的《中华人民共和国户口登记条例》规定，"公民由农村迁往城市，必须持有城市劳动部门的录用证明，学校的录取证明，或者城市户口登记机关的准予迁入的证明，向常住地户口登记机关申请办理迁出手续"。自此，"户口"成为控制人口从农村到城市、城市之间甚至农村之间迁徙的最重要政策手段。为解决城市农副产品供应问题，1953年10月起，陆续由国家向农民按政府定价统一收购主要农副产品，向城市居民按政府定价定量配给主要农副产品，从而切断了自发迁往城市的农民从市场获得农副产品的渠道。为克服农户分到小块土地后增产效应递减、尽快为国家工业化提供足够的农副产品，1956年起实行合作化，1958年起实行人民公社化，把农民纳入各集体中统一劳动、统一分配，从而使其失去了自由支配剩余产品和剩余劳动时间的权利。这三项制度是计划经济体制的核心，不仅抑制了农民生产积极性，而且抑制了城镇化进程。从1957年到1983年，全国城镇常住人口从9949万人缓慢增长到22274万人，26年间累计增加12325万人；其中，自然增长6884.5万人、占增量的55.86%，机械增长5440.5万人、占增量的44.14%。同期，全国常住人口城镇化率由15.39%缓慢提高到21.62%，年均提高0.24个百分点。需要注意的是，这个时期是计划控制最严格的时期，不仅城镇化速度缓慢，而且在部分年份因城市农副产品供应困难、知识青年上山下乡运动等出现"逆城市化"，即人口从城镇向农村倒流。按本文的推算，在1958—1983年的26个年份中，有12个年份是城镇人口向农村净迁移，特别是1961—1963年全国累计有2200多万人从城市返乡，1965—1972年连续8年呈现人口从城镇向农村净迁移（见图8-1）。

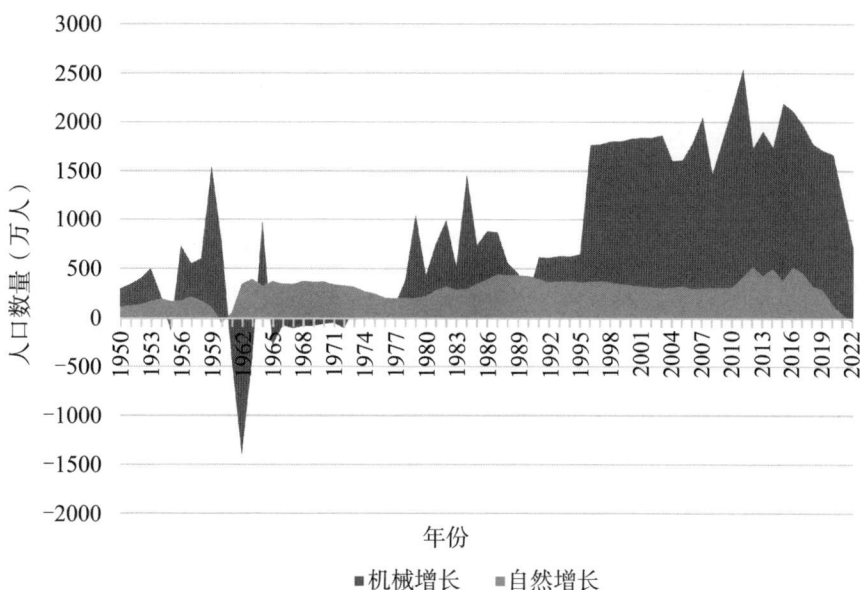

图8-1 历年全国城镇常住人口机械增长和自然增长情况

第三阶段为1984—2005年，农民进城的通道逐步打开，但农民进城政策随宏观经济形势变化而变化。实行家庭联产承包责任制后，农业生产的快速发展提高了"超过劳动者个人需要的农业劳动生产率"，而且农民重新获得自由支配劳动时间的权利，这些都为农民进城创造了条件。1984年中央一号文件提出，"各省、自治区、直辖市可选若干集镇进行试点，允许务工、经商、办服务业的农民自理口粮到集镇落户"。随着经济体制改革重心转向城市，特别是随着沿海地区扩大对外开放，城市和沿海地区工商业逐步活跃，农民进城务工逐步增加，总的政策导向是支持鼓励农民进城务工经商。但在经济形势出现困难，特别是国有企业下岗职工再就业出现困难时，农民工被视作"盲流"遭驱赶的情形也时有发生。从1983年到2005年，全国城镇常住人口从22274万人增加到56212万人，22年间累计增加33938万人；其中，自然增长7940.9万人、占增量的23.40%，机械增长25997.1万人、占增量的76.60%。同期，城镇化率由21.62%提高到42.99%，年均提高0.97个百分点。

第四阶段为2006年以来，维护进城农民工权益，促进农民进城落户。

以 2006 年国务院发布《关于解决农民工问题的若干意见》（国发〔2006〕5 号）为标志，对农民工进城实行更加开放包容的支持政策。国家加大了户籍制度改革力度，逐步降低城市落户门槛，促进基本公共服务向常住人口覆盖。从 2005 年到 2022 年，全国城镇常住人口由 56212 万人增加到 92071 万人，17 年间累计增加 35859 万人；其中，自然增长 5437.9 万人、占增量的 15.16%，机械增长 30421.1 万人、占增量的 84.84%。同期，全国常住人口城镇化率由 42.99% 提高到 65.22%，年均提高 1.31 个百分点。

综览以上四个阶段，中国式农民进城道路艰难曲折。尽管不同时期政策取向变化较大，但存在贯穿始终的主线。这条主线构成中国式农民进城道路的内涵特征：以服务和服从国家工业化为原则，以不减损农业生产能力和不冲击城市农副产品供应体系、公共服务体系和就业市场为前提，以劳动力进城、抚养人口留村为主要方式。

二、辩证看待中国式农民进城道路的独特作用和存在问题

以大历史观审视迄今中国式现代化道路中的农民进城道路，可以看出其既不同于工业化先行国家的农民进城道路，也不同于其他发展中国家的农民进城道路，而是具有鲜明的中国特色。中国式农民进城道路在迄今中国式现代化中展示出其独特作用，也逐步暴露出其存在的深层次问题。

中国式农民进城道路展示出的独特作用主要在于：一是尽最大可能为国家工业化提供积累。除通过工农产品不等价交换提取农业剩余外，提取进城农民工的劳动剩余也是快速实现国家工业化的重要途径。农民工进城务工，在相当长一个时期内曾与城镇户籍职工同工不同酬，而且缴纳社会保险费用的农民工比例不高，显著降低了城市非农产业部门的人工成本，也提高了中国工业产品的出口竞争力。二是尽最大可能降低城市基础设施和公共服务成本。农民工自身进城，抚养人口留在乡村，减轻了城市政府在义务教育、住房保障等方面的支出压力。那些缴纳了社会保险费用的农民工一旦返回老家，个人缴纳部分可以转走，但单位缴纳部分往往被务工城市截留。三是使农民进城规模和节奏保持在农副

产品供给保障能力可承受范围内。农民留在农村是农副产品生产者，进城后就是农副产品消费者。对农民进城规模和节奏进行控制，既可避免劳动力过度转移对农业生产带来负面影响，又可避免劳动力过度转移给城市农副产品供应体系带来压力。四是避免城市出现大规模显性失业和低收入人口集聚区。与部分发展中国家城镇化领先于工业化、农民大规模进城后找不到工作形成"贫民窟"不同，中国始终坚持工业化适度领先城镇化，根据城市产业发展控制农民工进城规模和节奏，使进城农民工能够充分就业。与工业化先行国家和部分发展中国家农民失去土地后被迫进城、没有退路不同，中国始终坚持保留农民工在农村的土地、住房，在城市经济出现波动时，部分失去工作的农民工可以返回农村，农村起到应对经济波动的缓冲作用，提高了经济运行的韧性。

中国式农民进城道路也逐步暴露出一些深层次问题：一是不利于提高产业工人的整体素质。由于大部分进城务工劳动力难以在务工地长期定居，对未来缺乏稳定的预期，他们因此具有很高的流动性。这既造成雇主不愿在职工培训上加大投入，也使进城务工者自身缺乏学习和提升的内在动力。缺乏高技能产业工人甚至缺乏熟练工，已成为制约中国工业转型升级的重要因素。二是不利于人口红利的充分利用。劳动力从农业向非农产业转移，是全要素生产率提高的重要源泉。相当部分转向非农产业特别是转向城市就业的劳动力，出于照顾家庭等多种原因，在外打工数年后不得不返乡。这些返乡劳动力过早退出城市就业市场，返乡后又难以充分就业，使中国的人口红利提早结束。日本的情况甚至表明，部分返乡劳动力再次务农，将延缓农业规模经营进程。三是不利于畅通国内大循环。在一定发展阶段工业化适度领先城镇化有其合理性，但城镇化长期滞后于工业化、人口城镇化长期滞后于土地城镇化、户籍人口城镇化长期滞后于常住人口城镇化，则明显抑制了进城务工劳动力在城市的消费、提高了其预防性储蓄倾向，成为国内大循环的重要堵点。四是不利于缩小城乡差距。劳动力从乡村到城市的转移，是促进城乡二元结构向城乡一元化转变的重要力量。尽管工资性收入已成为农民收入的主要来源，但农业劳动力转移滞后、进城劳动力享受不到平等的工资和社会保障待遇，既抑制了工业化城镇化对城乡二元结构的消解效应、对城乡居民收入差距的收缩作用，也抑制了工业化城镇化对农业经营规模扩大、农业现代化水平提高的带动作用。

三、全国43338万农民工及其抚养人口的未来出路

观察中国式农民进城道路的独特作用和存在问题，既要遵循历史逻辑，也要遵循现实逻辑。摆在我们面前的现实问题，可以用两组数据来反映：第一组数据是，截至2022年底全国城镇常住人口与户籍人口分别为92071万人和67340万人，意味着还有24731万已进城农民没有获得城镇户籍、实现市民化；第二组数据是，截至2022年底全国农民工人数为29562万人，按2022年全国46.6%的总抚养比推算，意味着还有43338万农民工及其抚养人口以"农民工"为纽带在城乡、工农之间漂移不定。这两组数据计算口径不同，政策意蕴也有差异，相对而言第二组数据更能揭示中国式农民进城道路存在的深层次问题。

43338万农民工及其抚养人口是个庞大的社会群体，可进一步细分为三种类型：一是19433万进城农民工及其抚养人口。根据国家统计局《2022年农民工监测调查报告》数据，在外出农民工中，2022年末在城镇居住的进城农民工为13256万人，按46.6%的总抚养比推算，其抚养人口应为6177万人。二是5767万外出但未进城的农民工及其抚养人口。2022年外出农民工为17190万人，剔除13256万进城农民工后，约有3934万外出但未进城的农民工。按46.6%的总抚养比推算，这部分农民工的抚养人口应为1833万人。三是18137万本地农民工及其抚养人口。2022年底本地农民工为12372万人，按46.6%的总抚养比推算，其抚养人口应为5765万人。

这三种类型农民工及其抚养人口有共同点：户籍都在原籍，保留农村集体经济组织成员身份甚至村民自治组织成员身份，大多保留基于成员权的土地承包权、宅基地资格权和集体资产收益分配权，工资性收入

表8-3　不同类型农民工及其抚养人口未来出路比较

比较维度	第一类	第二类	第三类
2022年底人数（万人）	19433	5767	18137
就业机会	高	较高	低
工资水平	高	较高	低
居住条件	差	较好	好
对老人、子女的照顾	不方便	较不方便	方便
对承包地的兼顾	不方便	较不方便	方便
社会融入难度	大	较大	无
获取常住地公共服务难度	大	较大	无
落户常住地难度	较大	大	无
未来理想出路	常住地市民化	获得常住地新村民权益	通过县域内城乡融合发展获得更高质量的公共服务

资料来源：作者整理。

占比较高、对农业的依存度较低。三者间也有较大差异，第一类、第二类农民工大多不居住在自己的原籍农村房屋中，子女和老人大多留守原籍农村，如果子女和老人随迁则原籍农村房屋大多常年空置，第三类农民工大多居住在自己家中、与子女和老人共同生活；第一类、第二类农民工经营自家承包地的概率较低，第三类农民工大多可以利用部分时间兼营家庭农业；第一类农民工定居务工城市、落户务工城市的意愿较强，第二类农民工定居务工农村、落户务工农村的可能性较低，第三类农民工存在定居和落户本地城镇的可能性（见表8-3）。

　　基于三者存在明显差异，未来应分层、分类推进43338万农民工及其抚养人口市民化：针对第一类农民工及其抚养人口，应尽可能促进其在城市实现落户式市民化，尽快取消各种隐性落户门槛，被真正纳入义务教育、住房保障、社会救助等城市基本公共服务覆盖范围，增强其在城市长期定居的能力和意愿，引导其自愿以市场化方式退出在农村的土地承包权、宅基地资格权和集体资产收益分配权；针对第二类农民工及其抚养人口，应推进务工地农村集体经济组织逐步破除社区封闭性、探索外来人口加入机制，保障其在务工地享受"新村民"待遇并能够长期定居，对其在原籍农村的承包地和宅基地应保留一段时间；针对第三类农民工及其抚养人口，应通过县域内城乡融合发展提高其享有的基本公共服务质量，通过现有农房整治提升或在县城、条件较好的中心镇定居改善生活品质，在较长时期内维持"亦工亦农、亦城亦乡"状态。

第四节　扩大农村制度型开放

习近平总书记在二十届中央政治局第二次集体学习时指出，要充分发挥乡村作为消费市场和要素市场的重要作用，推动城乡融合发展，增强城乡经济联系，畅通城乡经济循环。[①]在2023年全国两会期间，习近平总书记强调，知识、优质劳动力怎么到农村去，国家和各级政府要有一些政策和导向支持。[②]从农村重大改革推进情况和乡村振兴实践看，贯彻落实习近平总书记重要指示精神，推动城乡融合发展、为乡村振兴注入活力，需要把准扩大农村开放这个新一轮全面深化农村改革的"牛鼻子"。

一、农村改革进展缓慢领域面临一个共性问题

党的十八届三中全会以来，围绕处理好农民与土地的关系这条主线，全面深化农村改革取得积极进展。农村承包地"三权分置"制度框架基本成形，赋予经营权抵押、担保、入股权能，承包地流转集中程度稳步提高，家庭农场和农民合作社等新型农业经营主体的中坚作用明显增

---

① 《习近平在中共中央政治局第二次集体学习时强调　加快构建新发展格局　增强发展的安全性主动权》，《人民日报》2023年2月2日，第1版。

② 杜尚泽：《微镜头·习近平总书记两会"下团组""一把钥匙开一把锁"（两会现场观察）》，《人民日报》2023年3月6日，第2版。

强。农业支持保护制度实现重塑，"黄箱"性质的农产品市场价格支持范围明显收缩，"绿箱"措施力度持续扩大，"蓝箱"措施覆盖品种逐步增加①，价格、补贴、保险"三位一体"的支持保护制度基本形成。农村集体产权制度改革完成清产核资、界定成员、折股量化等阶段性任务。农村土地制度改革取得突破性进展，在法律层面，农村土地征收由按原用途补偿转为允许集体土地所有者合理分享土地增值收益，符合规划和依法取得的农村集体经营性建设用地可以直接入市、与国有土地同权同价。

需要清醒地看到，党的十八届三中全会通过的《中共中央关于全面深化改革若干重大问题的决定》（简称《决定》）部署的各项农村改革进展并不平衡，有些方面与社会预期有较大差距，特别是涉及农村集体经济组织成员权的改革进展较慢（见表8-4）。

一是土地承包经营权依然只能在本集体经济组织内转让。《决定》赋予土地承包经营权抵押、担保权能，把土地承包经营权入股的适用范围从承包方之间开展农业合作生产扩大到农业产业化经营，为土地承包经营权流转给本集体经济组织以外的单位和个人提供了可能性。但根据"三权分置"思路修正《农村土地承包法》、编制《民法典》相关章节后，仅经营权可以流转给本集体经济组织以外的单位和个人，并可以抵押融资；土地承包经营权依然只能在本集体经济组织内转让，不能抵押、担保，也不能继承，更不能流转。

二是集体资产股份依然只能在本集体经济组织内转让。《决定》赋予农民持有的集体资产股份占有、收益、有偿退出和抵押、担保、继承权能，使集体资产股份向本集体经济组织以外的单位和个人流转成为可能。但根据2016年中共中央、国务院印发的《关于稳步推进农村集体产

---

① 根据中国向世贸组织的通报，"黄箱"补贴从2012年的1010.98亿元下降为2020年的457.49亿元，"绿箱"补贴从2012年的6866.67亿元扩大为2020年的12561.46亿元，"蓝箱"补贴从2016年的1种产品、390.39亿元扩大为2020年的4种产品、898.25亿元。

表8-4 党的十八届三中全会《决定》部署的若干农村改革进展分析

改革任务	突破点	实际进展	滞后原因
赋予农民对承包地占有、使用、收益、流转及承包经营权抵押、担保权能，允许农民以承包经营权入股发展农业产业化经营	土地承包经营权新增抵押、担保权能，土地承包经营权入股的适用范围从承包方之间农业合作生产扩大到农业产业化经营，使土地承包经营权权能结构的开放性扩大	根据"三权分置"思路修改《农村土地承包法》、编制《民法典》相关章节后，经营权权能明显扩大，但土地承包经营权依然只能在本集体经济组织内转让，不能抵押、担保，也不能继承、流转	认为土地承包经营权是集体经济组织成员权的体现，非本集体经济组织成员不能拥有土地承包经营权
保障农民集体经济组织成员权利，积极发展农民股份合作，赋予农民对集体资产股份占有、收益、有偿退出及抵押、担保、继承权	赋予农民持有的集体资产股份有偿退出、抵押、担保、继承权能，使集体资产股份向本集体经济组织以外的单位和个人流转成为可能	根据中共中央、国务院《关于稳步推进农村集体产权制度改革的意见》，现阶段农民持有的集体资产股份有偿退出不得突破本集体经济组织的范围，可以在本集体内部转让或者由本集体赎回	认为农村集体经营性资产的股份合作制改革，不同于工商企业的股份制改造，要体现成员集体所有和特有的社区性，只能在农村集体经济组织内部进行
保障农户宅基地用益物权，改革完善农村宅基地制度，选择若干试点，慎重稳妥推进农民住房财产权抵押、担保、转让，探索农民增加财产性收入渠道	允许抵押、担保、转让扩大了农民住房财产权的产权结构开放性，因"地随房走"相应扩大了宅基地使用权产权结构的开放性	根据覆盖33个县（市、区）的第一轮改革试点方案和全国人大常委会3次授权，农民住房财产权（含宅基地使用权）可以抵押融资；在覆盖104个县（市、区）、3个设区市的第二轮改革试点期间，未能获得抵押融资授权	认为农村宅基地是农民免费取得的、具有保障属性，不能入市交易；防止部分进城农民出售农村住房后失去返乡退路
鼓励和引导工商资本到农村发展适合企业化经营的现代种养业，向农业输入现代生产要素和经营模式；鼓励社会资本投向农村建设，允许企业和社会组织在农村兴办各类事业	具有宣示意义，未涉及制度层面的突破	根据2018年修正后的《农村土地承包法》，建立工商企业等社会资本通过流转取得土地经营权的资格审查、项目审核和风险防范制度；工商企业等社会资本通过流转取得土地经营权的，本集体经济组织可以收取适量管理费用	认为工商资本长时间、大面积租赁农地，容易挤占农民就业空间，加剧耕地"非粮化""非农化"倾向，存在不少风险隐患

资料来源：作者整理。

权制度改革的意见》，农村集体经营性资产股份合作制改革要体现成员集体所有和特有的社区性，农民持有的集体经营性资产股份只能在本集体经济组织内部转让，有偿退出、抵押、担保、继承权能的实现受到较大限制。

三是农民住房财产权依然只能在本集体经济组织内转让。《决定》赋予试点地区农民住房财产权抵押、担保、转让权能，因"地随房走"，对应的宅基地使用权可以一并抵押、担保、转让。但在覆盖33个县（市、区）的第一轮改革试点期间，尽管全国人大常委会3次授权试点县农民住房财产权（含宅基地使用权）可以抵押融资，却未授权农民住房财产权可以转让给本集体经济组织以外的单位和个人，更未授权宅基地使用权可以直接抵押融资、转让。在覆盖104个县（市、区）、3个设区市的第二轮改革试点期间，甚至未能获得全国人大常委会授权继续开展农民住房财产权（含宅基地使用权）抵押融资。

四是工商资本下乡的制度性成本增加。《决定》鼓励工商资本到农村发展现代种养业、兴办各类事业。但根据2014年中办、国办印发的《关于引导农村土地经营权有序流转发展农业适度规模经营的意见》和2015年原农业部等四部委印发的《关于加强对工商资本租赁农地监管和风险防范的意见》，各地对工商企业租赁农户承包地要严格准入门槛，进行上限控制，建立资格审查、项目审核、风险保障金制度。2018年修正后的《农村土地承包法》，增加了对工商资本通过流转取得土地经营权进行资格审查、项目审核等内容，使此前政策性文件关于工商资本租赁农村土地必须缴纳风险保障金等要求有了法律依据；首次明确授权农村集体经济组织对通过流转取得土地经营权的工商资本收取管理费用。这些新规定，从防止租金拖欠、维护农民权益的角度看有其必要性，但也确实增加了工商资本下乡的制度性成本。

农村改革中之所以出现上述情况，归结到一点，就是对农村集体产权结构和农村集体经济组织能否有序扩大开放性未能形成共识。中国特有的农村集体所有制已运行60多年，作为生产资料的各类农用地、作为生活资料的宅基地以及其他各类集体经营性资产的具体实现形式始终在优化调整，承包地和宅基地"三权分置"、集体经营性资产股份合作制是其最新进展。但在优化调整农村集体所有制具体实现形式的过程中，始终未能系统性、制度性解决农村集体经济组织成员权高度封闭、进入和退出机制缺失的问题，在扩大农村集体产权结构开放性方面也顾虑重重。

二、政策和实践层面扩大农村开放的边际探索

农村集体产权结构和农村集体经济组织社区封闭性的"不动"，与农村人口变化的"动"越来越不相适应。在人口净流出的村，需要知识、优质劳动力的进入，但外来人员难以获得只有本集体经济组织成员才能获得的宅基地使用权等权利。在人口净流入的村，常住人口中相当部分不是本集体经济组织成员，他们中的一些人已长期在此务工、生活，甚至已进入经营管理队伍，但难以获得与本集体经济组织成员相同的权利。为缓解"动"与"不动"的矛盾，近年来无论在政策层面还是实践层面均围绕扩大农村开放性进行了边际探索。

（一）政策层面的边际探索

在国家政策层面，主要是围绕优化农村土地产权结构和农村集体经济组织成员结构进行了一些边际探索。从优化农村土地产权结构看（见表8-5），重点是探索将宅基地使用权的权能扩大到收益、处分，使公益性建设用地具有收益、处分权能。在"允许返乡下乡人员和当地农民合作改建自住房"的情形下，宅基地使用权具有了一定程度的收益、处分权能。在"鼓励农村集体经济组织及其成员采取自营、出租、入股、合作等方式，盘活农村闲置宅基地和地上房屋"的情形下，虽然宅基地使用权未发生转移，但具有了收益的权能。在允许将闲置宅基地、废弃的集体公益性建设用地转变为集体经营性建设用地入市的情形下，宅基地、公益性建设用地具有了一定程度的收益、处分权能。从优化农村集体经济组织成员结构看（见表8-6），重点是为引进人才创造条件。通过

表8-5 国家政策层面扩大农村土地产权结构开放性的边际探索

政策文件	政策内容	探索点简析
国务院办公厅印发《关于支持返乡下乡人员创业创新促进农村一二三产业融合发展的意见》（国办发〔2016〕84号）	在符合农村宅基地管理规定和相关规划的前提下，允许返乡下乡人员和当地农民合作改建自住房	作为集体经济组织成员的"农民"将一定比例的宅基地使用权与非本集体经济组织成员的"返乡下乡人员"的出资进行交换，使宅基地使用权具有一定程度的收益、处分权能
2017年中央一号文件	探索农村集体组织以出租、合作等方式盘活利用空闲农房及宅基地允许通过村庄整治、宅基地整理等节约的建设用地采取入股、联营等方式，重点支持乡村休闲旅游养老等产业和农村三产融合发展	把部分宅基地、村庄公共用地变性为集体经营性建设用地，使其具有一定程度的收益权能
2018年中央一号文件	完善农民闲置宅基地和闲置农房政策，探索宅基地所有权、资格权、使用权"三权分置"，适度放活宅基地和农民房屋使用权	使宅基地使用权具有一定程度的收益、处分权能
2019年中央一号文件	允许在县域内开展全域乡村闲置校舍、厂房、废弃地等整治，盘活建设用地重点用于支持乡村新产业新业态和返乡下乡创业	使闲置校舍、废弃地等可变性为集体经营性建设用地入市
中共中央、国务院印发《关于建立健全城乡融合发展体制机制和政策体系的意见》（中发〔2019〕12号）	允许村集体在农民自愿前提下，依法把有偿收回的闲置宅基地、废弃的集体公益性建设用地转变为集体经营性建设用地入市	使部分宅基地、公益性建设用地可变性为集体经营性建设用地入市
2020年中央一号文件	农村集体建设用地可以通过入股、租用等方式直接用于发展乡村产业	拓展农村宅基地、公益性建设用地的权能
2021年中央一号文件	完善盘活农村存量建设用地政策，实行负面清单管理，优先保障乡村产业发展、乡村建设用地	拓展农村宅基地、公益性建设用地的权能

续表

政策文件	政策内容	探索点简析
国家发展改革委关于印发《2021年新型城镇化和城乡融合发展重点任务》的通知（发改规划〔2021〕493号）	推动深化农村宅基地制度改革试点地区率先健全宅基地分配、流转、抵押、退出、使用、收益、审批、监管等制度。鼓励农村集体经济组织及其成员采取自营、出租、入股、合作等方式，盘活农村闲置宅基地和地上房屋	拓展农村宅基地权能
2023年中央一号文件	探索宅基地"三权分置"有效实现形式	使宅基地使用权具有一定程度的收益、处分权能

资料来源：作者整理。

表8-6　国家政策层面扩大农村集体经济组织开放性的边际探索

政策文件	政策内容	探索点简析
2018年中央一号文件	畅通智力、技术、管理下乡通道；允许符合要求的公职人员回乡任职；加快制定鼓励引导工商资本参与乡村振兴的指导意见	改善乡村人口结构、为乡村注入高素质人才，引导工商资本下乡
2019年中央一号文件	鼓励外出农民工、高校毕业生、退伍军人、城市各类人才返乡下乡创新创业，支持建立多种形式的创业支撑服务平台，完善乡村创新创业支持服务体系	引导创新创业要素下乡
中共中央、国务院印发《关于建立健全城乡融合发展体制机制和政策体系的意见》（中发〔2019〕12号）	允许农村集体经济组织探索人才加入机制	拓展农村集体经济组织成员资格获取途径
2020年中央一号文件	畅通各类人才下乡渠道，支持大学生、退役军人、企业家等到农村干事创业	引导创新创业要素下乡
2021年中央一号文件	吸引城市各方面人才到农村创业创新，参与乡村振兴和现代农业建设	引导创新创业要素下乡
《国家"十四五"规划纲要》（2021年3月）	允许入乡就业创业人员在原籍地或就业创业地落户并享受相关权益，建立科研人员入乡兼职兼薪和离岗创业制度	拓展农村集体经济组织成员资格获取途径

政策文件	政策内容	探索点简析
国家发展改革委关于印发《2021年新型城镇化和城乡融合发展重点任务》的通知（发改规划〔2021〕493号）	鼓励各地制定人才加入乡村制度细则，允许入乡就业创业人员在原籍地或就业创业地落户并享有相关权益，探索以投资入股、合作等多种方式吸收人才入乡	拓展农村集体经济组织成员资格获取途径
《乡村振兴促进法》（2021年4月）	乡镇人民政府和村民委员会、农村集体经济组织应当为返乡入乡人员和各类人才提供必要的生产生活服务。农村集体经济组织可以根据实际情况提供相关的福利待遇	拓展农村集体经济组织成员资格获取途径
中共中央、国务院印发《成渝地区双城经济圈建设规划纲要》（2021年10月）	研究通过合资、合作、投资入股等方式保障新村民依法享有农村相关权益	促进外来投资者"村民化"
2022年中央一号文件	鼓励地方出台城市人才下乡服务乡村振兴的激励政策	引导创新创业要素下乡
2023年中央一号文件	允许符合一定条件的返乡回乡下乡就业创业人员在原籍地或就业创业地落户	引导创新创业要素下乡
农业农村部等九部门关于印发《"我的家乡我建设"活动实施方案》的通知（农乡振发〔2023〕1号）	鼓励引导退休干部、退休教师、退休医生、退休技术人员、退役军人等回乡定居 允许农村集体经济组织探索人才加入机制	改善乡村人口结构，拓展农村集体经济组织成员资格获取途径

资料来源：作者整理。

建立健全用地、贷款、培训、咨询等乡村创业扶持政策和服务体系，鼓励"外出农民工、高校毕业生、退伍军人、城市各类人才返乡下乡创新创业"；通过允许在原籍地或就业创业地落户并享有相关权益，吸引人员返乡回乡就业创业；通过"允许农村集体经济组织探索人才加入机制""探索以投资入股、合作等多种方式吸收人才入乡"，拓展农村集体经济组织增量成员加入途径。这三个维度的探索层层递进，逐步趋近问题的本源。

在地方政策层面，主要是围绕促进"城里人""新乡人"进村落户进行了一些边际探索。2021年9月，山东省烟台市人民政府办公室印发

《关于深化户籍管理制度改革促进城乡融合区域协调发展的实施意见》提出，"畅通入乡返乡落户渠道"，"入乡返乡就业创业连续一年以上的城镇人员可根据本人意愿入乡返乡落户，包括在乡村企业就业并依法缴纳社会保险、在乡村依法投资经商或兴办实业以及依法取得农村土地经营权并依法经营的城镇人员"。2022年1月，浙江省人民政府办公厅印发《关于开展未来乡村建设的指导意见》提出，"利用闲置厂房、农房等建设共享办公、共享创业空间，吸引年轻人回来、城里人进来"，"逐步深化农村宅基地等制度改革，推动返乡入乡人员落户"。虽然落户农村并不等于获得农村集体经济组织成员身份[①]，但毕竟往前迈出了关键性的半步。

（二）实践层面的边际探索

在扩大农村土地承包经营权流转受让人范围方面，重庆市梁平区进行过探索。为克服经营权流转期限短、缺乏稳定预期的问题，重庆市梁平区蟠龙镇义和村一处面积为12.8亩、涉及20户农户的承包土地，通过原承包户将土地承包经营权退给村集体、再由村集体发包给外来业主的"进退联动"方式，实现了土地承包经营权流转给外来业主，而且经村民代表大会表决该外来业主缴纳3000元"入户费"后成为该村集体经济组

[①] 根据最高人民法院行政裁定书（2021）最高法行申2117号，户口虽迁入农村，但未经农村集体经济组织民主议定程序接纳，仍不属于集体经济组织成员。在该案中，再审申请人金欣宜2008年出生时随父亲金继兵将户籍登记在安徽省定远县，2017年6月以未成年人投靠其母的名义将户口迁入湖南省长沙市望城区书堂山街道彩陶源村陈家坪组。2018年8月望城区政府决定征收陈家坪组土地，2018年11月金欣宜之母所在的家庭户签订了拆迁腾地补偿合同，金欣宜未被列入安置补偿对象。金欣宜以其属于陈家坪组集体经济组织成员为由提起本案诉讼，要求望城区政府、长沙市自然资源和规划局望城分局对其进行补偿安置，但未提交陈家坪组通过民主议定程序接纳其为集体经济组织成员的证据。一审、二审法院以金欣宜提供的证据不足以证明其与陈家坪组建立起相对稳定的生产生活联系或依赖该组土地作为其生活基本保障为由，未支持其要求补偿安置的请求。金欣宜不服，向最高人民法院提出再审申请。2021年3月，最高人民法院认为一审、二审结论符合法律规定，金欣宜主张的再审事由不能成立，不予支持。

织成员，政府部门也为该外来业主颁发了农村土地承包经营权证①。

在扩大农村宅基地使用权流转受让人范围方面，河北省滦平县、浙江省象山县、云南省大理市等地以合作建房的形式进行过探索。以河北省滦平县为例，该县安纯沟门满族乡桑园村成立农宅旅游专业合作社，组织农户以宅基地使用权入股农宅旅游合作社，引入社会资本合作建房，对建成的住宅在保持农宅性质不变、满足农户居住需求的前提下，投资方享有其他未利用房屋的占有、使用、收益、出租、转让使用权的权利②。在这种情形下，与投资方分得房屋对应的宅基地使用权相应发生流转。

在扩大农村集体经济组织单项成员权获取途径方面，贵州省湄潭县等地进行过探索。完整的农村集体经济组织成员权包括农村土地承包权、宅基地使用权、集体资产股权（简称"农村'三权'"）等在内，目前未见有地方在完整成员权对外开放方面进行探索，但在单项成员权对外开放方面已经有地方在探索。例如，贵州省湄潭县一些村探索允许外来管理人才在缴纳基础设施建设费后出资入股、加入村股份经济合作社，获得除宅基地申请权和土地承包权之外的成员权③；一些村为保障外来农业产业工人的稳定居住需求，探索外来村民申请集体成员资格权，并在当地居住满3年后申请有偿流转宅基地④。

---

① 刘同山：《农户承包地的退出路径：一个地方试验》，《重庆社会科学》2016年第11期。该外来业主获得的集体经济组织成员身份仅具有土地承包经营权，不具有宅基地使用权、集体收益分配权等成员权利。

② 中房协合作建房委：《承德为合作建房颁发使用权鉴证书　合作建房为乡村振兴提供新样本》，中房网，2021年6月16日。

③ 程郁、万麒雄：《完善分层治理机制，释放集体资产活力：贵州省湄潭县农村集体产权制度改革调查》，《国务院发展研究中心调查研究报告》2018年第190号。

④ 谭智心、冯丹萌：《改革赋能，茶业兴农——贵州湄潭县推动农民农村共同富裕的实践探索》，农业农村部农村经济研究中心《农村动态反映》2022年第38期。

三、循序渐进扩大农村开放

现行以农村土地集体所有制为依托、封闭式的农村集体产权结构和农村集体经济组织已运行60多年，对防止农村土地兼并和两极分化、维护农村社会稳定发挥了重要作用。在现代化新征程，需要克服思维定式和路径依赖，以逐步扩大农村开放性畅通城乡经济循环、促进城乡融合发展。

（一）按风险可控原则确定扩大农村开放性的优先序

在贯彻落实党的十八届三中全会《决定》确定的农村改革任务过程中，之所以在涉及扩大农村开放性时举棋不定，在于担心会带来农房和宅基地投机炒作、农业生产中工商资本大规模排挤小农、农村集体经济组织承担的社会功能难以移交等新问题。在制定《农村集体经济组织法》的过程中，一些人也有类似担心。针对这些担心，应按照风险可控原则，渐进式推进扩大农村开放性的改革：从地区看，应先在远离大中城市、人口流失严重、投机炒作概率小的地区推行扩大农村"三权"流转受让人范围等改革，积累经验后再在城郊地区农村实行；从权能看，应先赋予农村"三权"抵押融资权能、赋予继承权更充分的权能，再赋予农村"三权"直接向本集体经济组织以外的单位和个人流转的权能；从领域看，应先落实按常住地赋予新村民参与村民自治的权利，再扩大单项成员权开放性，最后扩大完整的农村集体经济组织成员权开放性；从对象看，应先向外来技术和管理人才、回乡返乡人员开放，再向其他入乡人员开放。

（二）抓好建立农村集体经济组织成员加入机制这个关键

与存量集体成员如何退出相比[①]，增量集体成员如何加入更为复杂和

[①] 到2021年底，全国已完成农村集体产权制度改革阶段性任务，确认农村集体经济组织成员约9.2亿人，大大高于7.53亿农村户籍人口和4.98亿农村常住人口。这意味着大量农村集体经济组织成员已经进城，未来面临着如何依法自愿有偿退出的问题。

敏感。根据《农村集体经济组织法》第十二条和第十五条的规定，增量成员的加入途径仅限于生育、结婚、收养和政策性移民，即便"长期在农村集体经济组织工作，对集体做出贡献"者也只能享受集体经济组织成员的部分权益和福利①。这种制度安排难以适应农村集体经济组织引进紧缺人才、优化人员结构的需要，也不利于赋予农民更加充分的财产权益。从长远计，应拓宽增量成员的加入途径，按为农村社区所作贡献、履行相关义务、居住生活年限等条件，逐步吸收部分新成员，赋予其单项或完整集体成员权。

（三）抓好扩大农村宅基地使用权转让受让人范围这个焦点

在农村"三权"中，宅基地使用权最受社会关注。应以自住为前提，按县内农村集体经济组织成员家庭、县内城镇居民家庭、县外农村集体经济组织成员家庭、县外城镇居民家庭的顺序依次扩大受让人范围。优先把退休回原籍的教师、医生、科技人员、企业家等"新乡贤"纳入受让人范围。允许城镇户籍人口对依法继承的农房进行重建。设置宗数或面积上限，防止圈占土地、建别墅大院。

---

① 根据《农村集体经济组织法》第十二条，增量成员的加入包括两种情形：一是"对因成员生育而增加的人员，农村集体经济组织应当确认为农村集体经济组织成员"；二是"对因成员结婚、收养或者因政策性移民而增加的人员，农村集体经济组织一般应当确认为农村集体经济组织成员"。该法第十五条还规定，"非农村集体经济组织成员长期在农村集体经济组织工作，对集体做出贡献的"，可以"参与分配集体收益""享受农村集体经济组织提供的服务和福利""法律法规和农村集体经济组织章程规定的其他权利"。

（四）改进对工商资本下乡的服务和监管

按照"资本下乡，投资要投到点上"的要求①，在投资领域、土地利用、利益联结等方面加强顶层设计、分类指导。从近年来开展的各类整治情况看，尤其是要加强环保、国土空间用途管制、国家农业农村政策等宣传，提高透明度和可预期性，避免因投资人的认知局限而触碰底线、造成社会资源浪费。加强农村法治建设和诚信教育，改善乡风民俗，尊重和保护外来投资者合法权益。引导工商资本建立健全与农户的利益联结机制，既不能"吃大户"、又不能剥夺小农，促进资本与农民共建共享。

---

① 2023年3月6日，习近平总书记在看望参加政协会议的民建、工商联界委员时指出："万企帮万村、万企兴万村，从扶贫到振兴，城乡一体化、工农一体化，民营企业在这方面的潜力是巨大的。但说到资本下乡，投资要投到点上。有的投资南辕北辙，那不行。18亿亩红线，要保证农田不能非农化，更不能非粮化，结果有些地方投资全'非'了，农业大棚搞成了'小别墅'。把积极性调动起来以后，做什么、怎么做，还要加强顶层设计、分类指导。"杜尚泽：《微镜头·习近平总书记两会"下团组""放下包袱，大胆发展"（两会现场观察）》，《人民日报》2023年3月7日，第1版。

主要参考文献

《毛泽东文集》第6卷，人民出版社1999年版。

《毛泽东文集》第8卷，人民出版社1999年版。

《邓小平文选》第2卷，人民出版社1994年版。

《邓小平文选》第3卷，人民出版社1993年版。

《习近平著作选读》第2卷，人民出版社2023年版。

习近平著：《论"三农"工作》，中央文献出版社2022年版。

中共中央文献研究室编：《江泽民论有中国特色社会主义（专题摘编）》，中央文献出版社2002年版。

中共中央文献研究室编：《习近平关于社会主义经济建设论述摘编》，中央文献出版社2017年版。

习近平著：《论坚持全面深化改革》，中央文献出版社2018年版。

中共中央党史和文献研究院编：《习近平关于"三农"工作论述摘编》，中央文献出版社2019年版。

中共中央文献研究室编：《十五大以来重要文献选编》上，人民出版社2000年版。

中共中央文献研究室编：《十六大以来重要文献选编》（中），中央文献出版社2006年版。

中共中央文献研究室编：《十七大以来重要文献选编》（中），中央文献出版社2011年版。

中共中央文献研究室编：《十八大以来重要文献选编》（上），中央文献出版社2014年版。

中共中央文献研究室编：《建国以来重要文献选编》第15册，中央文献出版社1997年版。

中共中央文献研究室、国务院发展研究中心编：《新时期农业和农村工作重要文献选编》，中央文献出版社1992年版。

曹应旺著：《中国的总管家周恩来》，上海人民出版社2006年版。

陈小君等著：《农村土地问题立法研究》，经济科学出版社2012年版。

国务院发展研究中心农村经济研究部著：《从增量到提质：构建竞争力导向的农业政策体系》，中国发展出版社2022年版。

国务院发展研究中心农村经济研究部著：《迈向2035年的中国乡村》，中国发展出版社2021年版。

高飞著：《集体土地所有权主体制度研究》，法律出版社2012年版。

黄延信主编：《农村集体产权制度改革实践与探索》，中国农业出版社2014年版。

蒋宏坤、韩俊主编：《城乡一体化的苏州实践与创新》，中国发展出版社2013年版。

刘守英著：《直面中国土地问题》，中国发展出版社2014年版。

刘振邦著：《当代世界农业》，中原农民出版社1993年版。

宁吉喆主编：《2013中国经济社会发展形势与对策——国务院研究室调研成果选》，中国言实出版社2013年版。

史正富、刘昶著：《看不见的所有者：现代企业的产权革命》，上海人民出版社2012年版。

王文、洪亚敏、彭文英著：《中国农村集体建设用地流转收益关系及分配政策研究》，经济科学出版社2013年版。

魏后凯、黄秉信主编：《中国农村经济形势分析与预测（2021～2022）》，社会科学文献出版社2022年版。

夏蒙、钟兆云著：《项南画传》，人民出版社2014年版。

叶兴庆著：《现代化与农民进城》，中国言实出版社2013年版。

张玉书主编：《东北粮食生产格局的气候变化影响与适应》，辽宁科学技术出版社2016年版。

［美］阿道夫·A.伯利、加德纳·C.米恩斯著，甘华鸣等译：《现代公司与私有财产》，商务印书馆2015年版。

习近平：《把乡村振兴战略作为新时代"三农"工作总抓手》，《求是》2019年第11期。

习近平：《坚持把解决好"三农"问题作为全党工作重中之重　举全党全社会之力推动乡村振兴》，《求是》2022年第7期。

柏兰芝：《集体的重构：珠江三角洲地区农村产权制度的演变——以"外嫁女"争议为例》，《开放时代》2013年第3期。

曹利群：《现代农业产业体系的内涵与特征》，《宏观经济管理》2007年第9期。

曹慧、郭永田、刘景景等：《现代农业产业体系建设路径研究》，《华中农业大学学报（社会科学版）》2017年第2期。

曹璐、谭静、魏来等：《我国村镇未来发展的若干趋势判断》，《中国工程科学》2019年第2期。

常伟、马诗雨：《日本家乡纳税制度及其对中国的启示》，《现代日本经济》2018年第4期。

陈锡文：《切实保障国家食物供给安全》，《农业经济问题》2021年第6期。

程国强、朱满德：《新发展阶段我国重要农产品保供稳价的调控思路与机制设计》，《农业经济问题》2022年第11期。

程郁、叶兴庆：《高水平开放背景下继续深化中国与南美国家农业合作——基于巴西和阿根廷的调研》，《世界农业》2019年第12期。

党国印：《论农村集体产权》，《中国农村观察》1998年第4期。

中国国际经济交流中心课题组：《新时期我国农业对外开放与高质量发展问题研究》，《全球化》2022年第1期。

杜志雄、高鸣、韩磊：《供给侧进口端变化对中国粮食安全的影响研究》，《中国农村经济》2021年第1期。

方福前：《从消费率看中国消费潜力与实现路径》，《经济学家》2020年第8期。

冯鹤、陈秋分：《中国主要农产品进口风险演变特征与应对策略》，《世界农业》2023年第8期。

国务院发展研究中心农村经济研究部课题组：《新发展阶段农业农村现代化的内涵特征和评价体系》，《改革》2021年第9期。

国务院发展研究中心农村经济研究部课题组：《中国农业现代化与农村现代化协调发展战略研究》，《农业经济问题》2023年第4期。

郭玮：《着力构建现代农业产业体系、生产体系、经营体系》，《农村实用技术》2016年第8期。

郭占锋、李轶星、张森等：《村庄市场共同体的形成与农村社区治理转型——基于陕西袁家村的考察》，《中国农村观察》2021年第1期。

韩俊：《以习近平总书记"三农"思想为根本遵循实施好乡村振兴战略》，《管理世界》2018年第8期。

韩俊、伍振军：《上海市镇级集体资产产权制度改革的经验与启示》，《国务院发展研究中心调查研究报告》2014年第85号。

韩俊、张云华、王宾：《以还权于民为根本出发点推进农村集体产权制度改革》，《国务院发展研究中心调查研究报告》2014年第83号。

韩松：《农村改革与集体所有权的完善》，《江海学刊》2009年第1期。

贺雪峰：《未来十五年乡村振兴的时空维度、社会条件及预判》，《党政研究》2020年第5期。

黄季焜、解伟、盛誉等：《全球农业发展趋势及2050年中国农业发展展望》，《中国工程科学》2022年第1期。

李实：《充分认识到实现共同富裕的必要性和艰巨性》，《经济学动态》2021年第8期。

李先德、孙致陆、赵玉菡：《全球粮食安全及其治理：发展进程、现实挑战和转型策略》，《中国农村经济》2022年第6期。

李裕瑞、张轩畅、陈秋分等：《人居环境质量对乡村发展的影响——基于江苏省村庄抽样调查截面数据的分析》，《中国人口·资源与环境》2020年第8期。

李玉红、王皓：《中国人口空心村与实心村空间分布——来自第三次农业普查行政村抽样的证据》，《中国农村经济》2020年第4期。

李周、温铁军、魏后凯等：《加快推进农业农村现代化："三农"专家深度解读中共中央一号文件精神》，《中国农村经济》2021年第4期。

梁书民、刘岚、崔奇峰等：《基于GIS的全球农业开发潜力和人口承载力分析》，《北京大学学报（自然科学版）》2021年第2期。

林宝：《中国农村人口老龄化的趋势、影响与应对》，《西部论坛》2015年第2期。

刘长全：《以农地经营权配置与保护为重点的农地制度改革——法国经验与启示》，《中国农村经济》2020年第11期。

刘超、陈祺弘：《基于协同理论的港口群交互耦合协调度评价研究》，《经济经纬》2016年第5期。

刘奇：《九园之乡：中国乡村的未来》，《中国发展观察》2021年第1期。

刘守英、程果：《集体所有制的理论来源与实践演进》，《中国农村观察》2021年第5期。

刘向东：《梯度养老：渐进城市化中的农民养老模式及农地角色分析——一项基于嵌入理论视角的田野研究》，《农业经济问题》2021年第1期。

刘亚雪、田成诗、程立燕：《世界经济高质量发展水平的测度及比较》，《经济学家》2020年第5期。

刘云菲、李红梅、马宏阳：《中国农垦农业现代化水平评价研究——

基于熵值法与 TOPSIS 方法》，《农业经济问题》2021年第2期。

　　龙海波、梁晓敏：《从外部干预到内生发展的脱贫之路——宁夏固原市劳务输出产业变迁思考》，《国务院发展研究中心调查研究报告》2021年第313号。

　　卢晖临：《村庄的未来——来自田野的观察和思考》，《学海》2019年第1期。

　　逯进、朱顺杰：《金融生态、经济增长与区域发展差异——基于中国省域数据的耦合实证分析》，《管理评论》2015年第11期。

　　陆雷、赵黎：《从特殊到一般：中国农村集体经济现代化的省思与前瞻》，《中国农村经济》2021年第12期。

　　孟祥舟：《对浙江省农村集体建设用地流转的若干思考》，《中国房地产》2013年第8期。

　　倪国华、王赛男、金燕红：《提高"自给率"还是提升"主导权"？——基于政策模拟的粮食贸易体系研究》，《管理世界》2022年第4期。

　　倪洪兴：《开放视角下的我国农业供给侧结构性改革》，《农业经济问题》2019年第2期。

　　仇焕广、雷馨圆、冷淦潇等：《新时期中国粮食安全的理论辨析》，《中国农村经济》2022年第7期。

　　曲玥、都阳、贾朋：《城市本地家庭和农村流动家庭的消费差异及其影响因素——对中国城市劳动力市场调查数据的分析》，《中国农村经济》2019年第8期。

　　孙贺、傅孝天：《农业农村现代化一体推进的政治经济学逻辑》，《求是学刊》2021年第1期。

　　孙红霞、赵予新：《基于危机应对的我国跨国粮食供应链优化研究》，《经济学家》2020年第12期。

　　田雪莹：《基于熵值法的中国城镇化水平测度》，《改革》2018年第5期。

王利民、周友军：《论我国农村土地权利制度的完善——以成员权为视角》，《中国法学》2012年第1期。

王骏：《试论江泽民的"三农"思想》，《党的文献》2003年第5期。

王学君、晋乐、朱晶：《中美农业国内支持争端：争议点分析及对今后的启示》，《农业经济问题》2020年第5期。

王亚楠、向晶、钟甫宁：《劳动力回流、老龄化与"刘易斯转折点"》，《农业经济问题》2020年第12期。

魏后凯、崔凯：《建设农业强国的中国道路：基本逻辑、进程研判与战略支撑》，《中国农村经济》2022年第1期。

辛岭、刘衡、胡志全：《我国农业农村现代化的区域差异及影响因素分析》，《经济纵横》2021年第12期。

、邢予青：《日本的共同富裕之道》，《中国新闻周刊》2021年第35期。

叶兴庆：《准确把握赋予农民更多财产权利的政策含义与实现路径》，《农村经济》2014年第2期。

叶兴庆：《从"两权分离"到"三权分离"——我国农地产权制度的过去与未来》，《中国党政干部论坛》2014年第6期。

叶兴庆：《准确把握农村集体产权制度改革的方法论》，《中国发展观察》2015年第2期。

叶兴庆：《新常态下应继续释放城乡间资源再配置效应》，《经济社会体制比较》2017年第1期。

叶兴庆：《扩大农村集体产权结构开放性必须迈过三道坎》，《中国农村观察》2019年第3期。

叶兴庆：《加入WTO以来中国农业的发展态势与战略性调整》，《改革》2020年第5期。

叶兴庆：《迈向2035年的中国乡村：愿景、挑战与策略》，《管理世界》2021年第4期。

叶兴庆、程郁、张诩：《应正确看待中国农产品进口的增长》，《经济纵横》2022年第9期。

叶兴庆、程郁、张诩：《我国粮食海外供应链的短板弱项及对策建议》，《国务院发展研究中心调查研究报告》2022年第300号。

叶兴庆、李荣耀：《进城落户农民"三权"转让的总体思路》，《农业经济问题》2017年第2期。

叶兴庆、翁凝：《拖延了半个世纪的农地集中——日本小农生产向规模经营转变的艰难历程及启示》，《中国农村经济》2018年第1期。

叶兴庆、殷浩栋：《从消除绝对贫困到缓解相对贫困：中国减贫历程与2020年后的减贫战略》，《改革》2019年第12期。

叶兴庆、张诩、程郁：《三次全球大范围粮食出口限制的比较与启示》，《国务院发展研究中心调查研究报告》2022年第136号。

张红宇、王刚：《农村集体产权改革的重大问题》，《财经》2014年第30期。

张军：《乡村价值定位与乡村振兴》，《中国农村经济》2018年第1期。

张俊婕：《中国农业农村现代化发展水平的时空特征及障碍因子分析》，《经济体制改革》2022年第2期。

张露、罗必良：《贸易风险、农产品竞争与国家农业安全观重构》，《改革》2020年第5期。

张喜才：《农产品供应链安全风险及应对机制研究》，《农业经济问题》2022年第2期。

浙江省农业厅课题组：《种粮大户形成和发展机制研究——来自绍兴、金华两市300个大户的调查与分析》，《浙江现代农业》2006年第1期。

钟真、余镇涛、白迪：《乡村振兴背景下的休闲农业和乡村旅游：外来投资重要吗?》，《中国农村经济》2019年第6期。

周国华、戴柳燕、贺艳华等：《论乡村多功能演化与乡村聚落转型》，《农业工程学报》2020年第19期。

周其仁：《中国农村改革：国家与土地所有权关系的变化——一个经

济制度变迁史的回顾》，《中国社会科学季刊》（香港）1994年夏季卷。

周曙东、赵明正、陈康等：《世界主要粮食出口国的粮食生产潜力分析》，《农业经济问题》2015年第6期。

祝国平、郭连强、李新光：《农村土地经营权规模化流转溢价：客观事实、结构特征与政策取向》，《改革》2021年第1期。

朱晶、李天祥、臧星月：《高水平开放下我国粮食安全的非传统挑战及政策转型》，《农业经济问题》2021年第1期。

朱晶、臧星月、李天祥：《新发展格局下中国粮食安全风险及其防范》，《中国农村经济》2021年第9期。

朱晶、张瑞华、谢超平：《全球农业贸易治理与中国粮食安全》，《农业经济问题》2022年第11期。

［日］青木昌彦：《从比较经济学视角探究中国经济"新常态"》，《新金融评论》2015年第2期。

［日］小川竹一著，战东升译：《中国集体土地所有权与总有论》，《经济法论坛》2014年第2期。

习近平：《在经济社会领域专家座谈会上的讲话》，《人民日报》2020年8月25日，第2版。

习近平：《在全国脱贫攻坚总结表彰大会上的讲话》，《人民日报》2021年2月26日，第2版。

毕吉耀、张哲人：《以畅通国民经济循环为主构建新发展格局》，《经济日报》2020年9月17日，第11版。

邓道勇：《云南农村土地流转经营权抵押在曲靖破冰》，《中国经济时报》2014年5月5日，第7版。

邓冠聪：《新CAP如何体现对农民更加公平》，《农民日报》2021年12月2日，第4版。

《第三次全国国土调查主要数据公报》，《人民日报》2021年8月27日，第17版。

段思午、刘若筠：《东莞密集出台农村改革政策》，《南方日报》2012

年8月31日。

高杨：《北京农村集体账内资产超5000亿元》，《农民日报》2014年11月3日，第1版。

霍小光：《拥抱新时代 担当新使命——习近平参加党的十九大贵州省代表团审议侧记》，《人民日报》2017年10月20日，第2版。

霍学喜、阮俊虎：《以数字技术促进共同富裕》，《农民日报》2021年11月10日，第8版。

李风、胡盛东、张莉等：《坚守生态底色 描绘发展图景——空间重构，山河重整，乡村重生，浙江省国土生态整治之路越走越宽》，《中国自然资源报》2020年6月30日，第1版。

李明峰：《东莞转型：走出"租赁经济"》，《第一财经日报》2009年6月4日。

刘强：《科学应对西北地区暖湿化问题——访全国政协委员、中国气象局副局长宇如聪》，《农民日报》2020年5月27日，第6版。

刘强：《北移的种植带——气候变化导致我国种植带北移现象透视》，《农民日报》2022年1月5日，第8版。

刘伟：《以新发展格局重塑我国经济新优势》，《经济日报》2020年9月24日，第1版。

刘玉海：《重塑东莞》，《21世纪经济报道》2014年3月22日。

《全球安全倡议概念文件》，《人民日报》2023年2月22日，第15版。

史晓露：《四川下发种粮大户补贴每亩80元，增加近两倍》，《粮油市场报》2021年11月19日，第1版。

叶兴庆、宁夏：《中国共产党领导农村建设的百年探索与实践》，《中国经济时报》2021年11月29日，第4版。

叶兴庆、殷浩栋：《中国共产党对农业现代化的认识发展和实践探索》，《中国经济时报》2021年9月20日，第4版。

叶兴庆、张云华、伍振军：《农村产权流转交易市场有待健康发展》，《中国经济时报》2014年12月16日，第5版。

中华人民共和国国务院新闻办公室：《中国的全面小康》，《人民日报》2021年9月29日，第10—12版。

中央农办调研组：《破解农民增收难题的"金钥匙"——山东农村新产业新业态发展的调研与思考》，《农民日报》2016年8月30日，第1版。

中央农办调研组：《万变不离其宗：打造"股份农民"——贵州六盘水"三变"改革调研》，《农民日报》2016年12月29日，第1版。

周伟、张学鹏、孟岩岩：《国铁集团：公益慢火车助力乡村振兴》，《中国青年报》2021年4月21日，第7版。

河南省地调队农产量与农村住户处：《河南种粮大户问卷调查报告》，河南省统计局网站，2013年8月。

湖南省畜牧水产事务中心：《湖南省生猪生产主要扶持政策汇编2019—2020年》，湖南省农业农村厅网站，2020年1月6日。

楼继伟：《包括现有5G技术在内的基础设施超前等已成为内循环堵点》，搜狐网，2020年9月23日。

罗必良：《理解农民土地产权的实现形式》，财新网，2014年10月1日。

农业农村部发展规划司：《农业现代化辉煌五年系列宣传之十六："四链"结合 农产品加工业高质量发展》，中华人民共和国农业农村部网站，2021年6月4日。

农业农村部发展规划司：《农业现代化辉煌五年系列宣传之三十二：加快补上农村发展短板 持续推进美丽宜居乡村建设》，中华人民共和国农业农村部网站，2021年8月17日。

上海市松江区农业农村委员会：《关于印发〈松江区关于进一步促进家庭农场发展的意见〉的通知》，https://www.songjiang.gov.cn/govxxgk/SHSJ3/2022-01-10/ed615c7f-da2e-446e-85d5-f9eb3e1f40bf.html。

中央农办专题调研组：《城镇化进程中村庄的命运与守望——对四川省成都、雅安、眉山三市村庄建设问题的调研报告》，中国农经信息网，2014年5月2日。

《王毅提出中方关于国际粮食安全合作倡议》，国家国际发展合作署网站，2022年7月11日。

卓贤：《重新理解集聚与城市密度》，财新网，2020年7月10日。

后　记

　　摆在读者面前的《农业农村现代化进程中的体制机制创新》，是在顾益康先生组织和催促下，为浙江人民出版社"中国式农业农村现代化研究丛书"撰写的一本论著。

　　在构思写作思路时，我意识到，要对未来中国农业农村现代化进程中的体制机制创新进行有深度的探究，必须放在国家现代化进程中城乡互动的宏大背景下进行。

　　回首历史，新中国成立后的现代化进程是在城乡二元结构的起点上开启的。由于当时的内外部环境，为加快这一进程，选择了以城乡二元体制为重要底色的计划经济体制。城乡二元结构与城乡二元体制相互作用，导致中国农业农村现代化一度严重滞后于国家整体现代化进程。改革开放后，城乡二元体制逐步得到破除，城乡二元结构逐步得到消解，农业农村发展既受益于国家整体现代化的快速推进，也是国家整体现代化水平快速提高的重要推动力量。尽管如此，在迈上现代化新征程之际，城乡二元结构依然明显，城乡二元体制还没有完全消除，农业农村现代化依然是国家整体现代化的短板弱项。在新发展阶段接续推进中国式现代化，必须把接续推进中国式农业农村现代化作为优先事项，尤其是要扭住破除城乡二元体制、消解城乡二元结构这条主线，推进重点领域和关键环节体制机制创新。

　　基于这种考虑，本书的逻辑框架是：

首先，从国家现代化的角度，对农业农村现代化的内涵特征进行提炼、对其愿景目标进行展望，以明了体制机制创新的历史方位和努力方向。为此，第一章从政策和学术两个维度回顾总结了对农业农村现代化的认识发展，对新发展阶段农业农村现代化的内涵特征进行了提炼概括。第二章对我国农业农村现代化所要达到的目标进行了展望，对未来农业农村发展的重大结构性趋势性变化和促进农业农村发展需要处理好的重大关系进行分析，概述了未来促进农业农村现代化的基本思路。

其次，从农业农村现代化高质量发展的角度，对农业农村体制机制创新的重点领域进行了探究。为此，第三章聚焦重要农产品供给保障的体制机制创新，第四章聚焦农业农村包容性发展体制机制创新，第五章聚焦城乡融合发展体制机制创新，第六章聚焦农村集体所有制实现形式创新，第七章聚焦农业农村现代化协同推进机制创新。这五章构成本书的主体部分。

最后，以问题为导向，对当前全社会高度关注的若干焦点问题进行了探索。第八章聚焦耕地"非粮化"整治、农村宅基地制度、农民转移进城和扩大农村开放性等农村改革前沿领域，梳理了问题的来龙去脉，提出了下一步的改革走向和可能选项。

在不太长的时间内能完成本书的写作，得益于近年来的研究积累，更得益于研究团队的支持帮助。宁夏和殷浩栋同志为第一章的写作提供了帮助，程郁、张诩、张玉梅同志为第三章的写作作出了重要贡献，程郁、张诩、伍振军、殷浩栋、韩丹同志所做的研究工作为第七章奠定了基础，对这些同志谨致谢忱。

2024 年 8 月 26 日